CHINA
PAQUISTÃO
NEPAL
BUTÃO
BANGLADESH
MIANMAR
ÍNDIA
SRI LANKA
Golfo de Bengala
Mar da Arábia
Oceano Índico
Rio Ganges
Pathankot
Amritsar
Simla
Chandigarh
Dehra Dun
Rishikesh
Haridwar
Pathiala
Délhi
Nova Délhi
Jaisalmer
Jaipur
Mathura
Agra
Lucknow
Katmandu
Gorakhpur
Jodhpur
Ajmer
Sawai Madhopur
Allahabad
Varanasi
Mahoba
Khajuraho
Udaipur
Chittorgarh
Ahmadabad
Ujjain
Indore
Junagadh
Sasan Gip
Delvada
Calcutá
Dio
Daman
Jalgaon
Aurançabad
Bombaim
Hyderabad
Panaji
Goa
Vijayanagar
Bellary
Hospet
Guntakal
Dharmavaram
Tirupati
Madras
Mangalore
Bangalore
Kanchipuram
Mysore
Calicute
Cochin

COLEÇÃO VIAGENS RADICAIS > SÉRIE
AVENTURA EXTREMA

EXPRESSO PARA A ÍNDIA

OUTROS TÍTULOS DA COLEÇÃO VIAGENS RADICAIS:

O Navio de ouro, de Gary Kinder
De Londres a Kathmandu, de Marcelo Abreu
Aventura no topo da África – Trekking no Kilimanjaro, de Airton Ortiz
A volta por cima, de Margi Moss e Gérard Moss
Na estrada do Everest, de Airton Ortiz
Narcosis, de Carlos Secchin
Em busca da utopia kitsch, de Marcelo Abreu
Pelos caminhos do Tibete, de Airton Ortiz
Congelados no tempo, de Owen Beattie e John Geiger
O último mergulho, de Bernie Chowdhury
Nas fronteiras do Islã, de Sergio Tulio Caldas
Tragédia no pólo, de Wilbur Cross
Cruzando a última fronteira: uma aventura pelo fascinante Alasca, de Airton Ortiz
Everest: o diário de uma vitória, de Waldemar Niclevicz
Asas do vento, de Margi Moss e Gérard Moss
Em busca do mundo maia, de Airton Ortiz
Um sonho chamado K2, de Waldemar Niclevicz
Aconcágua, de Assis Aymone
Na trilha da humanidade, de Airton Ortiz
Egito dos faraós, de Airton Ortiz
No coração da África, de Martin Dugard
Travessia da Amazônia, de Airton Ortiz

Também do autor:
Cartas do Everest

AIRTON ORTIZ

COLEÇÃO VIAGENS RADICAIS > SÉRIE
AVENTURA EXTREMA

EXPRESSO PARA A ÍNDIA

2ª EDIÇÃO

EDITORA RECORD
RIO DE JANEIRO • SÃO PAULO

2009

CIP-Brasil. Catalogação-na-fonte
Sindicato Nacional dos Editores de Livros, RJ.

Ortiz, Airton, 1954-
O89e Expresso para a Índia / Airton Ortiz. – 2ª Ed. – Rio de Janeiro: Record, 2009.
2ª Ed. 280p.: il. em encarte; . – (Viagens radicais.)

ISBN 978-85-01-06751-7

1. Ortiz, Airton, 1954- – Viagens – Índia. 2. Índia – Descrições e viagens.
I. Título. II. Série.

CDD – 915.4
03-1256 CDU – 910.4(540)

Projeto gráfico de miolo e encarte: Porto + Martinez
Foto de capa: Airton Ortiz
Foto do autor: Laferreira

DISTRIBUIDORA RECORD DE SERVIÇOS DE IMPRENSA S.A.
Rua Argentina 171 – Rio de Janeiro, RJ – 20921-380 – Tel.: 2585-2000

Impresso no Brasil

ISBN 978-85-01-06751-7

PEDIDOS PELO REEMBOLSO POSTAL
Caixa Postal 23.052
Rio de Janeiro, RJ – 20922-970

"As estações ferroviárias são a porta para o glorioso e o desconhecido. Através delas, mergulhamos na aventura."

E. M. Forster,
autor do livro *Passagem para a Índia*

Meus agradecimentos à Cia. Zaffari,
cujo apoio me possibilitou embarcar neste
Expresso.

Airton Ortiz

Fugindo da Guerra I

Costuma-se dizer que numa guerra a primeira vítima é a verdade. A segunda, creio, são os incautos viajantes. Armados apenas da sua curiosidade, são os primeiros a sofrer as conseqüências da desconfiança bélica dos generais de plantão, especialmente nos aeroportos. Nova Délhi não escaparia à regra, nem eu seria a exceção. Embarcar na capital da Índia para a longa viagem de retorno ao Brasil foi um dos momentos mais penosos das minhas andanças pelo país dos deuses hindus. Além de todas as regras de segurança convencionais, loucamente exageradas após o atentado terrorista às torres do World Trade Center, em Nova York, os hindus acrescentaram a paranóia de serem atacados por seus compatriotas muçulmanos, ameaça bem mais próxima que as bombas atômicas do inimigo Paquistão.

Após percorrer grande parte do país, mais de seis mil quilômetros de trem, sem contar as inúmeras viagens de ônibus, automóvel, barco e autoriquixá, eu tinha dado por concluída minha longa expedição ao chegar em Varanasi. Na cidade do deus Shiva peguei o Expresso Manduadih para Gorakhpur, uma pequena viagem de trem de seis horas. Uma noite maldormida na miserável Gorakhpur e um ônibus superlotado para Sunauli, na fronteira com o Nepal. A partir dali, um táxi até Katmandu, mais dez horas de viagem. Finalmente estava no agradável clima de montanha, aos pés do Himalaia, depois de sofrer longamente com o terrível verão indiano, temperaturas acima dos cinqüenta graus centígrados. Fiquei uma semana no Nepal, descansando, revendo os amigos e mostrando a cidade a um casal de brasileiros conhecido ainda na Índia.

Voei de Katmandu para a poluída Nova Délhi. Queria conhecer a moderna capital antes de voltar ao Brasil, especialmente o mausoléu dedicado ao segundo imperador mogol, Humayun, e Jamia Masjid, a maior e mais bela mesquita da Índia. Desejava, também, após percorrer as mais arcaicas e desconfortáveis aldeias do interior, sentir um pouco da vida cosmopolita indiana.

Inaugurada pelos britânicos, em 1931, sobre os escombros da antiga Délhi, a nova cidade, com suas embaixadas, lojas de grife internacional e a presença dos executivos das multinacionais ocidentais, vinha expondo a grande contradição pela qual passavam os indianos, espremidos entre o avanço tecnológico e um sistema religioso extremamente rígido. Sua democracia política, orgulho da República da Índia — único país asiático a nunca ter sido governado por ditadores — vivia em constante conflito com os dogmas ortodoxos religiosos, especialmente a divisão das pessoas em castas sociais, alicerces da doutrina hindu.

O hinduísmo, mesmo sendo um retalho de crenças, deuses e práticas religiosas, moldou a identidade cultural da nação indiana. Além das diversas divisões dentro do próprio hinduísmo, abrigando 80% da população, existiam as outras religiões. Minoritárias, mas nem por isso menos importantes, pois esse conceito na populosa Índia fugia um pouco aos nossos padrões. Os cristãos indianos, minoria esmagadora, eram mais numerosos que os cristãos portugueses, responsáveis pela introdução do cristianismo na Ásia. As diferenças de credo eram tão acentuadas que algumas casas portavam adesivos identificando a crença espiritual dos seus moradores: hindus, muçulmanos, budistas, jainistas, sikhs, cristãos, parses...

As mulheres praticamente não freqüentavam os bares noturnos da capital. No restaurante onde eu costumava jantar, com capacidade para mais de cem pessoas, no bairro comercial Connaught Place, apenas uma noite vi duas mulheres, mesmo assim acompanhadas pelos maridos. Eu havia lido uma reportagem no *Hindustan Times*, o jornal de língua inglesa de Nova Délhi, onde 72% delas reclamavam de ter sido assediadas sexualmente, uma prática rotineira numa nação religiosamente machista. Elas estavam se rebelando contra as milenares tradições de desrespeito aos seus direitos de forma igualmente violenta: entrevistadas, 42% desejavam a castração para os estupradores e 71% preferiam condená-los à pena de morte.

A imprensa internacional, especialmente a rede americana de tevê CNN, estava excitadíssima com a crescente possibilidade de a guerra entre a Índia e o Paquistão eclodir a qualquer momento, um conflito originado quando a antiga colônia britânica foi dividida em dois países, para abrigar hindus e muçulmanos, e que continua até os dias atuais. Eu não precisava ser um estrategista militar para saber que os mísseis nucleares paquistaneses cairiam preferencialmente sobre Nova Délhi, a capital, e Bombaim, o centro naval indiano. As primeiras vítimas seriam as duas grandes metrópoles e quem estivesse marcando bobeira pelos arredores. Por isso, estava visitando Nova Délhi com um olho nos seus prédios históricos e outro nas manchetes dos jornais. Ao ler que os Estados Unidos começariam a evacuar seus diplomatas ainda naquela semana, no dia seguinte amanheci no balcão da Air India.

Embarcar no aeroporto Indira Gandhi rumo a Bombaim, onde trocaria de avião para Joanesburgo, na África do Sul, e de lá para São Paulo, fez-me passar grande parte do dia em inúmeras filas, abrir a bagagem diversas vezes, minha intimidade ridicularizada ante os olhares raivosamente cômicos dos oficiais do Exército da Índia. A mochila foi revirada, bagunçada, minhas cuecas encardidas expostas uma a uma sobre o balcão da alfândega, minhas pinturas do Rajastão desembaladas desordenadamente à procura de alguma bomba. Nem as imagens dos deuses hindus escaparam às escutadelas, aos sacolejos e aos olhares desconfiados dos peritos militares. Era o caos, um verdadeiro clima de guerra. Eu não poderia modificá-lo, nem o comportamento histérico das pessoas ao meu redor. Tudo o que poderia alterar era a minha própria reação à situação, moldar-me aos fatos, única variável sob meu controle. Assim, muni-me até os dentes da arma que dispunha: paciência.

Mais rápido que as infindáveis burocracias do aeroporto, o desconfortável vôo para Bombaim levou apenas o tempo suficiente para um lanche vegetariano apimentado, um copo de suco de manga e uma rápida olhada nas revistas e jornais de bordo. Eles anunciavam em suas manchetes que a guerra deveria irromper a qualquer momento. A revista *The Week* afirmava que a Índia não iniciaria um conflito nuclear, mas se Islamabad o iniciasse, o país sobreviveria a um primeiro ataque e, num segundo momento, "eliminaria o Paquistão". Destacava que o quarto mais poderoso Exército do mundo, a quinta Força Aérea e a sexta Marinha estavam há cinco meses esperando pelos combates.

Enquanto a comunidade internacional tentava demover os arrogantes militares hindus e muçulmanos dos seus instintos beligerantes, escaramuças irrompiam a toda hora nos dois lados da fronteira, espasmos iniciais de uma agonia que em breve poderia detonar um artefato nuclear sobre uma das regiões mais densamente povoadas do mundo. Shiva e Alá estavam iniciando a dança da guerra, floreando suas esgrimas ante o olhar estupefato dos afoitos cristãos, desesperadamente tentando deixar a região.

Eu havia permanecido em Nova Délhi até o último momento, sinalizado pela ordem dos Estados Unidos para que seus cidadãos deixassem o país. Acostumado a perambular por lugares em pé-de-guerra, eu sabia, assim como a maioria dos andarilhos vagando pelo sul da Ásia, que a segurança para os estrangeiros acabaria tão logo o Departamento de Estado norte-americano evacuasse seus diplomatas. A partir desse momento, cada um estaria jogado à própria sorte, qualquer manifestação de coragem seria apenas uma bravata irresponsável. Nesses casos, a situação tornava-se mais dramática quando entre os motivos do confronto estivesse a religião. Nem muçulmano nem hindu, os cristãos estaríamos entre dois fogos, inimigos de qualquer um dos lados. Hora, portanto, de largar a cruz e cair fora, abandonar o calvário.

Era incrível imaginar duas nações, até há pouco tempo um único país, serem riscadas do mapa por uma guerra nuclear provocada, acima de tudo, por questões religiosas. A disputa geográfica, motivo aparente do iminente conflito, era apenas o pretexto para muçulmanos e hindus continuarem sua beligerante relação no subcontinente através dos séculos. Precisaria voltar no tempo, ser um historiador para buscar a fundo, e entender, os motivos do clima de guerra pairando sobre minha cabeça.

UMA BREVE HISTÓRIA DA ÍNDIA

Escavações arqueológicas vêm mostrando vestígios de que caçadores nômades, perambulando pelo fértil vale do rio Indo, se transformaram em agricultores e começaram a se estabelecer em pequenas comunidades tribais há mais de quatro mil anos antes de Cristo. Essas aldeias se desenvolveram dando origem à primeira grande civilização no território mais tarde conhecido pelos ocidentais como subcontinente indiano. Por volta de 2500 a.C., as cidades de Harapa e Mohenjodaro, no atual Paquistão, e Lothal, na atual Índia, já possuíam quarteirões e ruas claramente delineadas. Prédios religiosos foram erguidos e o grande tanque em Mohenjodaro, na época uma metrópole com quarenta mil habitantes, era palco de banhos e rituais com propósitos espirituais.

Os harapas implantaram um sistema de pesos e medidas que lhes possibilitou comerciar com a Mesopotâmia e outros povos da Antigüidade, impulsionando o crescimento econômico das suas comunidades. Desenvolveram uma apurada arte em forma de figuras feitas em terracota e bronze. Algumas relíquias dessa época incluem modelos de divindades como uma deusa-mãe, mais tarde personificada como Kali, e um deus masculino com três cabeças, sentado em posição de ioga e cercado por quatro animais, o Shiva pré-histórico. Pilares construídos com pedras negras, dando origem aos *lingas*, símbolos fálicos de Shiva, e imagens de touros, a atual montaria de Shiva, também eram adorados nos templos religiosos.

Por volta de 1500 a.C., tribos de pastores arianos originários da Ásia Central começaram a invadir o território dos harapas, conquistando suas cidades e se expandindo para o interior, expulsando os drávidas, comunidades nativas do subcontinente, para o sul da península.

Os invasores arianos trouxeram suas próprias divindades, entre as quais Agni, deus do fogo, e Indra, deus da guerra. Os primeiros livros sagrados, os *Vedas*, começaram a ser escritos e o sistema de castas foi adotado, colocando em prática a nova religião, mescla das crenças harapas e arianas. Os *Vedas*, juntamente com textos posteriores, como os *Brâmanes* e os *Upanishades*, além dos conceitos de carma, samsara e nirvana, foram fundamentais para o surgimento do hinduísmo e, um pouco mais tarde, do budismo, os quais, por sua vez, moldaram a consciência da cultura religiosa em grande parte da Ásia.

Os arianos foram avançando em direção ao vale do rio Ganges e formando novos reinos. Um nobre soltava um cavalo, ordenando a um grupo de soldados persegui-lo até matá-lo. Enquanto o animal fugia, o território percorrido passava a ser propriedade do novo senhor. O lugar onde caísse morto delimitava as fronteiras do principado, sem contestações. A partir desse ponto, o rei precisaria lutar para anexar mais terras ao seu império. Dessa forma, foram criados dezesseis reinos, mais tarde unificados em quatro grandes Estados.

Por volta de 500 a.C., dois novos movimentos religiosos surgiram na Índia, ambos questionando os *Vedas* e condenando o sistema de castas: budismo e jainismo. Há cinco séculos surgiu também o sikhismo. Mesmo assim, a idéia de libertação através da transmigração da alma, herdada das crenças védicas, continuou comum às quatro grandes religiões nascidas na Índia.

No ano 264 a.C., o grande imperador Ashoka se converteu ao budismo, declarando-o religião oficial do reino, na época cobrindo praticamente todo o atual território da Índia. Com uma burocracia eficiente e um poderoso Exército, formado por nove mil elefantes, uma cavalaria com trinta mil soldados e uma infantaria com seiscentos mil homens, ele conquistou grande parte da península, espalhando pilares para determinar as fronteiras do seu império. Com sua morte, em 232 a.C., o Império se desintegrou, fragmentado numa série de pequenos principados, a maioria lutando entre si para estabelecer um poder central, algo que somente veio a acontecer 551 anos após a morte de Ashoka.

Em 319 d. C., Chandragupta I, o terceiro rei da pequena tribo gupta, casou-se com a filha de uma das mais poderosas tribos do norte da Índia, os licchavis. O Império Gupta floresceu rapidamente, em especial no desenvolvimento das artes, dando origem à criação de extraordinários templos budistas, como as cavernas em Ajanta. Poesia e literatura tiveram notável destaque, marcando o reinado dos guptas como o período clássico das artes indianas.

Enquanto isso, no extremo sul da península, mais difícil de ser controlado pelos sucessivos impérios cujas capitais ficavam ao norte, o hinduísmo floresceu livremente. O comércio marítimo com os egípcios, e mais tarde com os romanos, trouxe grande riqueza ao sul da Índia devido à venda de temperos, pérolas, marfim e seda. Em troca, além do ouro romano, chegaram missionários cristãos, como o apóstolo São Tomé, desembarcado em Querala, no ano de 52.

Uma vez mais as guerras internas e as invasões de outras tribos do centro da Ásia derrotaram o poder central da dinastia gupta, dando origem a um grande número de pequenos reinos independentes, incentivando o ressurgimento do hinduísmo, religião mais fracionada que o budismo. O próprio Buda foi incorporado ao panteão hindu como uma das reencarnações do deus Vishnu, o primeiro exemplo do caminho que o hinduísmo iria seguir, absorvendo competidores espirituais e ideologias heréticas, se transformando numa doutrina multifacetada, com seus milhões de deuses e gurus.

A chegada do Islã

Atualmente Ghazni não passa de uma pequena e empoeirada cidade entre Cabul e Kandahar, no Afeganistão. Em 1001, no entanto, seu rei, o muçulmano Mahmud, a transformou numa das mais gloriosas capitais do planeta, graças aos contínuos saques feitos às cidades vizinhas. Entre 1001 e 1025, ele invadiu a Índia dezessete vezes, chegando a saquear Agra e o famoso templo dedicado a Shiva, em Somnath, onde setenta mil indianos morreram. Como não tinha a intenção de conquistar territórios, Mahmud satisfazia-se em voltar para Ghazni apenas com o resultado do butim, normalmente camelos abarrotados de ouro e pedras preciosas, utilizados na ornamentação da cidade.

Após a morte de Mahmud, em 1033, sua metrópole foi dividida e, em 1150, saqueada pelos ghurs, uma tribo originária do oeste do Afeganistão. Após sete dias de saques contínuos, a bela cidade caiu tão destruída que o general Ala-ud-din, líder dos ghurs, ficou conhecido como "O incendiário do mundo". Em 1192, Mohammed, rei de Ghur, invadiu a Índia. Um dos seus generais, Qutb-ud-din, capturou Délhi, tornando-se seu governador. Em pouco tempo todo o norte da Índia estava sob o controle ghur. Com a morte de Mohammed, em 1206, Qutb-ud-din se tornou o primeiro sultão de Délhi.

Além de aumentarem o controle do norte, rechaçando invasores ocasionais, como duas tentativas mongóis e uma turca, aos poucos os muçulmanos foram se expandindo para o sul, implantando sua cultura e sua religião — o islamismo. Lugares outrora sagrados aos hindus, notadamente seus templos, passaram a ser destruídos para a construção de suntuosas mesquitas, introduzindo novos conceitos arquitetônicos, como prédios ornados por grandes cúpulas e ladeados por belíssimos arcos, em meio a frondosos jardins.

Em 1324, assassinando o próprio pai, Mohammed Tughlaq assumiu o trono. Com o propósito de melhor controlar o sul da Índia, onde diversos reinos hindus resistiam ao domínio islâmico, mudou a capital para o interior do subcontinente. Poucos anos depois se deu conta de ter deixado o norte desprotegido e transferiu novamente a capital para Délhi, uma decisão desastrada, corroendo seu poder sobre os demais líderes da região. Em pouco tempo, os principados hindus floresceram no sul. Mesmo alguns nobres muçulmanos, descontentes com o poder central, trataram de criar seus próprios sultanatos, na região central da Índia. Entre as novas forças, surgiram dois potentes reinos: o sultanato de Bahmani e, um pouco mais ao sul, o Império Hindu de Vijaianágar.

O último grande sultão de Délhi, o xá Firoz, morreu em 1388. Dez anos depois o imperador Tamerlão, de Samarcanda, na Ásia Central, invadiu Délhi, saqueou a cidade e seus soldados torturaram todos os hindus encontrados na antiga capital. O muçulmano Tamerlão gostava de dizer que se existia apenas um deus no céu, então deveria existir apenas um imperador na Terra.

No sul, o Império Vijaianágar, cuja capital havia sido estabelecida em Hampi, fundado em 1336, tornou-se o mais potente reino hindu na Índia. Seu grande rival do norte, o sultanato muçulmano de Bahmani, surgiu em 1345. No final do século XV, no entanto, após muitas intrigas na corte, o sultanato se desintegrou, dando origem a cinco reinos separados. Com os cinco pequenos sultanatos muçulmanos lutando entre si, Vijaianágar cresceu e desfrutou uma era de grande poder no sul da Índia, chegando a conquistar um dos sultanatos em 1520. Em 1565, no entanto, os fortes estados muçulmanos do norte se uniram para destruir Vijaianágar, desejo alcançado na batalha de Talikota.

A chegada dos cristãos

No auge do poder do grande Império Vijaianágar um outro tipo de estrangeiro chegou à Índia, em 1498: Vasco da Gama. Diferentemente dos tradicionais invasores até então aportados no subcontinente, os portugueses não queriam conquistar territórios, apenas estabelecer postos comerciais, fazer negócios, ganhar dinheiro transportando as preciosas especiarias orientais para a Europa.

Após uma viagem fantástica contornando a África e cruzando o oceano Índico, três intrépidas caravelas lusitanas aportaram em Calicute, no atual estado de Querala, no sul da Índia. Alguns anos mais tarde, os portugueses se estabeleceram um pouco mais ao norte, em Goa, transformando o pequeno encrave numa extensão de Portugal, introduzindo o cristianismo e construindo tantas e tão belas igrejas que a pequena cidade passou a ser conhecida como a Roma do Oriente. Durante mais de um século os portugueses detiveram o monopólio do comércio entre a Índia e a Europa, até a chegada dos holandeses, franceses e britânicos.

Se os portugueses estavam mais interessados na arte de comprar e vender mercadorias, outro povo estava chegando para se estabelecer de forma definitiva, colocar nova camada cultural sobre o antigo território e formar mais um grande império no subcontinente, tornando ainda mais complexa a civilização indiana: os mogóis. Seu fundador, Babur, descendia de Gêngis Khan, da Mongólia, e Tamerlão, de Samarcanda. Em 1525, ele marchou para a Índia. Com armas revolucionárias e uma grande habilidade para a luta simultânea com cavalaria e artilharia, entrou vitorioso em Délhi e foi, pouco a pouco, conquistando todos os demais reinos hindus e muçulmanos. Foi substituído pelo filho, Humayun, e pelo neto, Akbar, o qual, durante seus 49 anos de reinado, ampliou e consolidou o poder mogol no subcontinente.

Akbar foi o mais importante de todos os seis imperadores mogóis, não apenas pelas suas extraordinárias habilidades militares, essenciais a um governante da época, mas também pela sua cultura e sabedoria. Diferentemente dos governantes muçulmanos anteriores, ele entendeu ser a população hindu grande demais para sucumbir ao Islã. Sabiamente, os integrou ao seu governo, empregando-os na administração pública e transformando os soldados mais eficientes em generais do seu exército. Criou um sistema de distribuição de terras pelo qual as pessoas recebiam as propriedades e pagavam em cavalos, quando solicitadas. Concedeu licença para portugueses, franceses, holandeses e ingleses estabelecerem postos comerciais, incentivou a tolerância religiosa e aproveitou o grande desenvolvimento econômico do reino para embelezar suas cidades.

A dinastia mogol, embora tenha durado apenas dois séculos, deixou as mais profundas marcas culturais de todos os invasores, especialmente na literatura e nas artes, com destaque para a arquitetura, a grande paixão dos seus reis. O Taj Mahal, o mais belo prédio do mundo, foi construído pelo quinto imperador, o xá Jahan, como mausoléu para a esposa.

Embora governasse com grande sabedoria, Jahan acabou sendo preso pelo próprio filho, Aurangzeb, que assumiu o trono em 1658, após assassinar seus irmãos mais velhos, uma tradição na dinastia. O próprio Jahan havia chegado ao poder assassinando seus irmãos. Aurangzeb transferiu a capital para o sul, cometendo o mesmo erro de Mohammed Tughlaq, trezentos anos antes. Os pesados impostos para construir a nova cidade e manter um poderoso exército, combinados com sua intolerância religiosa, desgostou hindus e muçulmanos, corroendo o poder central e enfraquecendo o imenso império. Derrubou templos e sobre suas bases construiu mesquitas; sunita fanático, além dos hindus, perseguiu os muçulmanos xiitas. Em 1739, Délhi foi saqueada pelo xá persa Nadir, pondo fim à dinastia mogol.

Mesmo durante o poderoso controle mogol alguns principados hindus conseguiram manter uma certa autonomia na península, especialmente os raiputes, no atual Rajastão. Descendentes dos hunos, eles se estabeleceram na Índia no final do século V. Formaram uma casta de valentes guerreiros apaixonados pelas regras do cavalheirismo, tanto nos campos de batalha como no comportamento das suas cortes imperiais. Em muito se pareciam com os Cavaleiros da Europa medieval.

Os marajás raiputes nunca se sujeitaram completamente aos invasores estrangeiros; também jamais conseguiram unir-se numa única força poderosa o suficiente para enfrentar os grandes exércitos opressores muçulmanos. E quando não estavam lutando contra algum inimigo externo, empregavam suas energias e bravuras guerreiras brigando entre si, uma eterna dança de poder entre as suas capitais, riquíssimas cidadelas protegidas por muralhas nas colinas pontuando o árido território do Rajastão.

Outra etnia hindu a dar muito trabalho aos mogóis foi a dos maratas. Originários de Maharashtra e liderados por Shivaji, um guerreiro que se notabilizou por ser de uma casta inferior e protagonizar aventuras heróicas contra os muçulmanos, chegaram mesmo a conquistar grande parte do território mogol. Seu poder durou até a conquista da Índia pelos colonizadores europeus, quando os diversos principados hindus e muçulmanos foram encampados pelo Império Britânico.

A chegada dos britânicos

Em 1600, a rainha Elizabeth I concedeu a uma empresa londrina o monopólio para comerciar com a Índia. Representações da Companhia das Índias Orientais foram se estabelecendo nas principais cidades do subcontinente: Surat, Madras, Calcutá e Bombaim. Curiosamente, durante 250 anos uma empresa e não o governo britânico "administrou" a Índia inglesa, através de tratados comerciais com os pequenos reinos regionais, especialmente os marajás hindus e os nababos muçulmanos.

Em 1857, os governantes locais se rebelaram contra as excessivas imposições inglesas. Não foi uma revolta nacional porque a idéia de nação ainda não havia penetrado na consciência indiana, mas apenas uma tentativa falida e desordenada de voltar à situação anterior ao domínio inglês. O estopim do conflito foi um rumor: oficiais britânicos haviam distribuído aos sipaios, soldados nativos, um novo tipo de rifle lubrificado com gordura animal. Nos meios hindus falava-se em banha de vaca; nos círculos muçulmanos, em banha de porco. Como os porcos eram impuros para os muçulmanos e as vacas sagradas para os hindus, os sipaios, muçulmanos e hindus, se amotinaram contra seus superiores ingleses.

O conflito terminou com a intervenção de Londres, que só então passou a controlar oficialmente o país, convertido em vice-reinado. Os príncipes locais se tornaram vassalos do Reino Unido e tanto os hindus como os muçulmanos sofreram terrivelmente sob o domínio do novo invasor, com a ocorrência de muitos massacres contra as comunidades revoltadas com a opressão inglesa. Semeando a intriga e explorando as tradicionais rivalidades entre os príncipes locais, a Inglaterra foi cada vez mais ampliando seu poder na Índia. Os choques entre as duas civilizações se ampliaram e pequenas revoltas começaram a surgir. Os movimentos pela independência tiveram grande impulso com o surgimento de Mahatma Gandhi, um ativista popular. Ele organizou uma grande campanha de desobediência civil pacífica contra os mandatários britânicos.

Havia, no entanto, um grande problema a ser enfrentado: os líderes muçulmanos não queriam se transformar em minoria num Estado hindu e os líderes hindus não aceitavam repartir o território em dois países. Mas não se encontrou outra solução. Para evitar a guerra civil, uma catástrofe sem precedentes dentro do Império Britânico, em 1948 os ingleses concederam a independência criando a Índia, na região central do subcontinente, e o Paquistão, nos extremos leste e oeste do território, levando em consideração a religião dominante em cada lugar. Mais tarde, 25 anos depois, a parte oriental do Paquistão tornou-se independente com a criação de Bangladesh.

Como a linha dividindo a Índia e o Paquistão passava pelo território dos poderosos marajás, foi-lhes dada a possibilidade de escolher a qual dos dois futuros países desejavam integrar. O rico Punjab, povoado por hindus e muçulmanos, foi dividido ao meio, uma parte para a Índia e outra para o Paquistão. Os hindus do lado ocidental se transferiram para o lado oriental enquanto os muçulmanos faziam o caminho inverso. Mais de dez milhões de pessoas trocaram de lugar, uma tragédia com meio milhão de mortos. Mais ao norte, a região da Caxemira, de maioria muçulmana, era governada por um marajá hindu. Irresponsavelmente, ele decidiu ficar do lado indiano. A decisão errada do governante provocou diversas guerras entre a Índia e o Paquistão e a região ainda era o grande ponto de conflito entre as duas nações, ameaçando levá-las a uma catástrofe nuclear.

Em 30 de janeiro de 1948, Mahatma Gandhi, contrário à divisão do território, foi assassinado por um fanático hindu. Em 26 de janeiro de 1950, após muita negociação, foi estabelecida a República da Índia, com Nehru Gandhi eleito primeiro-ministro. Ele foi sucedido pela filha, Indira Gandhi, e pelo neto, Rajiv Gandhi. Embora com o mesmo sobrenome, não eram parentes do Mahatma. Desde então, os governos da União Indiana têm sido eleitos diretamente pelo povo, uma exceção num continente marcado por ditaduras políticas.

Em 1961, os portugueses devolveram à Índia o território de Goa, transformado em mais um estado indiano. Portugal, primeiro país europeu a se estabelecer na Índia, foi o último a sair.

Fugindo da Guerra II

Graças à desastrada decisão do marajá da Caxemira, optando pela Índia e não pelo Paquistão, mais uma vez a região estava sob o signo da guerra, arrastando junto todos os estrangeiros momentaneamente em solo indiano e paquistanês.

Em Bombaim precisei trocar de aeroporto, juntamente com outros passageiros. Utilizamos um ônibus da Air India para nos deslocar do terminal doméstico para o internacional, um percurso de pouco mais de meia hora, envolvidos por um nevoeiro marrom de poeira, gasolina mal queimada, fuligem e as ensurdecedoras buzinas dos ônibus, caminhões, carros e auto-riquixás. A tarde estava caindo amarelada, preguiçosa, prenúncio de uma longa noite de espera. Acostumado ao lento ritmo da vida indiana, só me restava entrar no fluxo dos acontecimentos e me deixar levar pela inércia do tempo.

Meu vôo para Joanesburgo sairia logo após a meia-noite, obrigando-me a esperar até pouco depois das dez horas para providenciar os entraves burocráticos necessários para deixar o país. A passagem estava comprada, a reserva feita e a bagagem vistoriada e lacrada. Mesmo assim, eu estava agitado, angustiado, sofrendo por antecipação. Na Índia coisas estranhas aconteciam inesperadamente, situações planejadas, previsíveis, repentinamente tornavam-se caóticas. Só estaria seguro da minha volta ao Brasil após fazer meu *check-in*, pensei, quando chegamos ao Aeroporto Internacional. Poucas horas mais tarde, eu descobriria que na terra de *Sri* Shiva nem isso era verdadeiro.

O movimento era enorme. Aviões se preparando para sair para Teerã, Cabul, Emirados Árabes, Riad, Cingapura, Hong Kong, Bangcoc e assim por diante. Mulheres muçulmanas usando burcas pretas esperavam sentadas no chão, mulheres hinduístas com seus sáris coloridos e rodeadas de filhos esperavam sentadas no chão, africanos com suas curiosas roupas tribais esperavam sentados no chão, mochileiros ocidentais com caras de espanto esperavam sentados no chão. No lado de fora do prédio fazia 46 graus de calor; no lado interno não havia lugar para todos os passageiros.

Existia uma cantina no segundo andar para atender os funcionários do aeroporto, onde esperei meu avião para Calicute, quando cheguei ao país, quase três meses atrás. A temperatura estava insuportável, os ventiladores no teto apenas espalhavam ar quente, levantando a poeira há muito entranhada no piso. O cheiro agridoce de frituras à base de óleo de coco misturado com pimenta, cravo, canela e açafrão empapava o ar; a comida vegetariana era ruim e pouco higiênica. Não vendiam bebidas alcoólicas, apenas chá quente com leite, servido num copo sujo por um garoto descalço e maltrapilho. Minha primeira — e péssima! — impressão da Índia foi esse restaurante. Agora, meses depois, já acostumado com as características do país, até o achei confortável. Mas não havia lugar para sentar. Subir e descer escadas com a pesada mochila nas costas também não era agradável, sempre preocupado com a possibilidade de ser roubado por algum indiano menos ortodoxo.

Finalmente o balcão da South African abriu e entrei na fila para fazer o *check-in*. Sabia, por experiências anteriores, que após essa formalidade eu estaria por conta da companhia aérea. Qualquer problema, teria hospedagem e alimentação de graça, algo extremamente importante em épocas de guerra, especialmente porque meus dólares haviam acabado há muito tempo, restando-me apenas algumas rupias.

Minha mochila grande, vistoriada e lacrada, precisou passar novamente pelos fiscais da segurança do aeroporto. Como trocaria de avião tão logo chegasse na África do Sul, na manhã seguinte, separei alguns itens de higiene pessoal e coloquei numa mochila pequena, levada na mão, complicando-me ainda mais a vida. Precisei abri-la e mostrá-la sempre que algum segurança passava perto de mim, tanto no saguão principal quanto na sala de embarque. Caminhava inseguro, receoso de entrar involuntariamente em alguma complicação, possibilidade ampliada pelas barreiras do idioma. Meu vocabulário em hindi era restrito; o pesado sotaque indiano dificultava a conversação em inglês com os guardas do aeroporto.

Quando chegou minha vez, estendi a passagem e o passaporte e fiquei esperando o funcionário dizer que eu não poderia embarcar, havia algum engano, meu nome não aparecia na lista de reserva. Ou estava preso por sair apressadamente da Índia após ter percorrido todo o país. Preparei-me para desfilar todos os argumentos e as lamúrias infelizes decoradas ao longo das viagens anteriores, utilizadas em situações semelhantes, quando o rapaz me estendeu o cartão de embarque, desejando-me boa viagem. Quase não acreditei. "Boa viagem!", ele repetiu. E eu ali, parado, boquiaberto, duvidando da feliz realidade. Bom demais para ser verdade.

Não sei se ele estava sendo sincero, não sabia mesmo o que me esperava pela frente, ou se apenas queria livrar-se de mim o quanto antes, passar o problema para outra pessoa. Na verdade, como logo descobri, eu estava longe de colocar em prática o seu desejo. Mas, por enquanto, o importante era que, a partir daquele momento, eu era um problema para a South African Airways. Eles que se virassem.

Passei pelo detector de metais, tive a pequena mochila revistada mais uma vez, e ingressei no saguão interno do aeroporto, com seus restaurantes, cafés e extensos bancos para sentar ou deitar enquanto esperava abrir a sala de embarque. Eu não era o primeiro ocidental saindo apressadamente da Índia, nem seria o último. Bem antes de mim, muitos europeus já haviam pisado este território, também em busca de aventuras e conhecimentos, a começar pelo mais intrépido deles: Vasco da Gama.

O Português

Na manhã de 27 de maio de 1498, após navegar por mais de dez mil quilômetros, durante quase um ano, as três caravelas restantes da frota comandada por Vasco da Gama aportaram no principado hindu de Calicute, na costa do Malabar, sul da Índia. Estampando grandes cruzes vermelhas em suas velas, as naus imediatamente impressionaram os calicutenses, acostumados com os pequenos barcos dos mercadores árabes, vindos do Egito, Ormuz e Etiópia, com os quais negociavam há muitos e muitos anos. A epopéia ficou registrada no extraordinário poema épico *Os lusíadas*, escrito pelo português Luís Vaz de Camões.

Já a manhã clara dava nos outeiros
Por onde o Ganges murmurando soa,
Quando da celsa gávea os marinheiros
Enxergaram terra alta, pela proa.
Já fora de tormenta e dos primeiros
Mares, o temor vão do peito voa.
Disse alegre o piloto Melindano:
— Terra é de Calecu, se não me engano.

Naquele momento a história estava prestes a mudar radicalmente. A chegada dos primeiros navios europeus ao continente asiático significava a concretização de um sonho alimentado durante quase um século pelos portugueses. Após 85 anos de luta contra os monstros marinhos, os oceanos terminando em bordas abruptas, ventos indomáveis e as correntes desconhecidas,

As Armas e os barões assinalados
Que, da ocidental praia lusitana,
Por mares nunca de antes navegados,
Passaram ainda além da Taprobana,
Em perigos e guerras esforçados
Mais do que prometia a força humana,
E entre gente remota edificaram
Novo Reino, que tanto sublimaram.

A chegada dos portugueses à baía orlada de palmeiras, ao fundo da qual se erguiam as casas da cidade de Calicute, não significaria apenas mais alguns descendentes das tribos caucasianas, do norte do planeta, aportando nos trópicos. Embora a península fosse há muitos séculos habitada por reinos riquíssimos, com uma vasta história e uma complexa tradição cultural e religiosa, o desembarque de Vasco da Gama estava iniciando o período que iria desaguar na plena inserção da Índia — e grande parte da Ásia — no processo histórico comandado pelos europeus, reordenando a ordem geopolítica planetária e introduzindo no Oriente a controvertida ética do Ocidente.

Enfim, e para todos os efeitos práticos, a Índia estava "descoberta" pela civilização ocidental.

Cananor, Calicute e Cochin eram três principados independentes situados no sul da costa oeste da Índia, chamada Malabar pelos árabes e Querala pelos indianos. A região ficava isolada do interior do continente pela grande cordilheira Ghats, fazendo-a voltar-se para o oceano Índico, aumentando a importância do seu comércio marítimo. A costa do Malabar já havia sido visitada por navegadores fenícios, romanos, árabes e chineses antes da chegada dos portugueses. Seus cais serviam de entrepostos para as especiarias vindas das Molucas com destino ao Egito e de lá para a Europa. Cananor, no norte, na época um sultanato muçulmano, havia sido citado por Marco Polo como um importante porto de especiarias. Cochin, no sul, era governada por um rajá hindu, ficava numa ilha e era um destacado centro de exportação de temperos e marfim. Calicute, no meio, era o principal reino.

A cidade não estava cercada por muralhas, como era comum na época. As pequenas casas, afastadas umas das outras, eram feitas de pedra e cal e cobertas com folhas de palmeiras. As portas eram enormes e os portais muito bem trabalhados. As moradias eram rodeadas por um longo muro, protegendo não só a casa como os arvoredos e um pequeno lago artificial. Pela cidade havia outros grandes lagos para a população banhar-se, um ritual sagrado na crença hindu. Nenhum tanque, no entanto, era tão grande quanto aquele nos jardins do palácio do samorim (Senhor do Mar), o mandatário local, no centro da cidade.

Os homens eram morenos, usavam grandes barbas, longos bigodes e cabelos compridos. Outros traziam as cabeças raspadas. Das suas orelhas pendiam enormes brincos de ouro. Nus da cintura para cima, cobriam a parte inferior do corpo com um pano de algodão muito fino, cruzado por entre as pernas, como uma grande fralda. As mulheres eram baixas e de corpos pequenos, ornados com muitas jóias de ouro e braceletes de prata. Nos dedos dos pés usavam diversos anéis com pedras preciosas.

Depois de alguns contatos iniciais, Vasco da Gama foi recebido pelo samorim. Um grupo de homens armados, seguidos por uma grande multidão de curiosos, acompanhou o navegador português e os treze soldados da sua guarda pessoal até o palácio do governo, em Calicute.

O samorim se encontrava num pequeno estrado, recostado sobre um divã coberto com um fino tecido de veludo verde. Em cima do divã, um colchão forrado com panos de algodão e muitas almofadas de seda, algumas embaixo dos braços, servindo-lhe de apoio para o corpo carnudo. Na mão esquerda, uma taça de ouro muito grande, onde cuspia bagaços de bétele, planta aromática originária da Índia cujas folhas, quando mascadas, produziam um efeito relaxante. No outro lado havia muitos objetos de prata e uma grande bacia de ouro, onde repousavam mais folhas da erva indiana.

Glafer, o samorim da época, como a maioria dos rajás indianos, era um homem de gostos exigentes e postura arrogante. Estava nu da cintura para cima, e dali para baixo coberto por um delicado pano de seda branco, todo lavrado em ouro. Tinha a cabeça coberta com um capuz de brocado tecido com fios de ouro, como se fosse um capacete comprido e muito alto. As suas orelhas eram furadas e delas pendiam grandes brincos de ouro, com finos rubis, diversos diamantes e duas pérolas, uma do feitio de uma pêra e maior que uma grande avelã. Seus braços, cobertos com pulseiras de ouro do punho até o sovaco, estavam enfeitados com ricas jóias e pérolas de grande valor. As pernas também estavam adornadas, e um dedo do pé tinha um anel de rubi, bem como os dedos das mãos, cheios de rubis, esmeraldas e diamantes. Os panos cobrindo-lhe as pernas estavam presos à cintura por dois cinturões cheios de rubis.

Vasco da Gama explicou estar ali como embaixador de um riquíssimo rei europeu, mais rico que todos os reis das Índias, com a missão de encontrar novos cristãos. Por isso, esse rei enviava navios para descobri-los e não porque lhe fosse necessário ouro ou prata, tida em abundância. Fez um relato das diversas expedições organizadas pelos reis de Portugal, ao longo dos tempos, para chegar ao Oriente, fato somente agora concretizado.

E por longos rodeios a ti manda
Por te fazer saber que tudo aquilo
Que sobre o mar, que sobre as terras anda,
De riquezas, de lá do Tejo ao Nilo,
E desde a fria plaga de Gelanda
Até bem donde o Sol não muda o estilo
Nos dias, sobre a gente de Etiópia,
Tudo tem no seu reino em grande cópia.

Antes de retirar-se, a noite já estava alta, Vasco da Gama explicou ao samorim ser portador de duas cartas, devendo entregá-las no dia seguinte.

Álvaro Velho, um dos guarda-costas de Vasco da Gama, escreveu em seu diário: "Na terça-feira, 29 de maio, o capitão tinha as seguintes coisas para mandar a el-rei: doze brasões, quatro capuzes de lã tingida de vermelho, seis chapéus, quatro colares de coral, um fardo de bacias, em que havia seis peças, uma caixa de açúcar e quatro barris cheios, dois de azeite e dois de mel."

O Senhor do Mar de Calicute se negou a receber tão simplórios presentes, passando a tratar com desprezo Vasco da Gama e seu dito rei português, chegando mesmo a duvidar das intenções do estranho navegador.

E, se de grandes reinos poderosos
O teu rei tem a régia majestade,
Que presentes me trazes valorosos,
Sinais de tua incógnita verdade?
Com peças e dões altos, suntuosos,
Se lia dos reis altos a amizade;
Que sinal nem penhor não é bastante
As palavras dum vago navegante.

Os marinheiros desembarcados com Vasco da Gama foram presos e só puderam retornar aos navios em troca das mercadorias trazidas para negociarem por especiarias.

Diz-lhe mande vir toda a fazenda
Vendível que trazia, para a terra,
Para que, devagar, se troque e venda;
Que, quem não quer comércio, busca guerra.
Posto que os maus propósitos entenda
O Gama, que o danado peito encerra,
Consente, porque sabe por verdade
Que compra coa fazenda a liberdade

Os mercadores árabes e indianos, temendo a concorrência dos europeus, se juntaram ao samorim e organizaram algumas embarcações para enfrentar o capitão português. Uma tempestade dissipou o ataque dos pequenos barcos e Vasco da Gama escapou por pouco de ficar para sempre na costa do Malabar.

Apartadas assim da ardente costa
As venturosas naus, levando a proa
Para onde a natureza tinha posta
A meta Austrina da Esperança Boa,
Levando alegre novas e respostas
Da parte Oriental para Lisboa,
Outra vez cometendo os duros medos
Do mar incerto, tímidos e ledos.

Comercialmente falando, a expedição foi um fracasso. Mas o caminho para as Índias, nome genérico dado pelos europeus ao Oriente naquela época, estava aberto e os portugueses não pararam mais de chegar.

No dia 9 de março de 1500, zarpava de Lisboa a mais ambiciosa frota marítima portuguesa de todos os tempos: nove naus, três caravelas e uma naveta de mantimentos, treze embarcações com uma tripulação de 1.500 homens, entre soldados, marinheiros e feitores. Comandada por Pedro Álvares Cabral, o objetivo da expedição era a fundação de uma feitoria em Calicute, independentemente da vontade do samorim. Desviada da rota original, em 22 de abril Pedro Álvares Cabral descobriu o Brasil, onde permaneceu durante dez dias antes de continuar sua viagem para a Índia.

Em 13 de setembro de 1500, dois anos e meio depois de Vasco da Gama, Pedro Álvares Cabral se tornou o segundo capitão português a desembarcar em Calicute, finalmente fundando na rica cidade a tão sonhada feitoria. Uma vez mais, no entanto, os comerciantes árabes e indianos, descontentes com a concorrência recém-chegada, e com a conivência do samorim, se uniram e atacaram o novo posto comercial, durante a noite, matando mais de cinqüenta portugueses, entre eles Pero

Vaz de Caminha. Cabral, a bordo da sua nau, na entrada do porto, ao tomar conhecimento da carnificina, no dia seguinte, reagiu com violência e bombardeou Calicute ininterruptamente durante dois dias, destruindo a cidade e matando grande parte da população.

Os perseverantes portugueses não desistiram. Como estava difícil negociar com o arrogante samorim, trataram de procurar outro parceiro comercial na costa da Índia, alguém mais suscetível aos métodos diplomáticos europeus. Em 16 de janeiro de 1501, após fundar uma nova feitoria em Cochin, um pouco mais ao sul, onde o rajá era inimigo do samorim, Cabral partiu de volta para Portugal com seus navios abarrotados de pimenta, canela, gengibre, açafrão e muitas outras especiarias e exóticos produtos do Oriente, provocando imensa alegria na corte em Lisboa e grandes lucros entre os comerciantes financiadores da expedição.

Disposto a punir exemplarmente o ataque à feitoria fundada por Cabral em Calicute, o rei de Portugal enviou uma nova esquadra para a Índia, comandada mais uma vez por Vasco da Gama. O próprio almirante havia escrito uma carta a D. Manuel pedindo nova oportunidade para vingar-se dos hindus, a quem inicialmente os portugueses confundiram com cristãos, por professarem uma religião diferente dos muçulmanos, até então os grandes inimigos do cristianismo.

"Senhor!", escreveu Vasco da Gama, "o rei de Calicute me prendeu e fez de mim escárnio e porque eu lá não tornei a me vingar dessa injúria, tornou a fazer outra muito pior, pelo que no coração tenho grande vontade e desejo de destruí-lo."

Em agosto de 1502, após uma viagem tranqüila, a Esquadra da Vingança — como ficou conhecida — aportou nas proximidades de Goa, cerca de quinhentos quilômetros ao norte de Calicute. Ancorada numa baía estratégica, a poderosa frota portuguesa ficou à espreita das embarcações muçulmanas fazendo regularmente a rota entre os países árabes e a Índia.

Um mês depois, após ter saqueado e destruído muitos navios islâmicos, inclusive um veleiro com 380 peregrinos — homens, mulheres e crianças vindos de Meca —, saqueado e incendiado com todos a bordo, Vasco da Gama bloqueou o porto de Calicute, dando ao samorim 24 horas para expulsar da cidade as cinco mil famílias maometanas. Enquanto esperava, o almirante prendeu, torturou e enforcou todos os navegadores árabes com a má sorte de chegarem ao porto naquele dia. Ao final do prazo, o português ordenou aos seus navios que abrissem fogo contra Calicute, destruindo-a completamente, inclusive o palácio do samorim, construído ao lado do grande tanque utilizado nas cerimônias religiosas hindus.

Vasco da Gama deixou cinco naus controlando o porto e desceu para Cochin, onde Cabral havia construído uma feitoria e deixado um grupo de frades franciscanos. Após um breve período de desconfiança, o rajá achou mais prudente se aliar aos portugueses, com quem assinou um acordo comercial, inclusive permitindo aos franciscanos construírem uma capela cristã na ilha. Vasco da Gama regressou à Europa com seus barcos abarrotados de especiarias, mais de duas mil toneladas de pimenta, canela, noz-moscada e gengibre, além de pérolas e pedras preciosas. Seu tio, Vicente Sodré, após capturar dois navios do samorim e matar seus trezentos tripulantes, foi deixado no comando de uma pequena frota de cinco naus, com a missão de proteger o reino de Cochin, agora aliado dos portugueses e inimigo do samorim de Calicute e do sultão de Cananor.

Os mercadores lusitanos passaram a abastecer a Europa com pimenta pela metade do preço cobrado pelos venezianos, que a traziam do Oriente por terra até o Egito e dali pelo Mediterrâneo em rústicas galeras, se comparadas às velocíssimas caravelas. Em 1505, um embaixador veneziano, financiado pelos comerciantes de Veneza, viajou ao Cairo para tentar convencer o sultão a utilizar sua frota, ancorada em Alexandria, para atacar os portugueses no Índico. Resultado: os portugueses, senhores da tecnologia marítima, conquistaram Ormuz, na entrada do golfo Pérsico, destruíram a frota egípcia no mar Vermelho e tomaram Goa, na costa norte do Malabar, conquistando-a ao sultão muçulmano de Bijapur.

A partir dessa base, um porto natural muito superior a Cochin, Portugal conquistou outros territórios na Índia, na Malásia e no Ceilão, dando início ao comércio com o Sião (atual Tailândia) e a China. No início da segunda década do século XVI, a partir de suas terras na Índia, os portugueses tinham se tornado senhores absolutos da navegação pelo oceano Índico e acabado com o lucrativo comércio de temperos, seda e marfim egípcio-veneziano.

Goa, capital do vice-reinado português na Índia, prosperou com o comércio das especiarias chegando a superar a própria Lisboa em luxo e riqueza, tornando-se uma das pérolas do grande Império Lusitano. Os jesuítas, liderados por São Francisco Xavier, chegaram em 1542, construindo notáveis igrejas e importantes mosteiros na cidade, partindo dali para cristianizar grande parte do sul da península.

Em 4 de abril de 1524, beirando os sessenta anos, comandando sete naus, três galeões e quatro caravelas, com cerca de três mil tripulantes, Vasco da Gama embarcou pela terceira vez para o Oriente, agora como vice-rei das possessões portuguesas na Índia, com sede em Goa. Três meses depois de assumir o cargo, o velho navegador caiu doente e morreu. Foi enterrado no dia de Natal, com grande pompa, na capela construída pelos franciscanos em Cochin, onde repousou durante quatorze anos até ser trasladado para Portugal.

Fugindo da Guerra III

O serviço de alto-falantes chamou os passageiros do vôo 205, da South African, com destino a Joanesburgo. Deveriam encaminhar-se imediatamente à sala de embarque. Ao ouvir o número do meu vôo, despertei da letargia preguiçosa a que estava entregue, esparramado sobre uma das confortáveis poltronas do aeroporto. Sem dinheiro para freqüentar um dos restaurantes, e depois de ser gentilmente convidado a retirar-me da sala VIP (meu cartão de crédito não era de platina), restou-me apenas torcer para chamarem o embarque o quanto antes. No avião teria comida, e da boa, especialmente uma garrafa do bom vinho sul-africano acompanhado por um delicioso bife de vaca. Tão logo decolasse, poria em prática minha vingança sordidamente acalentada nas últimas semanas contra as vacas indianas, devorando cada pedacinho das suas primas que me caísse nas mãos.

Para entrar na sala de embarque nos perfilamos novamente, desta vez uma fila bem mais alegre que a anterior, embora lentíssima, todas as bagagens de mão passando mais uma vez por uma demorada revista manual. Por fim, nos espalhamos pelas poltronas e ficamos aguardando o embarque, ansiosos, mas seguros de que os piores momentos haviam ficado para trás. Ledo engano.

O tempo foi passando e nada acontecia. Notei as tripulações dos aviões estacionados no pátio do aeroporto embarcando, mas os passageiros continuavam esperando nas diversas salas de embarque. Finalmente uma funcionária apareceu para informar que o avião atrasaria algumas horas, assim teríamos direito a um rápido lanche no pequeno quiosque num dos cantos da sala.

Cercamos a pobre moça e um ríspido bate-boca estabeleceu-se entre ela e os passageiros mais afoitos. Ela simplesmente dizia não saber o motivo. O vôo estava atrasado, e pronto. Como não esperava respostas convincentes às minhas interrogações tratei de pegar a senha e comer meu quinhão, dois pastéis, uma xícara de chá e um pequeno doce, todos religiosamente apimentados, como manda a boa etiqueta culinária indiana.

A refeição que eu estava comendo, além de ruim, era pouca.

A confusão imediatamente se espalhou. Um casal argentino voltando de uma visita ao templo de Sai Baba, perto de Bangalore, estava inconformado. Algumas pessoas reagiram tão indignadas a ponto de recusar o lanche, um protesto nada prático. Como estavam sobrando senhas nas mãos da funcionária do aeroporto, pude comer três porções do apimentado lanche.

Ficamos por ali, caminhando de um lado para outro, nutrindo-nos vagamente de rumores desencontrados, numa expectativa tensa, ansiosos. Olhares vazios se encontravam, dissimulavam, iam repousar noutros olhos mais aflitos ainda. Quando a situação ficou mais calma, os passageiros mais conformados, fui até a funcionária da empresa aérea e falei calmamente, perguntando se o aeroporto estava fechado.

— Não — respondeu ela, sem a menor convicção. — O aeroporto não está fechado.

— Então por que nenhum avião está saindo? — insisti. — Posso ver a pista sem o menor movimento.

— Não sei — ela se limitou a dizer.

— Olha — falei, para ver se ela baixava a guarda —, os aviões estão todos no pátio. Também não vejo nenhuma aeronave descendo. Isso significa que o aeroporto está fechado.

— O aeroporto não está fechado — insistiu ela, tentando negar a realidade.

— Por Shiva — exclamei, dissimulando o cansaço. — Não estou fazendo uma pergunta. Estou dando-lhe uma informação: o aeroporto está fechado.

Ela não caiu na minha armadilha, não quis conversa, limitando-se a ignorar minha presença. Fiquei por ali, meio embaraçado, até minha atenção ser despertada pela entrada de um funcionário empurrando um carrinho com os jornais do dia seguinte, a madrugada já ia alta. No primeiro jornal pego, confirmei minhas suspeitas. A manchete principal informava que o Paquistão estava ameaçando fazer "um teste" com um míssil nuclear naquela noite. Segundo os entendidos, caso a guerra viesse mesmo a eclodir, a primeira bomba cairia sobre o centro naval indiano, exatamente em Bombaim.

A zelosa funcionária percebeu o acontecido e mandou retirarem da sala de embarque o carrinho com os jornais. Mostrei-lhe a manchete, mesmo assim ela não admitiu que o aeroporto estivesse fechado devido à ameaça de guerra. Para não piorar a situação, devolvi-lhe o jornal e fui sentar-me no chão, num dos cantos da sala, pensativo. Depois de sobreviver a tantas peripécias no interior da Índia, nas últimas semanas, seria uma ironia morrer sentado no moderno aeroporto de Bombaim, atingido por uma explosão atômica. A esta altura o pessoal dava sinais de extremo cansaço, cochilando sobre os bancos insuficientes para todos os passageiros. Se uma onda de calor nuclear consumisse os nossos corpos naquele momento, pouca gente se daria conta do ocorrido.

Além da guerra, minha preocupação era com o horário. Eu tinha uma folga de duas horas entre a chegada em Joanesburgo e a saída do meu vôo para São Paulo. Estávamos três horas atrasados e não havia indícios de sairmos nos momentos seguintes. Se perdesse a conexão, provavelmente ficaria uma semana na África do Sul esperando assento num próximo avião para o Brasil. Devido à crescente participação dos orientais no comércio de Ciudad Del Este, os vôos entre Joanesburgo e São Paulo, parte da conexão Brasil/Hong Kong, estavam sempre lotados. Levei o problema à funcionária da companhia aérea e ela me garantiu que se perdesse o avião em Joanesburgo eu ficaria na cidade por conta da South African até embarcar para o Brasil.

— Ah, bom!

Esse problema estava resolvido. Restava-me não ser frito por uma bomba atômica muçulmana, eu que nada tinha a ver com esta história de infiel para cá, infiel para lá. Há muito tempo, os únicos dogmas aos quais sou fiel são as minhas convicções, alheias às vontades dos deuses exteriores. Minha felicidade depende apenas de estar em harmonia com meus princípios éticos, baseados no respeito à felicidade dos outros. Enfim, viver e deixar viver em paz. Infelizmente, nem todos pensavam assim, deixando-me exposto a práticas alheias egoístas.

As pessoas estavam desanimadas, desabadas sobre os bancos, dormitando agarradas em seus pertences de mão. Os homens de negócio haviam desamarrado os nós das gravatas, aberto os paletós, tirado os sapatos. As senhoras mais elegantes não se importavam mais com as dobras amassadas dos seus vestidos, as recatadas indianas improvisavam seus xales à guisa de travesseiros. As crianças choramingavam, os mochileiros dormiam estirados pelos cantos da sala, cabeças apoiadas nas suas grandes pochetes, agarrados às máquinas fotográficas. Não suportavam mais os boatos conflitantes, as informações desencontradas. Haviam desistido, queriam apenas aliviar um pouco o sofrimento provocado pelas incertezas da malfadada noite.

Lá pelas quatro da madrugada veio a tão esperada ordem para embarcarmos. Seguiu-se um grande tumulto, todos correndo como se fossem perder o avião. A tripulação, com feições cansadas, acomodou os passageiros, começou a servir café e nos informou que partiríamos tão logo clareasse o dia, por volta das seis da manhã. Surgiram novos protestos, pensávamos que o problema tinha sido resolvido, mas era a decisão do comandante, não podia ser questionada. Eu tinha imaginado que não decolaríamos durante a noite, essa teria sido uma atitude conjunta dos pilotos das aeronaves estacionadas em Bombaim. Pelo menos estava dentro do avião, confortavelmente instalado na minha poltrona, esperando que os senhores da guerra me dessem pelo menos o tempo de sair da Índia.

Eu nada podia fazer, senão esperar. Nenhuma das variáveis em questão estava sob meu domínio. Portanto, sem estresse. Precisava submeter-me à vontade dos seguidores de Alá. A situação estava criada. Para ser alterada, eu deveria ter feito uma opção diferente três meses atrás, ao entrar no país. Mas havia decidido prosseguir a viagem de Vasco da Gama, partindo de Calicute e percorrendo o interior do misterioso oriente.

O Brasileiro

A árvore era enorme, alta e frondosa. Sua sombra se esparramava mesmo por cima das outras árvores, menores, mais baixas e com menos folhas. Em volta do tronco, um pequeno aterro circular, coberto de grama, formava bancos naturais, onde algumas pessoas estavam sentadas, em silêncio, pensativas. Um pouco mais afastados, na orla da sombra da grande árvore, havia outros bancos, esses de madeira, também ocupados por homens, mulheres, jovens e velhos, preguiçosamente encostados, imóveis. Havia outras árvores, palmeiras, coqueiros, arbustos, em meio a um bem-cuidado jardim, recortado por estreitos passeios de terra nua. Diversas pessoas estavam deitadas nos gramados, estiradas, protegidas do terrível calor pela sombra do arvoredo.

Soprava uma pequena brisa, vinda do mar, parecendo deixar a sensação térmica ainda mais quente, queimando-me as partes do corpo expostas ao ambiente. Usando sandálias, bermudas e camiseta regata, o ar parecia sapecar-me a pele. Os indianos estavam completamente cobertos: da cintura para baixo, usavam o *dhoti*, uma espécie de fralda gigante, um pano branco de algodão ralo envolvendo-lhes as pernas, a mesma vestimenta usada por Gandhi. Nos pés, chinelos de dedo. Vestiam longas camisas de mangas compridas, alguns traziam o pescoço protegido por uma manta de seda listrada. Na testa, marcas vermelhas de sândalo identificavam suas castas. As mulheres tinham longos e coloridos sáris a tapar-lhes todo o corpo, exceto uma pequena faixa na cintura, deixando à mostra suas protuberantes barrigas. As mais jovens usavam *churidar*, uma longa bata colorida sobre calças folgadas. Calçando sandálias abertas, podia ver diversos anéis enfeitando-lhes os dedos dos pés.

Apenas o ar circulando por entre as árvores não estava superaquecido pelo sol, uma coroa de fogo estacionada logo acima das nossas cabeças, derretendo-se e procurando derreter tudo ao seu alcance. Bastava afastar-se um pouquinho da sombra, deixar por alguns instantes o abrigo das árvores, para sentir o calor abrasador do verão indiano envolvendo nossos corpos como se quisesse alimentar-se das nossas carnes.

No alto das árvores, as folhas não se mexiam. Os pássaros não cantavam, apenas se protegiam do sol. No chão, nos bancos e sobre a grama, as pessoas apenas se olhavam, sem vontade de falar, deixando o tempo, difuso, encarregado de reclamar do intenso calor. Uma bica de água, esquecida semi-aberta por alguém mais distraído, pingava sobre o chão, não chegando a umedecer a terra esturricada.

— Quantos graus? — limitei-me a perguntar, falando de forma a economizar o máximo possível minhas energias.

Ainda estava fulminado pelo cansaço da longa viagem do Brasil até a Índia. Continuava sentindo os efeitos nefastos da grande diferença de fuso horário entre os dois continentes, além do desconfortante vôo entre Bombaim e Calicute.

— Mais de quarenta graus — respondeu Horst, com preguiça de consultar o termômetro na bolsa sobre o banco.

Ele também estava cansado. Depois de escalarmos o Kilimanjaro, na África, percorrer longas trilhas no Himalaia, no Nepal, em direção ao Everest, e tentar chegar ao cume do monte Aconcágua, nos Andes argentinos, meu amigo alemão e eu estávamos novamente juntos em mais uma viagem pelo mundo.

— Parece mais — observei, sem mover-me.

A praça Mananchira, como era conhecido o quarteirão, compunha-se do parque Ansari, onde estávamos, e do grande tanque, maior que um campo de futebol, alguns metros à minha frente. Estava curioso para conhecer o lugar sagrado onde o samorim e seus nobres se banhavam durante os rituais hindus, entre um bombardeio e outro dos canhões portugueses, mas não tinha coragem de sair no sol. Nem eu nem ninguém. Dava para notar os próprios indianos, desconsolados na sombra, sofrendo com o calor. Afinal, pensei, estou descansando nos jardins do samorim, no pátio interno do seu grande palácio. Se o tanque sobreviveu aos ataques lusitanos, pode esperar mais um pouco para ser conhecido.

— Está muito quente — reclamou Horst.

A caminhada da pousada, ali perto, até o parque tinha sido uma epopéia, e eu precisava mesmo ficar parado, na vã tentativa de acostumar-me com o calor sufocante, parecendo-me provocar falta de ar. Havia muita gente na rua, o tráfego levantava poeira e as buzinas não cessavam. Nas calçadas, entupidas pelos quiosques dos vendedores de comida, sapateiros e barbeiros trabalhando ao ar livre, os mendigos nos perseguiram com agressividade, quase a exigir algum dinheiro. Antes de entrarmos no parque, um leproso, sem os dedos de uma mão e com apenas o toco do outro braço, com o corpo envolto em diversas ataduras, barrou nosso caminho pedindo uma esmola, pelo amor de Shiva.

— Quente demais — concordei.

Só não me deixei ficar sobre a cama da pousada porque o quarto não tinha ar condicionado e a curiosidade em conhecer a cidade falou mais alto. Precisava iniciar minha adaptação ao novo fuso horário, 8h30min mais tarde em relação ao Brasil, e, para isso, nada melhor do que entrar logo no ritmo local. Que era, diga-se a bem da verdade, devagar, quase parando.

— Muito quente mesmo — ele repetiu, balançando a cabeça.

Mas ficar parado também cansava. Entreolhamo-nos, criamos coragem, levantamos e fomos em direção ao tanque, atualmente protegido por uma baixa cerca de tela, apenas um isolamento moral. Bastava levantar a perna e passar para o outro lado, o que nem foi preciso fazer. A água poluída estava pela metade, deixando à mostra grande parte das escadarias levando ao seu fundo. Estávamos em abril, alto verão na Índia, período anterior às monções, e todos os tanques, lagos e rios estavam quase secos. Sua água, parada, esverdeada, coberta por um limo viscoso, servia apenas para matar a sede dos pássaros e aguar as pequenas plantas do parque Ansari, o antigo jardim do samorim.

Na volta para a pousada visitamos uma igreja anglicana. O prédio era bonito e estava bem conservado, caiado, mas a ausência de santos em seu interior o deixava como uma casa abandonada, sem moradores. Pelo menos para mim, católico, acostumado com as igrejas repletas de imagens. Para Horst, alemão e protestante, tudo muito natural. O sacristão acendeu as luzes e nos deixou ficar ali algum tempo, fugindo ao calor. Não havia santos, não me parecia uma igreja, um templo, a casa de Deus. Apenas um salão na penumbra, com pé-direito alto, fresco, isolado do exterior pelas grossas paredes, para proteger-nos do clima inclemente.

— Não tem santos — falei para o Horst.

— Não, não tem santos — ele respondeu, disfarçando a preguiça.

Ao lado da pousada havia uma pequena igreja católica, seus costumes lembrando os templos hindus. Para entrar, precisei tirar os calçados. Não existia um altar principal, mas diversos santos espalhados junto às paredes, cobertos com guirlandas de flores frescas, iluminados por pequenas velas queimando aos seus pés, cheirando a incenso. Em seu interior fazia tanto calor quanto na rua, mas aquela sim, para mim, era uma igreja, a casa de Deus. Horst não quis entrar, subiu direto para o quarto.

Subi pouco depois e imediatamente enfiei-me embaixo do chuveiro. A primeira água, no encanamento junto às paredes, saiu fresca e agradável. Quando começou a descer a água proveniente da caixa d'água, sobre o telhado do prédio, veio tão quente que precisei saltar fora, feito gato, escapando de ser queimado pelos pingos ferventes.

À noite saímos para jantar, uma tarefa extremamente difícil para quem está chegando na Índia, alheio à culinária nacional. As ruas eram mal iluminadas, entupidas pelos oitocentos mil habitantes da cidade, e havia muitos terrenos baldios entre um prédio e outro. Procuramos um restaurante com ar condicionado. Mas, por um costume local, os raros restaurantes climatizados estavam na penumbra. Horst não gostava de comer se não fosse num lugar bem iluminado, onde pudesse ver a comida em todos os seus detalhes. Como os restaurantes sem ar tinham uma aparência pouco agradável, acabamos, para minha alegria, optando por um refrigerado, mesmo sendo impossível distinguir o conteúdo do prato. O que, em breve descobriríamos, não faria nenhuma diferença.

Tão logo sentamos, um garçom, com os pés descalços, colocou sobre nossa mesa uma grande jarra com água fresca e duas canecas de alumínio. Olhamo-nos e, mesmo com sede e a água parecendo agradável, não tivemos coragem de bebê-la. Acabamos, um pouco constrangidos, pedindo água mineral, num gesto detestável. Antes de viajar, li num guia de viagem norte-americano que não deveria sequer tomar uísque na Índia por causa da água com a qual era feito o gelo. Achei a observação ridícula. Se for assim, então melhor não ir à Índia. Ou a qualquer outro lugar. Agora estava ali, com medo de beber água, pedindo uma mineral e me sentindo ridículo, feito um estrangeiro arrogante.

O cardápio foi nosso próximo dilema. Primeiro, o restaurante era vegetariano, como a grande maioria dos restaurantes indianos. Depois, embora escrito no alfabeto ocidental, era absurdamente impossível saber a que tipo de comida se referiam os nomes daqueles estranhos pratos. O garçom já tinha voltado à nossa mesa duas vezes e ainda não havíamos nos decidido.

— O que você vai pedir? — perguntei ao Horst, quando o rapaz voltou pela terceira vez para tirar nossos pedidos.

— *Aaloo tikka* — ele disse, rindo.

— E o que significa isso? — perguntei, curioso, procurando no cardápio onde ele havia lido o estranho nome.

— Não tenho a menor idéia.

Independentemente do prato pedido, iríamos aprender nos próximos dias, o sabor principal, o gosto gravado em nossas mentes até a próxima refeição, era sempre o mesmo: pimenta! Mas ela nunca vinha sozinha. A pimenta, disfarçada em suas diversas variedades, da pimenta-do-reino à malagueta, dava apenas o sabor especial na comida, o toque predominante, invariavelmente acompanhada de outros temperos: açafrão, alho, cominho, canela, gengibre, cravo-da-índia, noz-moscada, páprica e assim por diante. Enfim, as tais especiarias. Como a cozinha do sul da Índia era amplamente reconhecida como a mais picante do mundo, estávamos iniciando nosso aprendizado pelo lugar certo.

— E para o senhor? — perguntou-me o garçom, após anotar o pedido do alemão.

— O mesmo que ele — respondi.

— *Aaloo tikka*?

— Sim, meu bom rapaz. Quero comer uma boa *aaloo tikka*. Bem-passado, por favor.

— Bem-passado? — perguntou Horst.

— Claro — respondi. E expliquei: — Seja lá o que for a comida, melhor estar bem cozida.

— Bem-passado? — agora era o garçom quem me perguntava, sem entender minha exigência.

— Bem, pode ser ao ponto, ou... à moda da casa, claro, sem problemas — concordei, dando o assunto por encerrado, devolvendo-lhe o cardápio. Não estava preparado para entrar em detalhes.

— Como acompanhamento, o que os senhores desejam? — voltou a perguntar, olhando para nós.

— Arroz — eu disse, mais que depressa.

— Arroz? — perguntou-me Horst.

— Claro. Arroz é sempre uma pedida certa. Espero.

A seguir o garçom nos trouxe, em duas pequenas tigelas de alumínio, um molho pastoso e duas porções de arroz branco, de péssima qualidade. Pedimos dois pratos e duas colheres e, para seu espanto, misturamos o molho com o arroz e tentamos jantar.

Impossível saber o que estávamos comendo, o único sabor perceptível era o da pimenta. Horst ainda comeu um pouco, eu apenas provei. O gosto excessivo de *curry* acabou com meu apetite. O garçom falava um péssimo inglês e o gerente do restaurante entendia apenas *malayalam*, a língua oficial do Estado de Querala, de forma que saímos dali sem saber do que se tratava o tal prato. Por sorte, ainda tinha alguns bombons na mochila. As únicas coisas degustáveis na nossa primeira refeição na Índia foram as sementinhas de anis trazidas junto com a conta.

— Para que servem? — perguntei a Horst.

— Para mastigarmos e tirarmos da boca o gosto forte da pimenta.

Na cantina da pousada expliquei haver comido algo muito forte, estava sentindo o estômago meio embrulhado. O rapaz, muito gentil, trouxe-me uma bebida num pequeno copo de vidro.

— O que é? — perguntei, arisco, olhando o conteúdo contra a luz do teto.

— Areca — ele disse, como se eu bebesse "aquilo" todos os dias.

— Do que é feito?

— É um licor extraído da folha de bétele — respondeu. — Ajuda na digestão.

— Areca — eu disse para Horst, mostrando-lhe o copo. — A bebida preferida do samorim.

Eu havia chegado em Bombaim pouco depois da meia-noite, num cansativo vôo procedente de Joanesburgo. Uma hora depois chegou Horst, vindo de Bangcoc. Esperamos sentados, no desconfortável saguão do terminal até uma hora da tarde, quando pegamos o avião para Calicute, chegando três horas depois. O aeroporto ficava a 28 quilômetros ao sul da cidade, obrigando-nos a pegar um táxi até o centro, seguindo por uma estradinha costeada por altas palmeiras e onde precisávamos parar constantemente para deixar os elefantes cruzarem à nossa frente.

Mesmo cansado, dormi pouco. Acordei às quatro da madrugada, suando e com o corpo dolorido. Devido ao calor, deixamos a janela aberta, e Horst queixou-se de não poder dormir devido ao barulho dos automóveis circulando em frente à pousada. Pela manhã, trocamos para um quarto nos fundos do prédio, longe da rua, aumentando nossos problemas. Apesar do calor insuportável, o alemão não queria deixar a janela aberta por causa dos mosquitos, nem ligar o ventilador de teto porque levantava a poeira entranhada dentro do quarto. Sufocado desse jeito, desta vez fui eu que não consegui dormir. Lá pelas tantas da madrugada, não pude me conter: levantei e liguei o ventilador. Tão logo tornei a deitar-me, Horst se levantou e o desligou.

— A partir da próxima cidade — falei-lhe —, só me hospedo em hotel com ar condicionado.

— Vamos pagar mais caro — ele argumentou, referindo-se às quatrocentas rupias, oito dólares, pagos pelo quarto.

— Então vamos deixar a janela aberta — eu disse.

— Não é possível, entram mosquitos.

— Não estou vendo mosquitos — rebati.

— Tem muitos mosquitos — respondeu, como se não tivesse ouvido minha última frase. Ou não tivesse entendido meu espanhol.

— Então, pelo menos, vamos ligar o ventilador de teto — insisti.

— Não dá, espalha a poeira do quarto e isso vai nos fazer mal à saúde. Este pó fica na nossa garganta e vamos ter problemas mais adiante.

— Bem, sendo assim, não temos alternativas: vamos procurar um hotel com ar condicionado — falei, incisivo, dando o assunto por encerrado e me levantando, no meio da noite, para tomar uma ducha, refrescar um pouco a pele morna.

Passamos boa parte do dia sentados nos jardins do samorim, comendo bananas, tomando água de coco e tentando driblar o calor. No final da tarde fomos até a praia, uma pequena caminhada, onde ficamos bebendo suco de uva num quiosque, à sombra das palmeiras, olhando para o mar da Arábia, cujas ondas vinham quase até nossos pés, e imaginando quantas histórias dramáticas aquelas águas haviam presenciado.

— Está muito quente — comentei com Horst.

Com um pouco de imaginação dava para "ver" as caravelas portuguesas ancoradas na arrebentação, na costa do Malabar, suas velas mostrando as grandes cruzes vermelhas, e enviando para terra seus pequenos escaleres repletos de marujos, ávidos por vinho e mulheres, e comerciantes sedentos de lucros. Minha imaginação podia recuar ainda mais, voltando ao tempo em que os fenícios, romanos, árabes e chineses ali aportaram trazendo ouro e levando temperos e marfins. Mais tarde, bem mais tarde, no século XVIII, os piratas e corsários vagando pelo oceano Índico tinham como referência para seus saques a rica cidade de Calicute, então sob domínio do sultão Tipu.

— Quente demais — ele respondeu.

O contínuo contato e o amplo comércio com os povos estrangeiros deixaram profundos traços na cultura da região, presentes até os dias atuais. Em 1957, o estado de Querala (32 milhões de habitantes) teve o primeiro governo comunista livremente eleito em todo o mundo. A participação popular na política fez de Querala o estado indiano com o menor índice de mortalidade infantil, melhor distribuição de terra e mais baixa taxa de analfabetismo do país. Mesmo assim, a miséria ao nosso redor era estonteante, uma amostra de coisas piores pela frente.

Expresso super-rápido Mangala Lakshadweep, para Cochin

193 km

5h15min

Quando decidi percorrer a Índia de trem comprei *India by rail*, do inglês Royston Ellis, um livro com 260 páginas de informações sobre tudo que deveria saber para melhor aproveitar a viagem, especialmente orientações de como definir itinerários, comprar passagens e fazer reservas numa das dez classes em que se dividiam os 39.214 vagões de passageiros da caótica, confusa e hiperburocratizada Ferrovia Indiana, uma empresa com 1,6 milhão de funcionários, o segundo maior empregador do mundo. (O primeiro é a Ferrovia Russa, com dois milhões de empregados.)

No aeroporto de Bombaim, ao desembarcar na Índia, comprei *Trains at a glance*, um guia com 160 páginas com todos os itinerários, horários e preços dos trens para 2002. Estava preparado para ser um dos onze milhões de passageiros que viajam diariamente pelos 108.513 quilômetros de trilhos, cruzam 118 mil pontes, 40.847 passagens de níveis, e desembarcar em qualquer uma das 7.056 estações ferroviárias operadas pela empresa. Ligando todas as localidades do território por trens puxados por

6.911 locomotivas, a ferrovia era um dos orgulhos dos indianos, não apenas como meio de transporte, mas especialmente como uma forma de unir a nação, um mosaico de povos, culturas, línguas e crenças religiosas. Em um país com pouco mais de um terço do território brasileiro, um bilhão de habitantes e com dezoito idiomas oficiais, a ferrovia era uma das pouquíssimas instituições realmente nacionais.

Não havia conseguido dormir devido ao calor. Levantei de madrugada, organizei a mochila, acordei o Horst e pouco depois das seis da manhã estávamos na estação ferroviária de Calicute, preparando-nos brasileiramente para enfrentar o monstro de sete cabeças: comprar uma passagem para o mesmo dia, sem reservas especiais nem nada.

— Dentro de uma semana vamos estar craques nos trens indianos — disse-me Horst, ao entrarmos na estação, para levantar nossos próprios ânimos.

Por enquanto, devido às informações no *Trains at a glance*, pelo menos eu sabia exatamente o que desejava, e foi o que falei para a moça no guichê de vendas de passagens, após alguns minutos na fila:

— Por favor — eu disse, torcendo os dedos para dar certo —, quero dois bilhetes de segunda classe no Expresso Super-rápido 2618 Mangala Lakshadweep, das 7h35min, para Cochin.

Tive a impressão de estar sendo esperado, pois ela simplesmente digitou alguns dados no teclado do computador e imediatamente saíram as duas passagens, pelas quais paguei 136 rupias, pouco menos de três dólares. Peguei os bilhetes, o troco e fiquei olhando para a funcionária, perplexo, com cara de otário, sem acreditar que tivesse sido tão simples. Não podia estar certo, alguma coisa devia estar errada. Minhas maiores preocupações ao preparar a viagem foram com os trens. Sabia de antemão, pelas pesquisas na Internet, na leitura de livros e mesmo nas conversas com outros viajantes, que andar de trem na Índia era extremamente complicado.

Alguns guias de viagem sugeriam adquirir um *Indrail Pass*, um passe com validade de dois meses, evitando entrar nas longas filas para comprar passagem sempre que fosse viajar. Para alguém que viajaria de trem quase diariamente, por um longo tempo, seria o ideal. O tempo foi passando, no entanto, e acabei não comprando o dito passe. Quando cheguei na Índia e vi toda a confusão no aeroporto de Bombaim, pensei que deveria tê-lo comprado. Achei que iria me arrepender e minha viagem poderia se transformar num inferno por causa desse desleixo.

— Algo mais, senhor? — perguntou-me a moça, vendo-me ali, parado, na sua frente, com uma enorme fila atrás de mim.

— Está tudo certo? — indaguei.

— Claro, está tudo certo. E se o senhor não se incomoda, tem muita gente na fila esperando para comprar passagem...

Saí de fininho, embaraçado, juntei-me ao Horst, cuidando das mochilas, no saguão da estação, e fomos perguntar de qual plataforma sairia o Expresso Mangala, o trem das 7h35min para Cochin, a ilha onde os frades portugueses haviam construído a primeira igreja cristã na Ásia.

Logo descobrimos que os carregadores infestando as plataformas eram as pessoas mais indicadas para nos prestar informações sobre os trens, embora ficassem desapontados por não precisarmos dos seus serviços, o que não os impedia de nos pedir moedas. As mochilas eram grandes, mas podiam ser facilmente carregadas por nós mesmos. A do Horst pesava 26 quilos e a minha, 21; mesmo assim eu pretendia deixá-la mais leve à medida que fosse comendo os biscoitos e os chocolates e jogando fora as roupas sujas, camisetas e bermudas velhas levadas sem a intenção de trazê-las de volta.

A grande preocupação do Horst era com os horários; não acreditava na pontualidade dos trens. O Expresso Mangala havia saído da estação Panvel, no subúrbio de Bombaim, 1.058 quilômetros ao norte, às 11h20min da manhã do dia anterior. Mas, 20h45min depois de partir, a grande locomotiva azul entrou apitando na estação de Calicute, com apenas trinta minutos de atraso.

— Muito bom — elogiou o cético alemão, conferindo o horário no grande relógio da gare.

A composição parou com um ranger de ferros sobre os trilhos e uma multidão jogou-se porta afora, descarregando malas, sacolas, bolsas e pacotes, como se um formigueiro tivesse suas portas subitamente arrombadas. Olhamos pelas janelas dos vagões e vimos que continuavam lotados, superlotados. O trem ficaria parado apenas dez minutos e já haviam se passado mais de cinco quando os primeiros passageiros começaram a subir, num grande empurra-empurra — homens, mulheres e crianças. Com nossas grandes mochilas às costas, não tínhamos a menor chance de alcançar o estribo, muito menos embarcar.

Corremos pela plataforma à procura de algum vagão com espaço e quando a locomotiva apitou, anunciando sua partida, saltamos desajeitadamente para dentro daquele que nos pareceu menos cheio. Passamos o vestíbulo e entramos no corredor, logo nos jogando sobre um banco ainda vago, segundos antes de outros passageiros tentarem o mesmo.

— Ufa! — falei, procurando com os olhos um espaço para colocar a mochila, pois os dois bancos acima de nossas cabeças estavam arriados e pessoas dormiam neles.

— Embaixo — disse Horst.

Empurramos desajeitadamente as bagagens para baixo do próprio banco e ficamos olhando pela janela, gradeada com barras de ferro horizontais, a paisagem urbana ficando para trás, saindo de Calicute em direção a Cochin, costeando o litoral, o mesmo destino percorrido por Vasco da Gama há cinco séculos, só que pelo mar e não por terra, de caravela e não de trem.

— As janelas — mostrou-me Horst.

— Sim, qual o problema das janelas? — perguntei.

— São gradeadas! — exclamou. — Se o trem vira, ou pega fogo, morremos todos aqui dentro, sem poder fugir, como ratos na ratoeira.

— Por que diabos gradeiam as janelas? — indaguei, testando sua firmeza com as mãos, forçando as barras de ferro na vã tentativa de poder deslocá-las.

— Para os passageiros não pularem por elas — explicou, comprovando, como eu já havia feito, estarem bem firmes no lugar.

Faz sentido, pensei em dizer-lhe, mas não disse. Lembrei-me de um acidente ocorrido no Egito, poucas semanas antes, quando mais de trezentas pessoas morreram carbonizadas por não conseguirem fugir de um incêndio dentro do trem, provocado pelo fogareiro de alguém cozinhando o almoço. Morreram exatamente porque as janelas eram fechadas com barras de ferro, como os trens da Índia, para os passageiros não pularem para dentro dos vagões na ânsia de conseguirem um lugar para sentar. Nem saltarem para fora, quando os dez minutos parados na estação eram insuficientes para todos descerem pelas portas.

— Recentemente, no Egito... — ele começou.

— Eu sei — falei, interrompendo-lhe a frase.

Bem ou mal, estávamos acomodados, deslizando para o extremo sul da Índia sobre sólidas estruturas de ferro, aço e brita, sacolejando no compasso determinado pelos intervalos dos dormentes. Sentados no lado direito da composição, pela janela víamos uma das paisagens mais bonitas do mundo: enormes palmeiras cobrindo a faixa de terra entre o litoral e o traçado dos trilhos, aqui e ali salpicados por pequenas casas de barro cobertas com folhas de palmeira com muitas crianças brincando em seus terreiros. Seguidamente cruzávamos sobre os diversos rios cortando a região, a água azul placidamente escorrendo por entre margens de areias brancas ladeadas pelo verde dos coqueirais. Pequenas embarcações construídas com bambu e movidas por enormes velas de algodão encardido deslizavam suavemente pelos rasos canais. Ao longe, uma nesga de mar verde. A costa do Malabar. O mar da Arábia, o oceano Índico. A porta de entrada na terra das especiarias. Não admirava que os portugueses tivessem ficado tão deslumbrados com a descoberta das Índias, tamanha a beleza plástica da paisagem tropical, desfilando pela janela do Expresso Mangala.

Na escala em Joanesburgo, na África do Sul, onde fiquei uma noite esperando a seqüência do vôo para Bombaim, conheci Sushil Kumar e Andréia Gomes Kumar. Ele, trinta anos, diplomata indiano servindo no Brasil. Ela, sua jovem esposa brasileira. Recém-casados, iam para a Índia em férias e para a mulher conhecer a família do marido. Depois das férias, iriam para Daca, pois ele havia sido promovido e transferido para Bangladesh.

— Até poder voltar para o Brasil, trabalhar no consulado em São Paulo — confessou. — Mais perto da família da Andréia.

— Você deseja voltar para o Brasil? — perguntei para Andréia.

— Claro, minha mãe iria gostar muito.

— Se eu fosse você — falei —, casada com um diplomata, aproveitaria para conhecer o mundo.

Mas ela não se sentiu muito seduzida pelo meu conselho. Contei-lhes que iria começar minha viagem pela Índia a partir de Calicute, continuar a descoberta iniciada por Vasco da Gama, em 1498.

— O sul da Índia é muito bonito — disse ele.

— Você conhece?

— Não, mas sei que é muito bonito.

Sushil tinha mesmo razão, o sul da Índia era muito bonito, apesar do calor e do trem abarrotado. Embora estivéssemos num expresso, ele parava constantemente. Em cada pequena estação mais gente subia; poucos desciam. As pessoas iam se espremendo nos bancos, sentando cinco, seis ou sete em lugares destinados a três passageiros. As bagagens ficavam no corredor, atravancando a passagem dos vendedores de café, chá e biscoitos que passavam com freqüência. A todo momento passavam também mendigos pedindo dinheiro. Fingíamos não vê-los, virávamos o rosto para o lado da janela, enquanto os outros passageiros davam-lhes pequenas moedas. Em uma rápida parada, numa das tantas pequenas estações, comprei algumas bananas através das grades e fiz o meu desjejum. Horst apenas tomou chá com leite, vendido por um ambulante dentro do trem.

Lá pelas tantas apareceu o chefe-de-trem, conferindo as passagens. Baixo, gordo, usava terno completo, suando às bicas. O colarinho branco da camisa estava seboso, o casaco azul-marinho estava seboso, as calças estavam sebosas, a gravata preta estava sebosa e fora do lugar. Remexemo-nos no banco, reviramos os bolsos e lhe estendemos nossos bilhetes.

— Estas passagens são da segunda classe — disse ele, pedindo para um passageiro levantar e lhe ceder o lugar, pois queria sentar-se ao nosso lado, no que foi prontamente atendido.

Olhamo-nos, um pouco assustados, como quem diz "taí, ó, tinha sido fácil demais comprar a passagem, não podia estar certo mesmo". Espero que esse cara não queira nos pôr para fora do trem, pensei. Não tínhamos a menor idéia de onde estávamos. Havia lido num grande cartaz, na estação em Calicute, que andar sem passagem significava ir direto para a cadeia. Tínhamos passagem, então não era esse o caso. Quer dizer: não era bem esse o caso, mas tínhamos um caso. Criáramos um caso e seu desdobramento dependeria da honestidade do funcionário da ferrovia. Não estávamos na classe certa, claro, mas éramos estrangeiros, não entendíamos bem os complicados sistemas de reserva nos trens indianos, era nossa primeira viagem pelo país...

— Que classe é esta? — perguntei.

— Classe *sleeper*.

O chefe-de-trem suava naquele calor intenso vestindo terno completo. Estava mal-humorado, por certo, e não era para menos. Lembrei-me de uma história contada no interior do Rio Grande do Sul. Quando o inspetor chegou na pequena estação — naquela época ainda existiam estações ferroviárias no interior do Rio Grande do Sul — e viu o único funcionário vestindo um grosso sobretudo, no dia mais quente do ano, perguntou por que estava usando aquela roupa. "Na última inspeção", ele respondeu, candidamente, "o outro inspetor me disse que eu deveria me vestir bem, *sobretudo* no verão."

— Não conseguimos embarcar na segunda classe — explicou Horst. — Estava muito cheia.

Ele assentiu com a cabeça, como a dizer "é, a segunda classe sempre está muito cheia e só idiotas como vocês, estrangeiros, para comprar passagem na segunda classe". Sua feição me pareceu amistosa, até o imaginei sorrindo. Deveria estar se divertindo à nossa custa.

— Podemos pagar a diferença? — perguntei.

Eu ia dizer que éramos turistas. Eu era brasileiro e o outro era alemão, não falávamos hindi. Viajávamos juntos. Turistas, sabe. Queríamos conhecer a Índia. Certo, meio babacas, comprando uma passagem de segunda classe quando a segunda classe dos trens na Índia anda sempre muito cheia, rá-rá-rá... Claro, babacas. Babacas, inocentes, ingênuos. Eu ia dizer, mas ele falou antes.

— Sim, vocês podem pagar a diferença.

Puxou um livro com as tarifas e começou a calcular quanto mais deveríamos pagar. Fez tanta conta, somou, diminuiu, multiplicou, tudo nas costas do nosso bilhete, por cima de um texto de Gandhi, onde se lia: "Vamos todos nós, hindus, muçulmanos, parses, sikhs e cristãos viver amigavelmente como indianos, empenhados em viver e morrer por nossa terra mãe." Esse cara vai nos extorquir dinheiro, pensei, nem liga para a frase do Gandhi.

— São 33 rupias pela diferença de classe e mais 33 rupias pela reserva. Para os dois, são 132 rupias — ele finalmente disse.

Pagamos os 2,75 dólares, recebemos um comprovante carimbado, e continuamos a viagem sem mais imprevistos.

Desembarcamos em Ernakulam, a cidade vizinha a Cochin, até onde chegava a linha do trem, e fomos à procura de um hotel. Precisaríamos pegar um barco no dia seguinte para visitar o Forte Cochin, na ilha onde os portugueses se estabeleceram no século XVI. Nosso único interesse em Ernakulam era conhecer o famoso teatro Kathakali, programa para aquela noite.

A mochila estava pesada, o sol do começo da tarde a pino. Eu suava tanto e o calor era tão intenso que as pernas pareciam não suportar o peso do corpo, e todos os hotéis estavam lotados, havia uma convenção religiosa na cidade. Depois de sete ou oito tentativas infrutíferas conseguimos, por absurdos quatorze dólares, um quarto com banheiro privativo e ar condicionado nas cercanias da própria estação.

— Para mim está bom — falei ao Horst, após uma rápida olhada no banheiro. Não agüentava mais caminhar com a pesada mochila nas costas.

— Parece bom, embora bem mais caro que em Calicute — ele respondeu, depois de examinar detalhadamente o quarto. — Espero que o aparelho de ar condicionado não faça muito barulho, para podermos dormir à noite.

Kathakali, o tradicional teatro do sul da Índia — a encenação de uma disputa entre o bem e o mal —, surgiu no século II, embora sua forma atual seja bem mais recente, vinda do século XVII. Originalmente eram conhecidas mais de cem peças, mas agora apenas trinta continuavam sendo encenadas. Baseados em passagens do *Ramaiana*, *Mahabharata* e *Puranas*, os temas explorados eram duros combates entre duas forças antagônicas, expondo os conflitos mais importantes da cultura hindu, como a constante luta entre deuses e demônios, os valores terrenos e os valores cósmicos. Os atores, fortemente maquiados, utilizavam apenas a mímica. Com movimentos habilidosos, gestos corporais e complexas expressões faciais, iam dramatizando as peculiaridades e as situações vividas pelos vários personagens enquanto cantores e músicos narravam a história apresentada no palco, peças que se desenrolavam durante muitas horas, às vezes toda uma noite.

O guru Gopala Panicker foi um dos mais importantes intérpretes indianos do teatro Kathakali. Tendo dançado até a idade de 97 anos, condecorado pela própria Indira Gandhi, percorria as pequenas aldeias, a pé, juntamente com sua trupe, encenando as peças nos templos hindus, levando paz e harmonia para as suas platéias. Para ele, a dança não significava apenas divertimento, mesma filosofia seguida pelos filhos, o ator Shivaram, atualmente com 86 anos, e o diretor P. K. Devan, 73 anos, no momento responsável pelas mais importantes apresentações Kathakali na Índia.

O diretor Devan ampliou os significados das interpretações, dando-lhes uma nova dimensão, transformando-as, além de uma apresentação artística, numa profunda reflexão filosófica e, especialmente, religiosa, baseada nas crenças hindus. Os atores passaram a representar a própria divindade, fazendo da dança um meio de se comunicar com os deuses, levando-lhes as aflições e esperanças humanas.

Desde 1969, a Fundação Índia, em Cochin, vem apresentando diariamente a peça *Rendendo-se a Shiva*, dirigida por P. K. Devan. Chegamos ao teatro, um galpão de madeira e bambus cercado e coberto de lonas, sem assoalho e com cadeiras de ferro, quase um circo, uma hora mais cedo, para ver o trabalho de maquiagem dos dois atores. As máscaras eram pintadas nas faces dos intérpretes no próprio tablado, um trabalho tão detalhado que assisti-lo já fazia parte do espetáculo. Antes do início da peça, Devan subiu ao palco, juntamente com um dos artistas maquiados, e nos foi explicando, através das expressões faciais do ator, o significado de cada uma das caretas que iríamos ver durante a apresentação.

— O teatro é a arte dos exageros — ele explicou, dirigindo-se a mim e ao Horst, únicos espectadores.

— Ódio — disse ele, voltando-se ao ator, e o rapaz fez uma cara odiosa, arregalando os olhos e nos lançando um olhar terrível, enquanto abria as pernas, arqueava o corpo e levantava as mãos espalmadas sobre a cabeça, agitando freneticamente os dedos no ar.

— Amor — falou Devan e as feições do ator imediatamente transformaram-se numa expressão suave, meiga e afável. Seu corpo relaxou mais rápido que o meu, ainda retesado com a sensação desagradável provocada pela imagem anterior.

As coreografias duraram quase uma hora, uma verdadeira aula de trejeitos, caras e bocas, acompanhadas por uma breve explicação sobre a peça a que assistiríamos a seguir, bem como uma demonstração dos instrumentos de percussão que dariam o tom da narrativa, feita pelo próprio diretor. Aproveitei para perguntar-lhe se poderíamos tirar fotos das cenas e ele gentilmente concordou.

Constantemente atormentada por um cruel demônio, morador de uma floresta ao lado, uma pequena aldeia hindu pede socorro a Shiva. Ele desce à Terra, luta, e com sua enorme espada vence o demônio, expulsando-o para um lugar muito distante, de onde nunca mais voltará. Restabelecida a ordem e a justiça no mundo dos humanos, o deus pôde voltar ao nirvana.

Enquanto os atores dançavam no palco, simulando a cruel batalha, colocando em prática os desempenhos anteriormente explicados por Devan, ele ia não só contando a história como nos transmitia o significado filosófico e religioso de todas as cenas. Logo cedo descobri não existir um único pedaço de terra na Índia que não esteja ligado a esta ou àquela divindade. Como a existência de deuses pressupõe a existência de demônios, a batalha era contínua. Os seres mitológicos absorviam a energia dos fiéis e em seus nomes lutavam, reproduzindo no céu os conflitos originários da Terra.

Como era esperado, graças à intervenção divina o bem venceu, o mal foi punido e a harmonia voltou a reinar na pequena aldeia. Após a apresentação o diretor sentou-se conosco e nos deu uma grande aula de teatro, filosofia e religião hindu. Quando falava da luta dos deuses contra os demônios seus olhos saltavam, sua face meiga se transfigurava colérica e podíamos sentir uma certa raiva em seu espírito. Quando falava da harmonia da dança, da possibilidade de atingir as divindades com os gestos calculados dos atores, todo o seu corpo emanava equilíbrio e sabedoria. Se, como disse, o teatro era a arte do exagero, ele era o seu mais fiel representante.

Após o espetáculo fomos tentar a sorte num dos poucos restaurantes não vegetarianos no centro da cidade, talvez até pudéssemos jantar. Se conseguíssemos decifrar o cardápio e suportar a pimenta... Junto ao caixa havia um pequeno oratório com imagens de Jesus Cristo e Ganesh, o deus hindu com cabeça de elefante, com sua longa tromba e uma nutrida barriga. Elas estavam envoltas em guirlandas de flores e fitas coloridas. Aos pés de Jesus havia uma vela acesa e sobre sua cabeça uma faixa onde aparecia escrito "príncipe da paz". Aos pés de Ganesh, alguns doces. A passagem dos portugueses pelo sul da Índia havia deixado suas marcas também na religião, presença detectada até os dias atuais.

Ganesh devia sua forma curiosa a um mal-entendido com seu pai. Após uma longa ausência, ao voltar para casa, Shiva não reconheceu o próprio filho ao lado da mãe, a deusa Parvati. Enciumado, o degolou. Percebendo seu erro, prometeu repor-lhe a cabeça tomando-a da primeira criatura que visse, casualmente um elefante. Ao vê-lo assim, Parvati irrompeu em prantos. Para acalmá-la, o deus Brahma lhe prometeu que, de todos os cultos aos deuses, o de Ganesh teria sempre a preferência, o que explicava sua atual popularidade. Seu nome significava, literalmente, "O senhor dos Ganas" — anões. Shiva lhe confiou a liderança dos ganas, seu diminuto cortejo belicoso, como compensação pela perda da cabeça humana.

Ele quase sempre era representado carregando doces. Seu apetite por essas delícias era lendário, por isso oferendas desse tipo eram freqüentemente deixadas em seus santuários. Seu veículo, de tamanho pouco apropriado, era um rato. Como esses animais são capazes de abrir caminho através de tudo, roendo o que lhes surgir pela frente, no panteão hindu o rato simbolizava a capacidade da deidade de destruir os obstáculos. Por ser reconhecido como "O Removedor de Obstáculos", Ganesh era muito popular entre os comerciantes, pessoas incultas, mas com um grande dom para ganhar dinheiro.

Suas estátuas podiam ser encontradas na maioria das cidades indianas e nepalesas. Sua imagem era colocada em locais onde novas casas seriam construídas; ele era reverenciado no começo de uma jornada ou de um empreendimento arriscado e os poetas tradicionalmente o invocavam ao principiar um livro. Os hindus acreditavam ser Ganesh o primeiro deus-escriba, tendo ditado o poema épico *Mahabharata*.

Tão logo sentamos à mesa o garçom, descalço como em Calicute, nos serviu uma grande jarra com água fresca. Não resisti. Estava muito quente e minha garganta ardia de sede. Enchi diversos copos e acabei tomando toda a água, prontamente reposta. Horst, apesar do calor, pediu um chá com leite.

— Bem quente! — fez questão de dizer ao garçom.

Após estudarmos demoradamente o cardápio, com ares de entendidos e placidamente observados por Jesus e Ganesh, pedimos um prato com galinha, arroz e *paratha*. A carne veio dissolvida num molho pastoso, extremamente picante, impossibilitando saber com certeza se haviam mesmo colocado galinha naquela tigela. Derramei um pouco do molho sobre o arroz, uma pasta branca disforme, e comi utilizando, à guisa de colher, pois não tínhamos talheres, o *paratha*, um pão bem fininho cuja massa fora branqueada com manteiga e assada sobre um prato de barro quente. Eu ia quebrando pequenos pedaços do pão, enfiando por baixo da comida e os levando à boca, como faziam os outros clientes. A paçoca estava tão apimentada que senti lágrimas me escorrerem dos olhos e minha cabeça ficou empapada de suor.

— Não faz a menor diferença se o restaurante é vegetariano ou não — comentei com Horst. — Não é possível distinguir o gosto da carne de galinha no meio deste molho.

— O único gosto possível de sentir é o da pimenta — concordou ele.

— Se tivéssemos pedido um prato vegetariano — eu disse, desistindo de comer, empurrando a tigela inox —, o gosto teria sido o mesmo.

Chamei o garçom e pedi uma cerveja, na esperança de tirar aquela pimenta do meu cérebro.

— Não vendemos cerveja — informou o rapaz, enquanto recolhia as bandejas da mesa.

— Por quê? — eu quis saber, curioso.

— É preciso uma licença especial para vender bebidas alcoólicas.

— Onde podemos tomar uma cerveja? — perguntou o alemão.

— Somente num bar — disse ele, meneando a cabeça, um gesto comum dos indianos. Podia significar "sim", "não", "talvez", ou mesmo coisa nenhuma.

Em breve nos acostumaríamos com esse verdadeiro cacoete nacional. À qualquer pergunta invariavelmente respondiam com esse gesto, balançando levemente a cabeça para a esquerda e para a direita, independentemente da resposta, ou mesmo quando sequer haviam entendido a pergunta.

— Onde podemos encontrar um bar? — perguntei.

— Não sei — respondeu o garçom. — Bares não são comuns em Cochin.

Contentamo-nos com o *sonf*, as sementes de anis vindas num pratinho, junto com a conta. Serviam para aplacar um pouco o gosto da pimenta, além de serem levemente digestivas.

Na manhã seguinte pegamos um pequeno barco de passageiros no píer de Ernakulam, no centro da vila, e cruzamos um braço de mar até a ilha de Cochin para visitar alguns lugares históricos, como o bazar das especiarias e a igreja de São Francisco de Assis, onde Vasco da Gama foi enterrado em 1524.

A travessia durou pouco mais de meia hora no velho e superlotado barco. Descemos no porto, nos desvencilhamos dos vendedores ambulantes e seguimos a pé em direção ao bazar, uma longa e estreita rua ao lado das docas, com um sem-número de casas comerciais. Percorremos demoradamente cada um dos grandes armazéns abarrotados de especiarias, abastecidos por um frenético movimento de pequenos caminhões multicoloridos carregando e descarregando alcaravia (grãos aromáticos), *amchoor* (pó de manga seca, dá um gosto picante à comida), aneto indiano (usado em salmouras), pimentões, pimenta-do-reino e anis, cujos grãos aromáticos estão entre as mais antigas especiarias do mundo. Encontramos cardamomo (muito estimado no sul da Índia como aromatizante), páprica picante, páprica doce, gengibre e cúrcuma (apreciada por seu perfume almiscarado e sua cor dourada). Em sua viagem, Marco Polo descreveu a cúrcuma como sendo "parecida com o açafrão, tendo se revelado tão útil quanto".

Os caminhões descarregavam também berinjela e feno-grego (seus grãos, depois de tostados, são usados no cozimento de legumes, passando um leve sabor amargo e um cheiro pronunciado). Foi utilizado no Egito na fabricação do ungüento preparado para embalsamar os mortos. Tinha mais: açafrão (planta com flores violáceas. Seus estigmas são usados como tempero, um dos mais caros do mundo), cominho (uma das especiarias mais usadas na Índia. De sabor ligeiramente amargo, quente e penetrante, serve para perfumar os alimentos), cebola, noz-moscada, canela (trazida do Ceilão para o Brasil pelas caravelas portuguesas) e canela-cássia (na Índia substitui as folhas de louro). A canela-cássia aparece na Bíblia como uma das especiarias usadas por Moisés para untar o tabernáculo. Havia muito alho, funcho (seus grãos são utilizados para aromatizar pratos vegetarianos), mostarda, nigela (substitui a cebola nos pratos dos hindus ortodoxos) e demais tipos de temperos e ervas com seus cheiros, cores e gostos característicos.

Havia um pequeno comércio servindo comida feita na hora, bebidas, sucos e condimentos vendidos no varejo. Volta e meia um caminhão parava em frente a um armazém e todo o trânsito ficava engarrafado enquanto as caixas com frutas, os tonéis com óleos e os fardos com temperos eram descarregados.

— Veja quanta pimenta dá para fazer — falou Horst, apontando para a carroceria de um caminhão abarrotado com pimentas verdes secas a granel.

O forte aroma de canela e cravo se misturava ao cheiro azedo do lixo amontoado nas esquinas, ao lado dos esgotos a céu aberto e dos fogareiros cozinhando frituras com óleo de coco em frente aos pequenos restaurantes. Os doces, expostos sobre o balcão, estavam cobertos com cravos para espantar as moscas que infestavam o local. Cachorros e cabritos chafurdavam no lixo enquanto crianças brincavam na lama dos esgotos, vivendo em meio às suas próprias imundícies. As vacas comiam as sobras humanas e defecavam no mesmo lugar. O esterco era recolhido para ser utilizado como combustível, cozinhar novas comidas, alimentar pessoas, dando continuidade ao eterno ciclo de reaproveitamento, uma constante num país onde nem os espíritos escapavam da reciclagem. Herdadas dos arianos como símbolo de fertilidade, mesmo sendo sagradas, algumas vacas se engasgavam com o lixo plástico e morriam, apodrecendo no local até que algum intocável aparecesse, empurrasse sua carcaça para o esgoto mais próximo. Devido ao imenso calor, volta e meia parávamos para tomar uma água de coco, um suco de manga ou comer uma banana. Às vezes, arriscávamos um pequeno quitute.

Os armazéns, cooperativas e *tradings* se esparramavam pelos becos transversais à rua das docas, onde homens sentados em pequenas escrivaninhas empoeiradas, junto a montanhas de temperos a granel, negociavam ao telefone com importadores de todas as partes do mundo. Na entrada da barra, enormes navios mercantes esperavam para encher seus porões com as especiarias asiáticas, como vinha sendo feito desde que Vasco da Gama descobriu o caminho marítimo para as Índias.

Cruzamos toda a extensão do bazar e fomos visitar o Palácio Mattancherry, construído pelos portugueses em 1555 e presenteado ao rajá como agradecimento pelo monopólio do comércio local. Os belíssimos murais pintados nas paredes da sala onde foram realizadas as coroações dos diversos rajás de Cochin mostrando cenas do *Ramaiana*, do *Mahabharata* e do *Puranas* eram considerados uma das principais maravilhas da Índia.

Passamos pelo bairro judeu, ao lado de uma sinagoga construída em 1568, inúmeros escritórios de exportações e um forte comércio de antiguidades, e pegamos um auto-riquixá para nos levar ao Forte Cochin, no outro lado da ilha, região urbanizada pelos portugueses no século XVI. Lá ainda existiam muitas casas típicas, inclusive a moradia de Vasco da Gama.

Visitamos o museu Indo-português, junto à residência do bispo de Cochin, líder religioso dos católicos de todo o sul da Ásia, o cemitério Holandês, com túmulos datados de 1724, a impressionante basílica de Santa Cruz, construída em 1902, e as famosas redes de pesca chinesas. Finalmente, fomos conhecer a igreja de São Francisco de Assis, erguida em 1503 pelos frades vindos com Pedro Álvares Cabral, na famosa expedição que descobriu o Brasil.

A estrutura original de madeira foi colocada abaixo e em seu lugar levantaram uma enorme igreja de pedra, em 1562. Os holandeses capturaram Cochin em 1663 e restauraram a igreja, em 1779, tornando-a protestante. Em 1795, quando os britânicos ocuparam a ilha, a velha igreja passou para o domínio anglicano.

Deixei os calçados na entrada do prédio, como era costume local, e fui apreciar o interior do templo. No chão, no meio da nave lateral, podia-se ver o túmulo onde Vasco da Gama ficou enterrado durante quatorze anos até ser removido para Lisboa. Um dos aspectos mais curiosos da igreja eram os enormes *punkahs*, espécies de abanadores feitos com tecidos de algodão. Presos no teto, eram movidos por cordas. Puxados por mãos escravas refrescavam as cabeças dos fiéis sentados nos bancos dos dois lados da nave central.

Não havia imagens de santos, o que sempre me deixa confuso quando entro numa igreja. Nem do padroeiro, São Francisco de Assis, meu guru e um dos principais motivos de eu ter viajado até Cochin. Sei que os santos não "habitam" as imagens, mas sem elas não consigo me concentrar, a oração fica demasiado abstrata.

Mestre, fazei que eu procure mais consolar do que ser consolado,
Compreender do que ser compreendido,
Amar do que ser amado.

Mesmo assim, definitivamente não gosto de igrejas sem santos.

Expresso Postal Alleppey/ Bocaro, para Madras

702 km

14 horas

O calor já se fazia insuportável às 7h20min da manhã, quando a locomotiva apitou e começou a ranger as rodas de ferro sobre os trilhos na saída da gare. Tendo iniciado a viagem em Alleppey, 57 quilômetros ao sul de Ernakulam, o trem ainda oferecia muitos lugares. Pegá-los partindo da própria estação, ou de alguma estação próxima, mostrou-se uma boa técnica para conseguirmos bancos vagos. Desta vez também havíamos comprado passagens na classe *sleeper*, onde o tumulto não era tão grande quanto na segunda classe. Embora a viagem de 702 quilômetros, cruzando a Índia de costa a costa, custasse apenas 5,50 dólares, ficava caro para os indianos mais pobres. A mesma viagem, na segunda classe de um trem comum, custava 1,50 dólar.

Os trens se dividiam em quatro grupos: Rajdhani, Shatabdi, Expresso e Comum. A passagem mais barata entre Nova Délhi e Ajmer, 440 quilômetros, no Rajdhani, custava dezessete dólares; no Shatabdi, treze dólares; num Expresso, dois dólares, e no Comum, onde viajava a maioria dos indianos, um dólar. Esses valores baixos eram possíveis porque o transporte de carga subsidiava os passageiros.

Os trens expressos, por sua vez, se dividiam em Expresso, Expresso Super-rápido e Expresso Postal, com uma diferença mínima de preços entre eles, sendo o Super-rápido ligeiramente mais caro. Percorriam uma média de cinqüenta quilômetros por hora e a diferença de preço na passagem dependia apenas da classe escolhida, especialmente se o vagão fosse refrigerado ou não.

Os carros com ar-condicionado se dividiam em quatro categorias: cabines com dois passageiros, cabines com quatro passageiros, cabines com seis passageiros e poltronas num vagão sem compartimentos. Nas cabines, os bancos eram transformados em camas durante a noite, uma espécie de beliche. Somente a cabine com dois passageiros era completamente fechada, ocupando toda a largura do vagão, deixando espaço apenas para um pequeno corredor junto à lateral do trem. As cabines com quatro passageiros eram mais estreitas e ficavam protegidas por uma cortina de tecido, enquanto a com seis passageiros estava completamente exposta aos que passavam no corredor. Nesses vagões, no outro lado do corredor existiam cabines pequenas, para dois passageiros, com as camas paralelas ao sentido do trem. Os vagões cheiravam a mofo, por estarem sempre fechados, e nas janelas vidros foscos impediam que o passageiro apreciasse a paisagem ao longo da linha.

Os vagões sem ar-condicionado continham cabines com seis passageiros, de um lado do corredor, e cabines pequenas, com dois passageiros, do lado oposto, na transversal. Tratava-se da popularmente chamada classe *sleeper*, onde fizemos a maioria das nossas viagens. Era a forma mais barata de viajar e, especialmente, estar em contato direto com os indianos comuns, um meio-termo entre os miseráveis da segunda classe e os endinheirados viajando nas cabines com ar-condicionado, normalmente funcionários públicos e turistas estrangeiros. Além disso, na classe *sleeper* podíamos apreciar a paisagem pelas janelas constantemente abertas, sem contar que era justamente nesses vagões que circulavam os vendedores ambulantes, mendigos, artistas de rua, esmoleiros, malabaristas, encantadores de serpentes, pessoas passando agachadas limpando o chão em troca de uma moeda... Enfim, a verdadeira e colorida Índia.

Os chamados trens comuns não possuíam vagões com ar-condicionado e na segunda classe os bancos eram de madeira. A grande diferença, no entanto, era a demorada viagem. Paravam em todas as aldeias, uma estação a cada oito quilômetros na superpovoada Índia, uma velocidade média de trinta quilômetros por hora. Chegaríamos a fazer algumas viagens nesses trens, um verdadeiro desafio ao bom senso.

Além dos tipos de trem, a velocidade dependia também das bitolas dos trilhos. A maior parte da ferrovia foi construída com uma bitola de 1,67 metro, mas ainda existiam trechos com bitolas de um metro e mesmo com bitolas de 61 centímetros, especialmente em terrenos de difícil acesso. Uma anedota bem conhecida nos trens antigos ainda circulando na Índia era sobre um passageiro adulto viajando com um bilhete infantil.

— Você não pode viajar com uma passagem de criança — explicou-lhe o atônito chefe-de-trem, ao conferir o bilhete à sua frente.

— Acredite-me — respondeu o passageiro —, quando iniciei minha viagem neste trem eu ainda era uma criança.

Na primeira estação desci e num quiosque comprei algumas rosquinhas fritas para comer dentro do trem, onde os vendedores de chá com leite passavam constantemente. Chamava-se *uznnu wada*, feita com farinha de lentilha misturada com — acredite! — pimenta, muita pimenta. Picante de arder a boca, obrigando-me a tomar diversos copos de chá quente para refrescar a garganta. Ainda não me havia passado pela cabeça que alguém pudesse colocar pimenta numa rosquinha de pão.

Ao meu lado viajava um simpático senhor, Gopalan, 65 anos, professor numa escola em Salem, onde deveríamos passar no meio da tarde. Vendo minha curiosidade, puxou conversa e foi explicando-me os nomes e os significados das coisas típicas do sul da Índia, uma região bem diferente do que mais tarde eu encontraria no norte da península.

A cada parada, vendedores subiam oferecendo os quitutes e as frutas da região. Mais adiante desciam e outro grupo embarcava, assim sempre tínhamos comida à disposição dentro do vagão, sem precisar arredar pé do banco; além, é claro, dos diversos quiosques encontrados nas estações, onde, quando o trem parava, podíamos nos abastecer. Era possível, também, comprar alimentos e bebidas pela janela do vagão, dos ambulantes cercando a composição tão logo entrávamos na gare. Havia, ainda, uma cozinha no próprio trem, onde podíamos encomendar o almoço e o jantar.

Passou um rapaz vendendo uma fruta, uma baga parda, carnosa e muito doce, que fiz questão de experimentar.

— Chama-se *zapota* — explicou-me Gopalan, com a tradicional cortesia exagerada dos indianos.

— Conheço essa fruta — falei. — Existe no nordeste e no norte do Brasil, onde a chamamos de sapoti. Ela nasce numa árvore da família das sapotáceas, cujo látex contém 15% de borracha e serve para fabricar chicletes. É uma planta originária da América Central, chamada de *chico-zapote*. Como veio parar aqui?

Gopalan nada sabia da origem da sapoti, apenas que era muito comum na região de Cochin. Saí atrás do vendedor, mas o trem já havia parado e não pude mais encontrá-lo, misturado à grande massa de passageiros embarcando ou descendo dos vagões, algo que teimavam em fazer simultaneamente.

Ao meio-dia, algumas moças sentadas no banco ao meu lado deram início ao almoço. Estenderam sobre as pernas algumas folhas de jornal e colocaram arroz tirado de um saquinho plástico. De outro saquinho pegaram um molho pastoso feito com ervilha e de um terceiro pedaço de *appam*, um crepe de farinha de arroz. Cozido na água fica ralo e mole, fácil de rasgar, utilizado como colher.

— Você quer experimentar? — perguntou-me Gopalan, enquanto me fornecia a receita dos pratos das garotas, todas estudantes universitárias viajando em férias.

— Claro — respondi.

Ele pediu para as moças me fornecerem uma folha de jornal e sobre ela colocaram o arroz, adicionaram o molho e me passaram um pedaço de pão. Misturei tudo com os dedos da mão direita — a mão esquerda era considerada impura para tocar nos alimentos —, como mandava a etiqueta local, e comi utilizando pedaços de *appam* como colher. O gosto predominante era de gengibre.

— Por que não secam bem o arroz, ao cozinharem? — perguntei a Galopan, mostrando a papa branca em minhas mãos.

— A água do arroz é muito nutritiva — ele respondeu. — Por isso não cozinham demais, para não evaporá-la.

— Está bom? — quis saber Horst.

— Muito picante — respondi. — Quer uma prova?

— Não!

No final do almoço as garotas limparam as mãos com a própria folha de jornal, enrolaram as sobras e enfiaram tudo embaixo do banco. Dei uma olhada ao redor e notei os demais passageiros fazendo o mesmo, empurrando os restos de comida para baixo do assento: cascas de banana, amendoim e laranja, folhas de jornal, copos e garrafas de plástico vazias. Pouco mais tarde passou um rapaz sem as pernas do joelho para baixo, arrastando-se e varrendo a sujeira. Ganhava muitas moedas e logo o trem estava novamente limpo, todo o lixo jogado na ferrovia.

Paramos numa pequena estação e desci para comprar uma penca de bananas, uma Pepsi-Cola e quatro sorvetes. Dividi as bananas com Horst e pedi para Gopalan oferecer as guloseimas às meninas, que rejeitaram com educação.

— As pessoas de uma casta mais alta podem dar comida para alguém de uma casta inferior, ou mesmo sem casta — explicou-me cerimoniosamente Gopalan. — Mas o contrário não é permitido.

Fiquei constrangido, mas entendi, precisava respeitar os hábitos da terra. Como nós, estrangeiros, não pertencemos a nenhuma casta, somos considerados párias, a escória do mundo, impuros, indignos de oferecer comida a um indiano de qualquer casta. Pouco animador. Só não fiquei com a auto-estima lá embaixo porque sobraram quatro deliciosos sorvetes só para mim. E a lição: nunca mais ofereça comida a um indiano, sua besta!

— Como está quente — comentei com Horst.

O termômetro marcava 38 graus. Casas pintadas de lilás, para espantar os mosquitos, segundo meu amigo indiano, iam ficando para trás. Sentado na janela, recebendo em cheio o vento quente, sentia aumentar a sensação térmica e me doer os olhos, apesar de usar óculos de sol.

— Muito quente — ele concordou.

Uma fábrica de cimento expelia sua poluição pela chaminé alta, deixando o casario ao redor coberto com um pó cinza-esverdeado. Passamos por algumas olarias, as meninas desceram numa estação, os vendedores de chá iam e voltavam oferecendo *chaay*, o nome em hindi (e internacional) do nosso apreciado chá-da-índia. Passou a vendedora de amendoim, depois um vendedor de uva e por fim outro vendendo coco, frutas que eu ia comprando e saboreando no intenso calor, ao ritmo do balanço do trem. Quando terminava a água do coco, devolvia a fruta ao vendedor. Ele habilmente a cortava em dois com um certeiro golpe de facão, raspava o miolo e me devolvia a polpa branca para comer. A seguir, jogava as cascas pela janela do trem.

Às três da tarde chegamos em Salem, onde Gopalan desembarcou. Os passageiros desciam e subiam ao longo da ferrovia, de modo que já não conhecíamos mais ninguém ao nosso redor. Passamos por um templo hindu, um cemitério cristão e uma pequena mesquita. Na estação seguinte vi algumas mulheres usando burca, totalmente cobertas de preto no abrasivo sol. Passou um novo mendigo varrendo o trem e lhe dei uma moeda. Ele juntou as mãos, em sinal de oração, arregalou os olhos para cima e agradeceu. Não a mim, mas a Deus. Só não fiquei sabendo se ao seu deus ou ao meu. Espero que tenha agradecido ao meu Deus, afinal a moeda saiu do bolso deste pobre cristão.

Havíamos deixado o litoral há bastante tempo. Agora viajávamos por uma região montanhosa, os coqueirais eram ralos e já não se via mais plantações de cana-de-açúcar. As pequenas propriedades, todas irrigadas manualmente, estavam sendo preparadas para a plantação de arroz. Apesar do calor terrível, lá fora homens e mulheres, mais mulheres do que homens, aravam a terra com antigos arados puxados por bois, deixando a lavoura pronta para as monções que se aproximavam.

Às cinco da tarde paramos em Jolarpetai, uma pequena estação, e o trem foi invadido por um bando de macacos. Os passageiros espantaram os animais, temendo que furtassem nossos objetos pequenos, e os macacos fugiram para cima dos vagões, se agitando muito, gritando e fazendo caretas. Partimos e não os vimos mais.

O sol desapareceu no horizonte. Ao nos aproximarmos da grande cidade de Madras, na baía de Bengala, com seus seis milhões de habitantes, nosso expresso de longa distância transformou-se num trem de subúrbio: gente e mais gente subindo, malas, pacotes e sacolas se acumulando no corredor, impossível levantar para ir ao banheiro, uma tarefa desconfortável mesmo com o trem vazio. A água era pouca, às vezes nenhuma; os cheiros desagradáveis eram muitos, na maioria das vezes, insuportáveis.

Alguns passageiros continuariam além de Madras, até Bocaro, destino final do Expresso Alleppey/Bocaro. Começaram a se preparar para dormir, chegariam somente na manhã seguinte. Os quatro homens sentados à nossa frente abriram enormes malas, tiraram pijamas, toucas e chinelos e se trocaram para deitar. As bagagens foram acorrentadas umas às outras e enormes cadeados passados entre elas e o ferro sustentando o banco, uma medida excessiva devido ao baixo índice de furtos no país.

— Devem estar se prevenindo para cruzar por Madras sem que sejam surpreendidos por indianos mais afeitos aos costumes ocidentais — foi o comentário de Horst.

— Ou com medo de nós — respondi.

Quando chegássemos a Madras, descessem os passageiros diurnos e embarcassem os que fariam a viagem noite adentro, os encostos dos bancos seriam levantados, transformando-se nas camas do meio. As de baixo seriam os assentos dos próprios bancos e as camas de cima já estavam armadas, utilizadas durante o dia como bagageiros. Quatro enormes ventiladores fixados no teto, desligados, apesar de todo o calor, porque Horst temia que a poeira lhe fizesse mal à saúde, seriam ligados e refrescariam um pouco a noite maldormida que se avizinhava.

— Não sei como vão fazer com elas — disse Horst, se referindo às baratas que passeavam desajeitadamente pelo chão do trem. — Eu não passo uma noite aqui dentro.

— Se precisarmos fazer alguma viagem noturna, pegamos um vagão com ar-condicionado — sugeri.

— Os vagões com ar são muito frios e não é possível regular a temperatura — contrapôs Horst.

— Mas será melhor do que este calor infernal de quase quarenta graus — retruquei.

Eu gostaria de estar num vagão climatizado, embora a passagem fosse bem mais cara. Não estava entendendo como Horst, um sujeito morando na Alemanha, estava gostando tanto do calor e fazendo tantas restrições ao ar-condicionado. Mas numa coisa ele tinha razão: os vagões refrigerados nos impediriam de ver a bela paisagem e nos tirariam do convívio com os alegres e coloridos indianos. Havia outra preocupação caso fôssemos viajar num vagão climatizado, e que Horst não tinha a menor idéia, pois permanecera sentado em seu banco, ao contrário de mim, que caminhei por todos os vagões: o mofo. O cheiro de mofo nos carros com ar era terrível, especialmente naqueles com cortinas internas.

À medida que nos aproximávamos da estação central de Madras, cortando os subúrbios da enorme metrópole, um cheiro podre foi invadindo o trem. O lixo acumulado nas ruas, os esgotos a céu aberto e a grande sujeira depositada ao lado dos trilhos, freqüentemente utilizados como banheiro pelos moradores das redondezas, me embrulharam o estômago, já meio desorientado por ter comido tantas e tão estranhas iguarias durante a longa viagem. O vagão estava imundo, os restos de comida jogados no chão pelos passageiros eram mais do que os varredores podiam limpar.

O Expresso Alleppey apitou diversas vezes enquanto entrava lentamente na grande gare. Foi parando aos poucos, seus freios de ferro rangendo nos trilhos até a parada total, um solavanco e um gemido final de capitulação à multidão que o recebia. Imediatamente a grande composição foi cercada por um batalhão de carregadores, pessoas esperando familiares e amigos, e novos passageiros dispostos a embarcar; todos, absolutamente todos, desejosos de executar suas tarefas simultaneamente, antes mesmo de alguém conseguir desembarcar.

— Imagine se as janelas não tivessem grades — observou Horst.

Tão logo pisamos na plataforma, pessoas passaram a nos assediar, seguindo-nos, oferecendo-se para carregar nossas bagagens, conseguirem táxi, hotel ou passagens imediatas para outros destinos. Levantamos a cabeça, firmamos o passo, como uma divisão Panzer, e seguimos em direção à rua, tentando ignorar o agitado cortejo ao nosso redor.

Saímos da estação completamente tontos, carregando nossas pesadas mochilas, perdidos em meio a um povaréu, zonzos e aturdidos com a viagem, o desembarque e o rugido da grande cidade, seus cheiros desagradáveis e seu excesso de corpos suados. Apenas para cair num inferno ainda pior, em meio a um turbilhão humano. Bastou colocar o pé no lado de fora do prédio para um novo grupo, ainda maior e mais agressivo, fazendo um estrondoso alarido, juntar-se ao primeiro e nos cercar, oferecendo seus préstimos, puxando as nossas camisas, dificultando, quase nos impedindo de caminhar.

Depois de muito empurra-empurra, discussões, barganhas e bate-boca com os taxistas, condutores de auto-riquixá e um sem-número de desocupados querendo nos mostrar este ou aquele hotel, subimos num táxi que prometeu, por um preço razoável, levar-nos a um lugar limpo e seguro com uma diária em torno de quinze dólares.

No primeiro hotel, enquanto fiquei cuidando da bagagem no táxi, Horst foi conferir os aposentos.

— O quarto é muito pequeno — ele disse, ao voltar.

Rodamos mais um pouco num trânsito caótico movido a buzinadas e finalmente chegamos a outro hotel.

— O quarto fica de frente para a rua, tem muito barulho, não vamos conseguir dormir — explicou Horst.

O terceiro era muito distante, o quarto hotel muito caro; no quinto Horst achou que não caberia na cama, e o taxista alegando ter feito um preço especial pela corrida porque pensou que iríamos ficar no primeiro hotel.

— Para rodar a cidade toda vou cobrar mais caro.

— Você prometeu levar-nos a um bom hotel com diária de quinze dólares — insistiu Horst.

— Levei.

— Não levou nada. Aquele hotel de quinze dólares era uma espelunca.

Dito isso, o alemão mandou parar o táxi e desceu, na rua, em meio ao movimento dos carros passando em grande velocidade.

— Ortiz — ele me disse, pela janela do táxi —, espere aqui no carro com as mochilas, vou procurar um hotel para nós.

— A pé?

— Sim, estamos em frente à estação, aqui deve ter muitos hotéis. O taxista só quer nos levar aonde ganha comissão.

Naquela altura, depois de muitas idas e vindas, notei estarmos novamente em frente à estação de trens. Incrível. Como num grande deserto, andando em círculos. Estacionamos em fila dupla.

— Não posso ficar parado, esperando — resmungava o taxista, encostado no velho carro preto e amarelo, um Fiat antigo, como toda a frota de táxis da Índia.

— Não acredito que você não conheça outro hotel aqui perto, além dos que nos mostrou — respondi.

— Não posso ficar parado, estou perdendo dinheiro — ele insistia. — Aonde foi seu amigo?

— Procurar um hotel, já que você não conhece sua cidade — alfinetei.

— Estou perdendo dinheiro. Estamos mal estacionados. Se for multado, vocês deverão pagar a multa.

Passado algum tempo, Horst voltou em companhia de outro rapaz, com a promessa de mostrar um bom hotel, e lá foram eles. Mas não deu certo, o hotel era ruim como os demais.

— Estou perdendo dinheiro — protestava o homem, desolado, escorado no velho táxi.

Meia hora depois, Horst voltou a passos largos, quase correndo.

— Encontrei um bom hotel. Meio caro, é verdade, um pouco mais do que estávamos dispostos a pagar...

— Para mim está bom — respondi. A situação estava ficando ridícula e uns dólares a menos no bolso não iriam estragar a viagem. — Onde fica esse hotel encantado?

— Aqui, ó — ele disse, apontando para um prédio bem na nossa frente.

— Não acredito!

Retiramos as mochilas do táxi e entramos no hotel, com o motorista em nosso encalço, gritando por mais dinheiro. Ficamos na recepção, preenchendo os cadastros e discutindo o preço correto da corrida, embora o alemão não quisesse pagar nada, pois ele não nos levara aonde havia prometido.

— Afinal, só entramos no táxi porque prometeu nos levar a um bom hotel por quinze dólares — insistia Horst. — Não levou, não pagamos.

Quando, finalmente, chegamos a um acordo, não tínhamos dinheiro trocado. Dei-lhe uma cédula maior do que o valor acertado e ele não queria devolver o troco. Protestei, ameacei chamar a polícia, ele ameaçou fazer o mesmo, e começou a falar em tâmil, a língua local, alto e ligeiro, pensando em me intimidar, uma técnica minha conhecida, aprendida nas viagens pela Itália. Devolvi na mesma moeda: comecei a falar em português, mais alto e mais rápido que ele. Quanto mais ele levantava a voz, mais rápido e mais alto eu falava. Horst entrou na discussão, falando alemão, e mais alto que todos. O gerente do hotel, até então apenas escutando a discussão, entrou no assunto, e para se fazer ouvir também precisou gritar. Não sei o que o taxista estava dizendo. Tampouco o gerente, não entendo hindi. Da gritaria do Horst volta e meia eu ouvia *schaisen*. Eu, de minha parte, despejei sobre o maldito indiano todos os impropérios e palavrões existentes na língua portuguesa.

— Não me toque — ele gritou, agora em inglês, quando o empurrei para o lado.

A solução foi o gerente nos dar um desconto na diária correspondente ao valor retido pelo desonesto taxista.

A antiga aldeia litorânea de Madraspatnam, chamada pelos britânicos simplesmente Madras, como acabou ficando conhecida em todo o mundo, agora se chama oficialmente Chennai, embora seus próprios moradores ainda a tratem carinhosamente por Madras, mais um dos antigos nomes que a burocrática Índia alterou, mas que não se popularizou. Quarta maior cidade do país, capital do Tamil Nadu, um dos mais importantes estados indianos, ela já era conhecida pelos mercadores de especiarias desde muito antes de Cristo. No século XVI, chegaram os portugueses, mais tarde os britânicos a transformaram em capital de uma das quatro regiões em que dividiram a Índia colonial.

Com um passado histórico importante e uma cultura nativa bem segmentada em torno das tradições dravídicas e da língua tâmil, seus habitantes opuseram enormes restrições ao governo federal quando os políticos optaram pelo hindi, e não pelo tâmil, como idioma nacional, no processo de independência. Falado apenas na região de Nova Délhi e com menor expressão literária que o tâmil, o hindi era o idioma nativo da maioria dos políticos influentes que conduziram a Índia à independência.

O hindi, assim como o português, é um dos 144 idiomas da grande família das línguas indo-européias, surgidas na Anatólia, quatro mil anos antes de Cristo. Elas se expandiram para a Europa, Ásia Central, e por fim chegaram ao norte do subcontinente através do vale do rio Indo. O tâmil pertence a uma outra família, a elamita-dravídica, surgida na antiga Pérsia, seis mil anos antes de Cristo. Mesmo assim, o hindi tornou-se o idioma nacional da Índia, embora poucos o falem no sul do país. Azar dos tâmiles, que resolveram fazer literatura em vez de política. Os drávidas também atribuem as castas e as superstições indianas às influências arianas, trazidas da Ásia Central.

O café da manhã foi num boteco em frente à estação, freqüentado especialmente pelos condutores de auto-riquixá e os camelôs das diversas tendas vendendo bugigangas na calçada. Aproveitei a boa fluência do garçom em inglês e traduzi o cardápio. Aos poucos, à custa dos nossos estômagos, estávamos desvendando os segredos da cozinha indiana. Tomamos chá com leite e comemos *aaloo paratha* com ovos à maneira Chennai. O *paratha* veio recheado com ovos e batatas. As batatas tinham sido cozidas com casca e depois descascadas e amassadas. O purê, temperado com pimenta-do-reino negra, gengibre, cominho, cebola, cúrcuma e suco de limão foi cozido mais um pouco e colocado como recheio dentro do pão, junto com os ovos cozidos. Fritaram um pouco na manteiga e nos serviram uns pratos muito bonitos, comidos com a mão.

O calor, a poluição, o mau cheiro e a grande movimentação nas ruas nos indicavam um dia agitado pela frente. Como eu queria conhecer somente três lugares na cidade e Horst estava interessado apenas em encontrar um restaurante para comer e consertar sua máquina fotográfica previmos três ou quatro dias na capital dos dravídicos.

Depois de batermos perna por mais de uma hora, finalmente descobrimos como pegar um trem de subúrbio que nos levasse à catedral de São Tomé, onde estava enterrado o apóstolo, morto na Índia depois de pregar o cristianismo no sul da península. Ficamos alguns minutos parados na plataforma até a chegada do trem elétrico. As portas se abriram e uma multidão avançou para fora, tão compacta que mais parecia uma massa colorida expelida por uma poderosa explosão dentro do vagão. Na plataforma, outra massa também avançou, com a mesma disposição da primeira, porém em sentido contrário. Os dois grupos se encontraram no meio do caminho, se fundiram numa só meleca, num mesmo espaço, um emaranhado nervoso de vozes e cores em movimento. E, repentinamente, quando o trem apitou, assinalando a partida, a grande massa humana partiu-se ao meio: metade dentro do vagão, metade caminhando para fora da estação. Não sei como, mas num piscar de olhos quem estava dentro saiu, quem estava fora entrou.

— Não é para nós — Horst se limitou a dizer, incrédulo, vendo o trem partir.

A reação do alemão me deixou ainda mais boquiaberto, pela primeira vez o via desistir de alguma empreitada. Sua personalidade germânica era tão persistente quanto mais difícil fosse a missão a desempenhar. Eu achava que nunca desistia de nada, até vê-lo diante da quase impossível tarefa de entrar num trem de subúrbio na Índia. Realmente, não é para nós, eu ia comentar, mas fiquei quieto. Ainda estava chocado com a forma como aquela geléia humana trocou de lugar assim que o trem parou. Novo apito, novo trem, mesma cena, sucessivamente, trem após trem. Em cada composição havia vagões reservados às mulheres, tão lotados quanto os outros.

— Nem estamos na hora de pico... — disse Horst.

— Aqui toda hora é hora de pico — limitei-me a responder.

Estávamos deixando a plataforma quando chegou outro trem... completamente... vazio! Não, não era miragem. Era mesmo um trem vazio, com três ou quatro pessoas em cada vagão. Saltamos para dentro e imediatamente sentamos num banco. Mas a multidão não veio e seguimos tranqüilos nossa viagem. Aos poucos estava acostumando-me com as coisas estranhas que aconteciam na Índia.

Ramesa, 31 anos, trabalhava numa empresa americana de informática. Usava terno e gravata e carregava uma pastinha executiva preta. No momento estava sentado ao nosso lado, no trem que nos levaria à catedral de São Tomé. Ele estava muito interessado em conhecer a Alemanha, estudar por lá. Esperava um convite de Horst, mas o alemão não queria muita conversa. Falei do Brasil, mas ele não se mostrou muito entusiasmado com nosso país. Desejava conhecer a Alemanha, disse, diversas vezes. Horst estava fotografando pela janela do trem, não queria papo. Mas eu queria, queria saber tudo a respeito da Índia e seus costumes, especialmente sobre a religiosidade do seu povo.

— Qual sua religião, Ramesa? — perguntei-lhe, adivinhando a resposta. Mas era sempre aconselhável iniciar uma conversa nesses termos, assim já entrava no assunto.

— Hindu — ele respondeu, surpreso com a pergunta.

— Qual sua casta?

— Brâmane.

— Ortodoxo ou faz de conta?

— Faz de conta? — perguntou-me, sem entender.

— É, como nós, no Brasil. Somos todos católicos, quer dizer, fazemos de conta que somos todos católicos... Você entende?

— Não.

— Mais ou menos assim: somos batizados numa religião, freqüentamos outra e não praticamos nenhuma. Entendeu?

— Não.

— Bem, deixa pra lá. Você é ortodoxo?

— Sou, inteiramente fiel à minha alma — respondeu, olhando-me nos olhos.

Senti-me como se aqueles olhos estivessem me acusando de algum crime. Como não ser fiel à minha alma, por exemplo. Parecia estar escrito na minha testa: "Não sou fiel à minha alma, vivo mentindo para mim próprio, traindo meus ideais, blefando com minha consciência, na feroz luta pelos prazeres da vida mundana." Fiquei esperando ele dizer que eu estava me preparando para enfiar meu espírito no inferno, para queimar pela vida eterna, essas coisas. Mas ele não disse nada, então retomei a conversa.

— Você não come carne?

— Não.

— Ovos?

— Não.

— Bebe cerveja?

— Não consumo nenhum tipo de droga.

— Mas cerveja não é uma droga — argumentei.

— Todo álcool é droga.

— Você almoça em algum restaurante no centro, perto do escritório, coisa assim?

— Não, não faço refeições fora da minha casa, nem como na presença de estranhos.

— Por quê?

— Comer é um ato sagrado, deve ser feito em privacidade.

— Você vai em casa ao meio-dia, almoçar?

— Não. Antes de sair de casa faço uma refeição que me sustenta até o final do dia.

— Onde aprendeu a falar inglês?

— Na escola.

— Você fala hindi?

— Muito pouco. Não tenho interesse algum em falar hindi. Minha mãe não fala.

— Você foi alfabetizado em que língua?

— Tâmil.

A catedral de São Tomé, construída em 1504, foi reconstruída em estilo neogótico, em 1893. Embora dedicada ao santo, a principal imagem no altar era a de Jesus crucificado. Ele estava sobre uma flor-de-lótus, o símbolo da criação na religião hindu, e ladeado por dois pavões, a ave símbolo da Índia. Nas paredes, os quadros da Via Sacra haviam sido esculpidos em baixo-relevo e cheios de detalhes, uma característica da cultura dravídica. Em frente ao altar, ainda na nave principal, havia uma pequena escada descendo ao sepulcro de São Tomé, o Apóstolo. Ele desembarcou na Índia no ano 58, para onde veio pregar os ensinamentos de Jesus, vivendo os seus últimos dias numa caverna perto de Madras. Graças ao seu trabalho, e mais tarde aos franciscanos vindos com os portugueses, vivem no sul da Índia mais de vinte milhões de cristãos.

Outro templo interessante em Madras era o Kapaleshwar, dedicado a Shiva, um dos três deuses da trindade hindu, a *Trimurti*, juntamente com Brahma e Vishnu. Brahma cria o universo no começo de cada ciclo de tempo; Vishnu o preserva e Shiva o destrói, para ser novamente recriado por Brahma. E assim sucessivamente, até todas as almas se libertarem do seu ciclo de reencarnações e se juntarem a Brahma, no nirvana.

Shiva é tudo, logo aparece de formas diferentes. No texto *Shiva Purana*, onde está descrita sua relação com o universo e suas atividades dentro dele, o deus tem mais de mil nomes. Usa como símbolo um tridente e normalmente é retratado com três faces. Vive na cidade sagrada de Varanasi, nas margens do rio Ganges, e quem nela morre vai direto até

Shiva, mesmo carregando um carma ruim. Possui três esposas, representando os diversos elementos do seu caráter, as facetas múltiplas da sua natureza: Durga, criada pelas forças combinadas da fúria de diversos deuses; Kali, a mais terrificante delas; e Parvati, filha da montanha sagrada, o Himalaia. Ela é a mais modesta, benigna e conservadora das consortes de Shiva, mãe de Ganesh, o deus-elefante.

O culto a Shiva é um dos mais populares entre os hindus. Engloba diversas teologias e práticas, todas em acordo com três princípios: as existências de *pati* (Deus), *pasu* (alma individual) e *pasa* (os grilhões confinando a alma a uma existência terrena). O objetivo dos seguidores de Shiva é libertar suas almas das amarras e atingir a *shivata*, a "natureza de Shiva". Os fiéis alcançam essa graça por meio de práticas ascéticas e penitências, enfatizando a ioga e a renúncia. Muitos se tornam *sadhus*, homens sagrados errantes. Marcam a testa com três linhas horizontais, representando os três aspectos de Shiva: rejeição à sociedade, rejeição ao mundo material e negação das gratificações sensuais e corporais. Às vezes cobrem o corpo com cinzas, à maneira de Shiva, também retratado como um asceta coberto da cinza do solo onde se cremam os mortos, local onde senta para meditar sobre a natureza transitória da existência humana.

O grande santuário dedicado a Shiva em Madras foi construído em estilo dravídico, com sua altíssima *gopuram* (torre em forma piramidal e ricamente entalhada) e seu belo *mandapam* (pavilhão com colunatas, construído ao lado do templo principal, onde os devotos se reúnem para suas práticas religiosas). Como todos os templos hindus do sul da Índia, influenciados pela cultura dravídica, os prédios parecendo danças esculpidas, ele estava localizado em frente a um grande tanque, ocupando todo o quarteirão, onde os peregrinos podiam se banhar, quando havia água, um ato de purificação. Também dentro do santuário existia um pequeno tanque para torná-lo mais agradável à divindade. Se ela não gostar do lugar, não irá residir nele.

O santuário estava aberto para a prática da *puja*, o culto hinduísta das ofertas, mas eu não podia entrar no prédio principal, local da imagem sagrada de Shiva, por não ser hindu. Mesmo assim entrei, fazendo-me de desentendido. Antes mesmo de completar a *parkrama*, a volta em torno da câmara sagrada, onde estava o ídolo, dois enormes sacerdotes me pegaram pelos braços e me jogaram para fora, um ato nada religioso. No mínimo, nada piedoso. Sob o sol cruel do verão indiano o piso de concreto estava torrando feito brasa e precisei sair pulando nos calcanhares para não queimar os pés descalços, uma cena cômica, diversão pura para os deuses presentes. Podia imaginá-los, do alto das suas enormes imagens, rindo-se deste pobre cristão. Nem mesmo os ocidentais convertidos ao hinduísmo podem entrar nos templos hindus, prerrogativa permitida apenas a quem tenha nascido na Índia, Nepal ou Sri Lanka.

— Ocidentais comem carne, são impuros. Não podem entrar no templo — explicou-me um senhor que havia assistido à humilhante cena.

— Hã-hã.

Existe uma máxima hindu segundo a qual se a forma do templo for perfeita, poderá haver perfeição no universo. Para eles, o quadrado é a forma ideal e um conjunto rígido de regras determina as localizações dos templos, baseado em numerologia, astrologia, astronomia e leis religiosas. Essencialmente, um santuário deve representar um mapa, com seus quatro pórticos de entrada delimitando as fronteiras entre os mundos terreno e cósmico. No centro do conjunto de prédios há um espaço determinando onde o universo emerge. Nesse local está construído o templo principal, moradia da divindade a quem ele é dedicado, seu lugar mais sagrado. Dali emana um campo de força, uma energia celestial capaz de contaminar positivamente o devoto enquanto estiver à frente do ícone divino.

No interior desse templo fica a câmara sagrada, guardando a imagem do deus, onde apenas os sacerdotes brâmanes podem entrar. Suas funções são vitais para os peregrinos, funcionando como um elo de ligação entre eles e a deidade, entregando-lhe os presentes trazidos. Ao redor dessa câmara as pessoas fazem suas orações, caminhando sempre no sentido horário. Embora as preces e oferendas sejam feitas em agradecimento ao atendimento dos seus pedidos, o objetivo principal de cada fiel é a oferta de si mesmo, tornar-se uno com a divindade. Por isso a prática do *darshan* (estar na presença do deus) é fundamental no culto hindu.

Por se tratar de uma religião politeísta, não há um clero hierárquico no hinduísmo. Os templos e sacerdotes são independentes, não estando sob nenhum poder central. O templo é coberto por uma torre representando o monte Meru, a montanha cósmica na qual o paraíso está apoiado. Em sua entrada há um pequeno sino que os adoradores devem tocar para despertar a divindade e anunciar suas presenças. Não existem cerimônias coletivas dentro dos templos, nem um salvador ou redentor único, mas sim uma profusão de seitas, guias, gurus e deuses assistindo a quem procura ajuda.

Por isso, a maioria dos hindus prefere realizar o culto em casa. Todo lar tem um santuário onde, em momentos determinados, especialmente pela manhã, diferentes membros da família vestem suas roupas especiais e fazem oferendas e orações. Às vezes, todos rezam juntos, com alguém conduzindo a cerimônia pelo bem-estar geral. Centro sagrado da casa, ele pode ocupar toda uma sala, formado por um altar, retratos e imagens; ou reduzir-se a um simples oratório junto a alguma parede. Doces, flores, dinheiro e frutas, especialmente cocos, cujo óleo é considerado divino, fazem parte das oferendas aos deuses. Uma lamparina acesa ou a queima de incenso são elementos usuais do ritual doméstico, podendo ser realizado todos os dias, embora a terça-feira seja considerada mais auspiciosa.

— A religião nos traz confiança, faz parte do nosso caráter — disse-me Ganesh, o recepcionista do hotel, quando lhe perguntei se tinha um oratório em seu apartamento.

— Você consegue meditar mesmo estando em casa? — indaguei-lhe.

— Não é fácil meditar — explicou. — É preciso esvaziar a mente. Os pensamentos do principiante vão diretamente para a família, o trabalho, coisas assim. São necessários muitos anos para aprender a meditar.

Pulando nos calcanhares, voltei para a entrada do templo, onde havia deixado as sandálias. Um rapaz veio vender-me uma guirlanda de malmequeres para eu dedicar a Shiva. Outro queria passar pó vermelho na minha testa e o sujeito cuidando dos calçados pediu-me uma gorjeta maior. Além de ser expulso, ainda sou saqueado, pensei. Shiva não me estava vendo com bons olhos em seu território. Melhor cair fora antes que derramasse sobre mim seu poder destruidor.

No dia seguinte percorremos as principais ruas do centro de Madras procurando alguém para consertar a máquina fotográfica do Horst. Ele a tinha comprado há pouco e não conseguia fazê-la funcionar adequadamente. Como esquecera o manual na Alemanha, precisava da orientação de algum técnico. Visitamos diversas lojas de equipamentos fotográficos, mas ninguém desvendou os mistérios da câmera, um modelo ainda não conhecido na Índia. O problema só foi resolvido algumas semanas depois, quando ele encontrou o manual dentro da própria mochila.

O trânsito, dirigido pela proteção divina, levantava uma grossa fuligem. Somada ao lixo das ruas, aos esgotos abertos e ao calor abrasador, obrigava-nos a parar continuamente para protegermo-nos da nuvem de poluição e beber algo gelado nos quiosques e pequenos bares ao longo das calçadas. Os autorriquixás, as motocicletas, as lambretas, os carros antigos e os ônibus urbanos buzinavam ininterruptamente, largando fumaça e obrigando os pedestres a pôr suas vidas em risco quando precisavam atravessar a rua; semáforos eram coisas raras na cidade. Mais auditivos do que visuais, os motoristas somente reconheciam a presença de outro veículo pelo som: ele podia estar à sua frente, mas se não buzinasse, não seria notado. Com isso, a preferência era para quem tivesse a buzina mais potente. Os gases tóxicos, saindo dos escapamentos dos carros, começavam grudar em nossas peles, já cobertas por uma fina camada de fuligem industrial. Tudo era desesperadamente lento, as pessoas pareciam ter uma paciência sobre-humana para sobreviver naquele caos. Perguntava-me como não enlouqueciam, como conseguiam viver sem brigarem, sem esfaquearem-se, sem matarem-se uns aos outros, como aconteceria no Brasil. Embora estivesse imerso no trânsito mais confuso do mundo, em momento algum vi motoristas batendo boca nos cruzamentos, carros fechando uns aos outros, pedestres atropelados nas paradas de ônibus.

O calor insuportável nos obrigou a parar em frente a um quiosque, beber algo para matar a sede. Horst fez uma curiosa observação: a maioria dos carros circulando pela cidade era de modelos antigos da Mercedes-Benz alemã, fora de linha na Europa.

— Pelo visto, eles compram o direito de fabricar esses modelos ultrapassados e os montam no país, em vez de importar carros modernos ou permitir à própria Mercedes-Benz construí-los na Índia.

— É uma forma de as montadoras indianas manterem a concorrência estrangeira afastada — expliquei, enquanto esperava pelo meu suco de melancia com gelo.

— Quem paga pelo atraso são os motoristas indianos — disse Horst, tomando um copo de chá quente.

Esse era outro assunto sobre o qual discordávamos. Ele queria "adaptar-se ao estilo de vida indiano", por isso, embora suando às bicas, sempre bebia chá quentíssimo, um costume local. Argumentava não ser saudável beber líquidos gelados num ambiente muito quente. Podia até ser verdade, mas eu preferia bebidas geladas, especialmente os deliciosos sucos. Até porque muitos indianos faziam o mesmo, levando-me a concluir que a popularidade centenária do chá se devia ao seu baixo preço. Um copo custava tão barato que, pelo menos para nós, não fazia diferença em nosso bolso pagá-lo ou não.

— Por que as montadoras não compram o direito de fabricar modelos mais novos? — perguntei.

— Porque os mecânicos indianos não dominam a tecnologia dos modelos mais recentes, computadorizados — respondeu.

— Creio também que a Mercedes não autorizaria que seus modelos modernos fossem montados fora das suas fábricas — opinei.

Dedicamos um dia inteiro visitando a biblioteca da Sociedade Teosófica, cuja sede mundial ficava em Madras. Por estar um pouco afastada do centro, contratamos um auto-riquixá. Quando combinamos o preço da corrida, o motorista jurou saber do que se tratava e conhecer o endereço, mas logo descobrimos não ter conhecimento nem de uma coisa nem de outra.

Para conquistar o cliente e ganhar a corrida, sempre diziam saber aonde queríamos ir. Depois saíam pelas ruas, feito baratas tontas, perguntando aqui e ali para pessoas que sabiam ainda menos. Cedo me chamou a atenção o fato de os moradores serem completamente desinformados sobre as suas cidades, seus próprios bairros. Quando pedíamos alguma orientação, imediatamente uma multidão de prestativas e simpáticas pessoas nos cercava, mas raramente alguém conseguia dar-nos uma informação correta. Quando perguntávamos por um lugar, o comum era cada um apontar para um lado.

Nosso motorista falava poucas palavras em inglês, além do valor que lhe deveríamos pagar no final da corrida. Logo notamos estar procurando por uma igreja e custamos a fazê-lo entender que a Sociedade Teosófica não era uma *church*. Horas mais tarde, quando finalmente encontramos a biblioteca, baseados no mapa em meu guia de viagem, ele queria nos cobrar além do valor combinado.

— Dissemos-lhe aonde queríamos ir e você respondeu que sabia o endereço, cobraria essa quantia pela corrida. Portanto, se você rodou indevidamente pela cidade, o problema é seu — disse Horst, impaciente.

O rapaz ficou furioso e ameaçou chamar a polícia. Estávamos num lugar desolado, fora do perímetro urbano, a situação poderia complicar-se, tal seu acesso de fúria. Ele não se afastava muito do veículo, sugerindo-me a possibilidade de alguma arma escondida embaixo do banco. Como havia um segurança na guarita em frente à entrada do pátio da biblioteca, fui até ele, expliquei-lhe detalhadamente a situação e pedi para entrarmos. Ele nos abriu o portão e mandou o nervoso taxista embora. Mesmo assim o dono do auto-riquixá disse que não sairia dali, iria esperar pela nossa volta.

— A mentalidade indiana é religiosa, fatalista — comentei com Horst. — Ou ele nos rouba ou o roubamos, não existe meio-termo.

Existia na biblioteca uma ala dedicada às obras raras, onde pude admirar verdadeiras preciosidades, como o livro *Sphera Mundi*, um estudo de astronomia e geografia escrito em latim por Joannis de Monteregio e publicado em Veneza, em 1490. O texto provava que o autor sabia ser a Terra redonda bem antes da expedição de Fernando de Magalhães ter completado a primeira circunavegação do planeta, em 1522.

A Sociedade Teosófica era também um dos grandes centros internacionais de estudos de línguas antigas, uma necessidade para melhor conhecer os textos religiosos da humanidade.

Inventar um sistema de escrita a partir do nada deve ter sido um dos maiores desafios ao engenho humano. Os primeiros escribas precisaram estabelecer princípios básicos, hoje aceitos como verdadeiros, mas na época não passavam de aberrações abstratas. Precisaram imaginar como decompor um som articulado contínuo em unidades lingüísticas, fossem elas palavras, sílabas ou fonemas. Precisaram aprender a reconhecer o mesmo som ou unidade lingüística em todas as nossas variações normais de volume, intensidade, velocidade, ênfase, agrupamento de frases e idiossincrasias individuais da fala. Precisaram decidir, aleatoriamente, que um sistema de escrita deveria ignorar todas essas variações, para depois inventar modos de representar os sons por meio de símbolos.

O sistema mais antigo da história é a escrita cuneiforme surgida por volta de três mil anos antes de Cristo na antiga cidade suméria de Uruk, às margens do rio Eufrates, cerca de 320 quilômetros a sudeste da atual Bagdá. O avanço dos simples sinais utilizados para contabilizar o número de ovelhas evoluiu para uma seqüência de sinais pictóricos. Gravados sobre uma superfície de argila, eles poderiam exprimir uma idéia. Algumas decisões, tomadas de forma arbitrária, sem qualquer motivo aparente, determinavam que a escrita fosse disposta em linhas, as linhas fossem lidas da esquerda para a direita e de cima para baixo.

O grande salto tecnológico foi o surgimento do alfabeto, algo tão extraordinário que foi criado uma única vez na história da humanidade, tendo a seguir se desdobrado em diversos ramos, a maioria pela imitação e modificação das formas das letras. Inventado pelos povos que falavam línguas semíticas, na região que vai da atual Síria até o Sinai, durante o segundo milênio antes de Cristo, passou a oferecer um símbolo único, chamado letra, para cada som básico do idioma, os fonemas.

Desses alfabetos semíticos primitivos, uma linha baseada na cópia de esquemas e na modificação evolutiva resultou nos primeiros alfabetos árabes e no moderno alfabeto etíope. Uma linha bem mais importante desenvolveu-se por meio do alfabeto aramaico, usado nos documentos oficiais do Império Persa, chegando aos modernos alfabetos árabe, hebraico, hindu e do sudeste da Ásia. Jesus Cristo e seus apóstolos falavam aramaico.

A escrita primitiva, pictórica, chegou ao vale do rio Indo por volta de 2200 a.C., menos de um milênio depois de ser inventada pelos sumérios. Já a escrita moderna, utilizando derivações do alfabeto aramaico, deu origem à escrita brâmane, de onde derivam os caracteres *devanagari*, originando o sânscrito e a maioria das escritas hindus. Elas incorporaram o princípio alfabético dos sumérios e, a partir daí, criaram formas e seqüências de letras e tratamentos vocálicos próprios.

Uma outra linha, bem mais nossa conhecida, levou o antigo alfabeto semítico aos gregos, via fenícios, no início do século VIII antes de Cristo, e dali aos etruscos, no mesmo século, e no século seguinte aos romanos, cujo alfabeto, com ligeiras modificações, foi o utilizado para imprimir este livro.

Meu maior interesse, no entanto, responsável por minha visita à sede da Sociedade Teosófica, era conhecer os livros sagrados da religião hindu, base da civilização indiana, ferramentas fundamentais para entendermos a cultura e a essência da Índia moderna. Em cada esquina, em cada rua, cada ato de cada indiano estava preso às suas tradições milenares. E essas, por sua vez, eram conseqüências dos seus primeiros textos religiosos.

Os quatro *Vedas*, os mais antigos textos literários sânscritos conhecidos do período bramânico, são hinos sacrificiais compilados de uma antiga tradição oral. Foram escritos entre 1200 e 900 a C. O *Atharva Veda*, de maldições e encantos, deve ter se originado entre os povos autóctones da Índia, enquanto o *Rig Veda*, o mais importante deles, último a ser escrito, reúne 1.028 hinos de louvores.

Os *Brâmanes*, associados aos *Vedas*, são instruções rituais. De 700 a 300 a. C., uma era de especulação religiosa deu origem a trabalhos filosóficos, que incluem os *Aranyakas* (procedentes da reflexão sobre o sentido do ritual) e, mais tarde, os *Upanishades*.

Os *Upanishades* têm sido a maior fonte de influências nos pensamentos hindus, budistas e mesmo ocidentais. A maioria das pessoas cultas no Ocidente tem algum conhecimento deles, uma coleção de mais de cem hinos, embora sua essência esteja condensada nos vinte textos mais antigos. Não sabemos nada sobre seus autores, mas são os primeiros escritos da humanidade onde o homem aparece pensando conscientemente sobre sua condição humana, conta histórias, cultua deuses e expressa o amor sexual. Eles representam o esforço do ser humano para compreender o universo e a si mesmo no mais alto nível de espiritualidade.

A essência dos *Upanishades* ensina que Brahma e *átma* são a mesma coisa. Brahma é a verdade do universo e *átma* a verdade individual, interior, a alma de cada ser humano. O inferno é simplesmente a rotina diária da existência física, sina da qual não conseguimos escapar enquanto acreditarmos ser ela o nosso único bem. Uma vez compreendido, por meio da nossa própria experiência na Terra, que tudo é uno e que há um lugar no universo além do tempo material, então poderemos ser verdadeiramente livres. Nossa alma se libertará da necessidade de viver num mundo inferior, carnal, e se unirá a Brahma, num mundo superior, puramente espiritual, numa unidade cósmica, eterna. Enfim, o nirvana. Uma oração dos *Upanishades* resume a busca dos hindus: "Do irreal, leva-me ao real; da escuridão, leva-me à luz; da morte, leva-me à imortalidade."

O filho mais velho do imperador mogol xá Jahan, Dara Shikoh, um intelectual muçulmano apaixonado pela busca de uma ponte entre o hinduísmo e o islamismo, traduziu os *Upanishades*, com a ajuda de algum sábio hindu, para o persa, em 1657. Um viajante francês, Anquetil du Perron, fez uma versão para o latim, publicada em dois volumes, em 1801 e 1802. Lida por Schopenhauer, a influência filosófica dessa tradução foi imensa no Ocidente: por uma parte, Nietzsche; por outra, Emerson.

Os *Puranas*, histórias da criação e das vidas dos deuses, também surgiram por essa época. Um dos mais importantes é o *Bhagavata Purana*, uma coleção de contos muito populares nos círculos reais da Índia. Eles narram diversos episódios da vida de Krishna. A lenda conta como ele foi levado à floresta para viver com as vacas-herdeiras, escapar dos desígnios malignos de seu perverso tio. Enquanto estava lá, seus poderes divinos vieram à tona. O deus passou a ser adorado pelas mulheres dos povoados e pelas vacas-garotas, as *gopis*. Ele é freqüentemente representado tocando flauta e cercado por *gopis* dançantes, entre elas Radha, sua amante casada. A história de sua paixão é contada no poema *Gita Govinda*. Por infringir as regras dos deuses e ter um caso com uma mulher casada, passou a ser amplamente adorado no Ocidente. Sua origem tribal é sugerida por sua pele escura, sua flauta de bambu e uma maior liberdade sexual, características da aparência e do comportamento da sociedade tribal na Índia. Tem certa semelhança com Hércules, por suas proezas, e com Eros, por seus amores.

Muitos cultos devocionais surgiram, inspirados e também inspirando a grande literatura épica indiana. O *Mahabharata*, um relato das guerras da casa de Bharata, foi escrito por volta de 500 a.C. Possui uma seção chamada *Bhagavad Gita*, poema famoso pelo diálogo entre Krishna e seu cocheiro Arjuna, texto reverenciado por quase todos os hindus, cerne de sua fé. Uma das estrofes ensina: "Aquele que cultua o infinito, o transcendente imanifesto, aquele que tem todos os poderes de sua alma em harmonia, aquele que encontra alegria no bem de todas as coisas — esses atingem em verdade meu verdadeiro eu."

Existe, na biblioteca, uma tradução do sânscrito para o inglês de dezoito diálogos entre Krishna e Arjuna, trabalho realizado por Charles Wilknes e publicada em Londres, em 1785.

O *Ramaiana*, outro grande épico, foi escrito entre 200 a.C e 200 d.C. O livro consiste em 24 mil dísticos e conta a história do príncipe Rama, sua abdicação forçada da herança do trono, seu exílio na floresta com a esposa e o rapto e resgate de Sita das garras do maléfico demônio Ravana.

Sita, o epítome da castidade, lealdade e devoção conjugal, compartilhou resignadamente do exílio do marido na floresta até ser seqüestrada pelos demônios liderados por Ravana. Ela foi levada como prisioneira para a Cidade Dourada, ameaçada de tortura e morte caso não consentisse em casar-se com Ravana. Mas a bela Sita resistiu até ser encontrada por

Hanuman, o deus-macaco. Ele incendiou a cidade e combateu os demônios antes de escapar e trazer Rama para socorrê-la. Rama mata Ravana com sua flecha sagrada, libertando a esposa e reavendo seu reino. O arco de Rama foi originalmente dado por Shiva a um ancestral do pai de Sita. Antes de Rama, ninguém havia conseguido curvá-lo. Rama conseguiu com facilidade, em troca recebendo a mão da princesa em casamento.

A batalha final é o ápice de um conflito entre deuses e demônios, quando a ordem e a justiça voltam a ser implantadas na Terra. Rama, príncipe de Ayodhya, é o símbolo de tudo que é nobre, encantador e talentoso. Personificação do bem, universalmente amado, homem em quem se pode confiar em qualquer situação, ele sempre fará o correto, uma figura ao mesmo tempo humana e divina. Encarnação do deus Vishnu, Rama nasceu a pedido dos deuses, que estavam sendo oprimidos pelo demônio Ravana. Antes, o deus Brahma prometera a Ravana imunidade contra o ataque de todos os deuses e criaturas, exceto o homem Quando Ravana tornou-se mau, Rama nasceu, como homem, para dar um fim ao reinado do tirânico demônio.

Saímos do prédio da biblioteca no começo da noite e não encontramos nem o rastro do furioso motorista do riquixá.

— Deve ter cansado de esperar — disse Horst, aliviado.

— Precisamos de um auto-riquixá para nos levar de volta ao centro — respondi, prevendo mais uma briga com outro taxista querendo pôr a mão no nosso bolso.

Em nossa última noite em Madras finalmente conseguimos tomar uma cerveja. Encontramos um bar, junto ao restaurante de um grande e luxuoso hotel, com permissão para vender bebidas alcoólicas. Fiquei com a impressão de que os indianos não se sentiam à vontade, pois o bar ficava escondido e quase no escuro, penumbra total, embora freqüentado pela alta classe média. Chamou-me a atenção o fato de cada pessoa pedir sua própria garrafa, despejar todo o líquido num grande copo e ficar bebericando, demoradamente, como se tomassem vinho, deixando-a quente e choca. Diferentemente dos brasileiros, os indianos não apreciavam a cerveja muito gelada e nem gostavam de bebê-la com colarinho, preferindo esperar a evaporação do gás.

Expresso Postal Chennai/ Tirupati, para Tirupati

151 km

3h10min

Pela primeira vez viajamos num trem diurno, onde apenas bancos, e não bancos que se transformassem em camas, compunham os vagões. Em cada lado do corredor havia um banco com lugar para três pessoas, dispostos de dois em dois, de forma que viajávamos voltados para quem estivesse sentado à nossa frente. Como da primeira vez, compramos uma passagem de segunda, que dispensava reserva — um processo demorado —, e embarcamos na primeira classe, pagando a diferença ao chefe-de-trem durante a viagem.

O *Deccan Herald* informava que a polícia conseguira prender três hindus fundamentalistas, os líderes de um grupo de mais de cinqüenta pessoas, que haviam apedrejado uma igreja cristã no domingo anterior. Segundo o jornal, o motivo do ataque fora a participação de duas jovens hindus num encontro promovido para discutir a *Bíblia*. O prédio teve seus vidros quebrados, o carro do pastor fora destruído e alguns fiéis ficaram feridos, mas ninguém havia morrido, fato comum nesse tipo de conflito. O templo religioso pertencia à Igreja dos Seguidores da Nova Vida, uma dissidência da Igreja Católica na Índia.

Após termos chegado ao sudeste do país, no litoral, estávamos voltando para o interior da península, no estado de Andhra Pradesh. Fora do alcance estabilizador da brisa do mar, o calor superou os quarenta graus, obrigando-me a fechar a janela do trem para evitar o ar quente queimando-me a pele. Os indianos, mais precavidos, usavam longas camisas listradas de mangas compridas e uma echarpe de algodão em volta do pescoço. Alguns rapazes, com quem dividíamos os bancos, eufóricos, faziam contas e trocavam dinheiro, acerto de algum negócio lucrativo.

Em Tirupati conseguimos um pequeno hotel, com ar-condicionado, a uma quadra da estação ferroviária, bem no centro da cidadezinha. Como vinha acontecendo, e se repetiria durante toda a viagem, os empregados tentaram levar nossa bagagem para o quarto, no terceiro andar. Tentaram, porque Horst não deixou. Zeloso com sua mochila e para não precisar dar-lhes gorjeta, o alemão fazia questão de ele mesmo conduzir seus pertences, entrando em conflito com a tradicional cultura indiana de bem servir seus hóspedes. Os aflitos rapazes, temerosos de perder o emprego por deixar um cliente subir as escadas com a bagagem nas costas, agarravam-se na mochila e tentavam tirá-la dos braços do alemão. Ficavam puxando um de cada lado, uma cena patética, até o infeliz hoteleiro, sentindo-se o mais inútil dos servidores, desistir da tarefa.

Por estar a apenas 23 quilômetros do grande templo dedicado a Venkateshwara, no sagrado monte Tirumala, toda a rotina local girava em torno dos peregrinos vindos de todas as partes do mundo para reverenciar a imagem desse importante avatar de Vishnu, um dos momentos mais esperados na vida de qualquer fiel hindu. As ruas estavam apinhadas de pessoas. Ônibus, caminhões, jipes, motos, auto-riquixás e ciclo-riquixás faziam a ligação entre a cidade e o santuário, levando e trazendo romeiros. Na própria Tirupati também havia templos e procissões contínuas, uma atmosfera embalada por cânticos e incensos. Percebia-se que tudo existia para servir aos crentes. No bazar, em frente à entrada do templo, os quiosques vendiam produtos religiosos, especialmente imagens das deidades hindus, guirlandas de flores e muito incenso.

No final da tarde, durante o pôr-do-sol, vimos uma grande procissão. Lideradas por dois enormes elefantes, as pessoas seguiam cantando e tocando seus instrumentos, alguns carregando coloridos estandartes. No centro do cortejo, um andor amparado por seis homens levava a imagem do ídolo, seguindo em direção ao templo.

Por estarmos numa das tantas cidades sagradas da Índia, todos os restaurantes eram vegetarianos. As placas anunciavam "completamente vegetariano", "totalmente vegetariano", "o mais vegetariano de todos" e assim por diante. Como eu queria um local com ar-condicionado, ao contrário do Horst, nos separamos, saindo um para cada lado. Contornei o grande tanque, no quarteirão em frente ao templo, e fui em direção à rodoviária.

Entrei no restaurante que me pareceu mais limpo e pedi *masala dosa* e uma porção de arroz. O arroz pastoso, cozido com óleo de coco, veio numa tigela inox muito rasa, forrada com uma folha de bananeira. Sem talheres, precisei comer com a mão, ritual ao qual estava me acostumando. Os princípios culturais religiosos dos hindus consideram a comida algo tão santificado a ponto de não tocá-la com pratos e talheres, uma profanação inaceitável. Somente a mão humana é digna de levar os alimentos à boca.

A *masala dosa*, um dos pratos mais típicos do sul da Índia, consistia em um enorme crepe de farinha de lentilha recheado com purê de batatas cozidas com cebola, *chili*, pimenta-do-reino, coriandro, cominho, feno-grego, cúrcuma, gengibre e folhas frescas de *curry*. Uma comida muito picante, obrigando-me a tomar diversos copos de água. Os *masalas* são combinações elaboradas de especiarias frescas e secas, marca de toda boa cozinha indiana. Eles podem ser o resultado da mistura de dois, três ou uma dúzia de temperos, dependendo do estilo de cada cozinheiro. Às vezes, concentram-se nos aromáticos, outras vezes ressaltam-se as cores dos pratos. O motivo principal, no entanto, é realçar o gosto dos, vegetais, carnes, cereais, pães ou mesmo bolos e doces. Pouco habituado com tais ingredientes, meu paladar sentia apenas o sabor dos fortes condimentos. Precisei de algumas semanas para acostumar-me com eles e sentir o gosto do prato principal, captando a essência da sofisticada culinária indiana.

Enquanto comia, fiquei olhando as baratas correndo pelo chão do restaurante, especialmente entrando e saindo do armário onde o garçom guardava as tigelas inox. Ainda bem que a minha tigela estava forrada com uma folha de bananeira, pensei. Melhor ainda era não estar utilizando talheres para comer. Quando uma grande e atrevida barata subiu na minha mesa, aproximando-se do meu prato mais do que julguei prudente, lancei-a longe com um grande assopro, abortando qualquer possibilidade de nos tornarmos mais íntimos. Mas a danada se recuperou em plena queda e saiu voando antes mesmo de tocar o chão. Perguntei onde poderia tomar uma cerveja e o garçom me informou que, por estarmos numa cidade sagrada, a venda de bebida alcoólica era proibida.

Mais uma vez, apenas as sementinhas de anis para amenizar o forte gosto deixado na boca pela comida picante. O tempero indiano, as tais especiarias, cantado em prosa e verso mundo afora, estava tornando minha viagem muito apimentada. Perguntei ao gerente do restaurante se não fazia mal comer alimentos tão condimentados numa temperatura constantemente acima dos quarenta graus.

— Os fortes temperos têm a função de eliminar os germes da cozinha indiana, uma conseqüência do próprio calor — explicou-me.

Eliminar os germes provocados pelo calor e pela falta de higiene, pensei. Apesar da tradição brâmane considerar os alimentos sagrados e as cozinhas seus templos, dava para ter uma idéia da sujeira lá dentro. Antigamente, numa casa brâmane, o cozinheiro precisava tomar banho e trocar de roupa para entrar na cozinha. Mas isso era antigamente. Pelo que vinha notando, a ortodoxia indiana com relação à pureza havia se restringido apenas às questões espirituais.

Na manhã seguinte fomos para Tirumala, espremidos dentro de um velho ônibus superlotado. Uma catinga fétida emanava das roupas maltrapilhas dos peregrinos, famílias inteiras, misturada com o incenso queimando junto ao motorista. O antigo ônibus Tata tinha grande dificuldade em subir por uma estradinha de mão única, cheia de curvas, ziguezagueando pela encosta da montanha. Sem acostamento, os pneus passavam rente à borda do precipício. Imaginei que muita gente deveria estar rezando para despencarmos lá embaixo, partirmos para uma vida melhor, num mundo mais elevado. Algo mais permanente, não uma vida tão transitória quanto esta. Caso morrêssemos a caminho de Tirumala, certamente avançaríamos nossos carmas e renasceríamos numa casta mais evoluída, um passo importante para nos unirmos em definitivo ao deus Brahma.

Como eu não estava muito convencido do meu renascimento numa situação melhor que a atual, minha esperança era de que o motorista, ao contrário dos peregrinos, não fosse lá tão ortodoxo. Nesse tipo de risco, costumo ser um pouco conservador.

O santuário no monte Tirumala era um dos mais importantes centros de peregrinação em toda a Índia. Praticamente desconhecido dos estrangeiros, por estar completamente fora das rotas freqüentadas pelos turistas, era visitado por mais de cem mil fiéis todos os dias, mais gente que Jerusalém, Roma ou Meca. Tamanha popularidade o transformou no mais rico templo da Índia, empregando dezoito mil funcionários e mantendo diversas instituições de caridade, como escolas, orfanatos, faculdades e academias, além de manter milhares de *choultries*, albergues para hospedar os romeiros e dar-lhes alimentação enquanto estavam na cidade.

— O Senhor Venkateshwara precisa do dinheiro para pagar uma dívida — explicou-me um rapaz, depositando algumas rupias num *hundi*, um cesto de pano especialmente confeccionado para receber os donativos, colocado num dos lugares mais movimentados do santuário.

— Que espécie de dívida? — perguntei.

— Ele pediu dinheiro para Kubera, queria casar-se, e agora precisa pagá-lo.

— Quem é Kubera?

— O Senhor da Riqueza — ele gentilmente explicou-me.

— Ouvi dizer que as grandes oferendas vêm de pessoas que ganharam o dinheiro ilegalmente — provoquei. Sabia estar sendo grosseiro, mas queria testar a convicção do devoto.

— Não! — exclamou o rapaz, rispidamente, meneando a cabeça e dando o assunto por encerrado.

Uma multidão gravitava em torno dos templos, alimentando um agitado bazar, especialmente oferecendo produtos religiosos. Um grupo de jovens pertencentes ao movimento Hare Krishna, fundado pelo guru Caitanya, seguidor de Vishnu, montou um quiosque para vender livros, principalmente os ligados à vida de Krishna. Fiquei tentado a comprar um exemplar ricamente encadernado do *Bhagavad Gita*, em sânscrito, e somente não o fiz porque ainda percorreria grande parte da Índia e o grosso volume pesaria muito na mochila.

Entre os diversos poderes atribuídos a Venkateshwara, a principal divindade do santuário, estava a garantia do atendimento de qualquer desejo manifestado em frente ao ídolo. Por isso, tanta gente acorria para realizar seu *darshan* em Tirumala, obrigando os devotos a permanecer muito tempo nas filas, normalmente uma espera em torno de cinco horas.

Um dos motivos da minha ida a Tirumala era a possibilidade de um não-hindu visitar a câmara sagrada, dentro do templo principal, realizar meu próprio *darshan*, algo raro neste país pouco tolerante às outras crenças religiosas. Como a tradição reza que se deva raspar a cabeça antes de entrar na capela principal, dirigi-me ao barbeiro tão logo desembarcamos do ônibus, na entrada do complexo. O corte foi ali mesmo, no meio da rua. Enquanto o bom homem me deixava sem cabelos, Horst reclamou que não iria entrar na fila para ver a imagem de Venkateshwara, as horas de espera seriam desconfortáveis, não se justificavam.

— É ridículo as pessoas acharem que suas vidas podem melhorar após verem uma estátua de pedra — explicou ele.

— Não estou aqui à procura de uma bênção — falei-lhe. — Mas gostaria imensamente de participar dessa experiência, ver como as pessoas se comportam, conversar com os peregrinos. Talvez eu possa aprender alguma coisa interessante com essa boa gente.

A difusão das imagens na Índia decorreu da própria necessidade de desenvolvimento do hinduísmo, uma maneira de tornar a presença divina mais próxima dos seus seguidores incultos. No culto popular a estátua era considerada uma figura visível da divindade, um meio pelo qual o crente conseguia estabelecer um contato físico com este ou aquele deus, funcionando como um símbolo de determinados momentos da consciência cósmica. A iconografia só recebeu a elaboração sacerdotal quando já estava plenamente difundida. Os atributos iconográficos ganharam um significado especial, além do visível. Para atingir esse significado, o fiel deve libertar-se da ilusão da forma, através de uma tomada de consciência e da união com o Ser Supremo.

No final Horst acabou me acompanhando ao interior do tempo, até porque não havia outra coisa para fazer em Tirumala, tudo se resumia aos prédios religiosos.

Deixamos a mochila e os calçados guardados num grande vestiário, onde algumas pessoas também trocavam de roupa. Antes de entrar na fila para seu *darshan*, os mais ortodoxos banhavam-se no tanque sagrado ao lado do templo, purificando o corpo e o espírito, e precisavam trocar as vestes molhadas por outras secas. Não era permitido entrar portando jóias nem flores, essas eram exclusividades do ídolo. Era auspicioso adorar Varaha Swamy, em seu pequeno templo, antes de ingressar na capela de Venkateshwara.

Os indianos tinham o hábito de estar sempre em grupos, o mais próximo possível uns dos outros. Em um país com tanta gente, a privacidade era um conceito desconhecido. Nas filas para comprar passagem, praticamente ficavam encostados uns nos outros. Se eu deixasse um pequeno espaço separando-me da pessoa à minha frente, logo alguém se enfiava no meio, na maior cara de pau. Por sempre usar uma pequena mochila nas costas, conseguia mantê-los minimamente afastados, apenas o suficiente para não ficar com a sensação de que seus corpos suados estivessem colados ao meu. Em Tirumala, sem a mochila, deixada no vestiário com minhas coisas, e confinado num estreito corredor gradeado, espremido em meio a uma multidão em transe, desesperada para ver seu deus, a sensação de claustrofobia foi terrível.

O corredor era largo o suficiente para quatro ou cinco pessoas avançarem ao mesmo tempo, emboladas, grudadas entre si, movendo-se como uma massa disforme. A fila avançava vagarosamente. Para não ficarmos tão espremidos, íamos sendo deixados para trás, constantemente ultrapassados pelos mais excitados, homens, mulheres e crianças, olhares vidrados emanando a grande luz da esperança.

Os poderes de preservação, restauração e proteção de Vishnu manifestam-se no mundo numa série de dez encarnações terrenas, os chamados avatares. Eles chegam tanto para prevenir um grande mal como para fazer o bem sobre a Terra. Nove deles já desceram em épocas difíceis da história e resgataram-na da maldade ou levaram as pessoas a uma compreensão maior dos modos pelos quais deveriam viver suas vidas. O décimo chegará quando a Terra estiver no final do seu ciclo presente.

A deusa Lakshmi, consorte de Vishnu, aparece em cada uma das suas encarnações. Quando ele veio à Terra como Rama, ela veio como Sita; ao reencarnar como Krishna, renasceu como Radha. Ela surgiu quando os deuses e demônios trouxeram a criação à tona revolvendo o mar cósmico de leite com a montanha sagrada. A agitação criou Lakshmi, junto com um néctar celestial, capaz de tornar os deuses imortais.

— Já pensou você viver diversas vidas e ter sempre a mesma mulher? — brincou Horst, quando comentei o assunto com ele.

Sri Venkateshwara, o deus com quem tínhamos um encontro marcado, um *tête-à-tête*, e sem precisar ter antes partido desta para uma melhor, uma das tantas coisas estranhas que somente aconteciam na Índia, era justamente um dos avatares de Vishnu, por isso sua grande importância na tradição religiosa hindu.

As paredes estavam ensebadas pelos contatos das mãos e corpos de tantos peregrinos. O teto era baixo e o pouco ar circulando estava impregnado de incenso, cânticos e suor. A fila não andava. Só havia uma maneira de fazer o tempo passar mais depressa: conversar.

— Você não acha arriscado trazer uma criança tão pequena para o meio desta multidão? — perguntei a um homem ao meu lado, no estreito corredor.

Há horas vínhamos no mesmo ritmo, já havíamos trocado algumas palavras. Ele estava com a mulher e duas filhas pequenas. A menor havia cansado e passava constantemente do colo do pai para o colo da mãe, do colo da mãe para o colo do pai. Também não conseguiam manter seus lugares na fila, aos poucos ficando conosco para trás.

— Não — respondeu ele, tranqüilamente, pegando a filha do colo da mãe.

— Quando surgiu o hinduísmo? — continuei, entrando no assunto que me interessava.

— A palavra vem do persa, *hindu*, ou do sânscrito, *sindhu*, não se sabe bem. O importante é que ambas significam rio, e se referem a quem mora às margens de algum rio. No caso, no vale do Indo.

— Estou me referindo à religião, ao hinduísmo como religião.

— Nesse caso, hinduísmo é o nome que vocês ocidentais deram ao conjunto de religiões que existem na Índia.

— E quando surgiu?

— Sempre e nunca — respondeu, meneando a cabeça à maneira indiana.

— Hã-hã... — resmunguei, olhando para o Horst, que na falta de outra coisa para fazer, prestava atenção na nossa conversa. — Dava... quero dizer... para ser mais preciso?

— O hinduísmo não possui origem. Ele é o caminho eterno que segue as regras e exigências básicas da ordem cósmica à medida que ela passa por ciclos infinitos.

Eu ficava ora apoiado numa perna, ora apoiado na outra. Com o passar do tempo, o peso do corpo ia aumentando e a perna de apoio ficava cansada cada vez mais rápido. Às vezes pensava em me escorar na parede, ou apoiar-me na grade, mas a sujeira me dissuadia imediatamente. No chão não dava para sentar. Não apenas pela sujeira, também pelo risco de ser pisoteado.

— Historicamente falando... — retomei o assunto.

— Historicamente falando podemos dizer, apenas para efeito acadêmico, que as raízes do hinduísmo se encontram nas tradições dos primeiros habitantes da Índia: os nativos do vale do rio Indo, as tribos arianas que vieram da Ásia Central e as crenças dravídicas, dos povos naturais do sul da península. A mistura dessas culturas deu origem à religião védica, baseada nos *Vedas*, um conjunto de textos sagrados. Depois outros textos foram sendo acrescentados.

— As castas... — falei, timidamente.

Queria abordar esse assunto, mas não me sentia à vontade, muitos indianos as renegavam. O governo até tentou melhorar a freqüentemente desesperada condição dos intocáveis, a casta mais baixa, tecnicamente, os sem-casta, que faziam o trabalho mais sujo. Mas elas não eram uma questão política, logo a solução não poderia ser política. Existiam atualmente mais de três mil castas e subcastas na Índia, fruto das crenças religiosas, cada uma com características próprias, seus rituais e suas divindades, suas regras de parentescos e seus tabus sexuais e alimentares.

— As castas foram introduzidas pelos sacerdotes brâmanes — ele respondeu, com naturalidade.

— E, claro, eles se colocaram no topo... — arrisquei.

— Eles se colocaram no topo — ele concordou, sem demonstrar a menor emoção, como se estivesse falando do óbvio.

Por certo ele próprio era um brâmane. Atualmente pertencer à classe mais alta não era mais privilégio apenas dos sacerdotes, mas também das pessoas ricas. A maioria dos indianos a quem me atrevi perguntar a qual casta pertenciam disse-me ser brâmane.

— E abaixo dos brâmanes?

— Abaixo estão os xátrias, os guerreiros. Depois os vaisas, os comerciantes e fazendeiros. Finalmente os sudras, isto é, os empregados e servos. E mais uma infinidade de subcastas, dependendo do lugar onde a pessoa mora, do tipo de profissão, da divindade que a orienta...

— Existem aqueles que não têm castas, não é?

— Sim, os dalits, pessoas com o carma tão atrasado que não pertencem a nenhuma casta.

Às vezes o escuro corredor seguia pelas escadas internas do prédio, ora subindo, ora descendo, tornando a espera ainda mais cansativa. Ao descer, temia que as pessoas viessem por cima de mim, levando todo mundo escada abaixo. Quando fazíamos uma curva, e eram muitas, a fila seguia em ziguezague, tínhamos uma multidão atrás e três paredes, duas na lateral e uma na frente, a nos sufocar.

— Você não acha que em pleno século XXI já não era hora de acabar com esse sistema de castas? — atrevi-me, pois ele me parecia uma pessoa educada.

— Por quê? — perguntou, pegando novamente a criança.

— Ora, porque isso discrimina as pessoas.

— Por que vocês não trocam de deus? — replicou, mudando repentinamente de assunto.

Discutir religião não era o meu objetivo. Queria apenas informações, saber como sentiam o poder da religiosidade em suas vidas diárias. Sem querer acabei emitindo um conceito, fazendo uma crítica ao sistema de castas, algo que vinha tentando evitar. Agora, sabia, vinha uma cruz para cima deste incauto cristão, espremido entre as paredes do templo, em meio a uma multidão de hindus. Esperava que interpretasse minha cabeça raspada como uma atitude de respeito a Venkateshwara e não me tomasse por um infiel.

— Como assim? Trocar de deus? — perguntei.

— Sim, trocar Jesus Cristo por outro deus. Um deus melhor.

— Mas Jesus é um Deus perfeito, não existe a necessidade de o trocarmos por outro... como você disse... melhor!

— Não concordo com você.

— Pode ser mais preciso, por favor?

Havíamos encontrado pouquíssimas pessoas falando inglês nos últimos dias e o dele não era dos melhores. Eu perdia muitas palavras e estava achando nossa conversa meio confusa. Trocar de deus, eu? Era isso mesmo que estava me propondo? Só porque dei uma opinião sobre as castas... Horst não podia socorrer-me, há horas não acompanhava mais nosso papo.

— Veja bem — ele disse, devolvendo a filha aos braços da mãe e se preparando para dar-me uma aula, imaginei —, a função de qualquer deus é manter a harmonia e a justiça na Terra. Quando o mundo está passando por uma fase de desarmonia, de injustiças, deus vem até nós e restabelece a paz entre os homens, correto?

— Correto — fui obrigado a concordar. — Jesus fez isso — argumentei, não entendendo aonde ele queria chegar.

— Não acho.

— Não acha?

— Claro que não. Veja bem: Jesus veio para trazer paz e justiça, mas foi derrotado. Além de não trazer paz, ele próprio foi injustiçado. Injustiçado pelos homens! Como pode um deus ser injustiçado pelos homens se a função dele é exatamente distribuir justiça entre os homens?

— Você acha isso? — perguntei, com o coração constrangido, pego de surpresa diante do bom argumento.

— Acho. Acho que vocês estão seguindo o deus errado.

— Por isso acha que devemos trocar de deus?

— Olhe, não estou dizendo que vocês precisam trocar de religião. Apenas manifesto como vejo as coisas.

— Bem, mesmo que concorde com você, não podemos trocar de deus. Aceitar Jesus Cristo como filho de Deus é uma das pedras fundamentais do cristianismo.

— Pois as castas são uma das pedras fundamentais do hinduísmo — replicou, não contendo uma risada.

Então entendi aonde ele queria chegar com essa história de seguirmos um deus perdedor. Assim como não nos passava pela cabeça questionar a justiça pregada por Jesus, não passava pela cabeça deles questionar o sistema de castas, independentemente do fato de ser ele justo ou não. E se Jesus, conforme os argumentos do indiano, não conseguiu trazer justiça, não fazia sentido eu me preocupar com o fato de as castas serem injustas.

— Mas a justiça de Jesus não é terrena, é espiritual — tentei, como último argumento.

— A justiça das castas também não é terrena, é espiritual. As castas são o centro de sustentação do hinduísmo. Nascer numa casta inferior é uma dádiva, uma oportunidade para purificarmos nosso carma e rompermos o ciclo de renascimento a que estamos presos. Existe dentro de cada um de nós, aprisionada em nosso corpo, uma alma imortal, o que realmente interessa. Essa alma, *átma*, como a chamamos, renasce milhões de vezes, em muitas formas, de acordo com a lei do carma, que prevalece no universo. Mas a libertação desse ciclo de renascimentos é possível. E o hinduísmo é uma coalizão de modos pelos quais isso pode ser atingido.

— Ahã.

Meus pés descalços começaram a ficar molhados. Estávamos em frente à porta de entrada do templo e precisávamos cruzar por dentro de um canal com água corrente, lavando os pés de qualquer impureza. O murmúrio aumentou, logo adiante já podíamos ver o *sanctun*, o centro sagrado do santuário, lugar de onde emanava o poder criador do universo, crença que dava sentido à vida daquele povo. Era maravilhoso ver na luz irradiando do olhar daquela gente a sensação de que em breve realizariam o objetivo último das suas existências terrenas, a graça tanto esperada, o encontro com quem lhes devolveria a esperança e tornaria suas vidas mais belas e suaves. Enfim, o encontro com deus.

Os devotos iam se aproximando e ficando nas pontas dos pés, levantando a cabeça e olhando por sobre os ombros de quem estivesse na frente, tudo na ânsia de ver a imagem do ídolo dentro da câmara escura. Os mantras aumentaram de intensidade e se transformaram numa ladainha ensurdecedora, almas excitadas até o furor da glória. As pessoas murmuravam a fórmula mística OM (pronuncia-se *aun*) acompanhada pelo nome do deus dezenas, centenas, milhares de vezes, sempre mais alto.

As emoções explodiram em demoníaco encanto, a multidão entrou em transe. Pessoas se atiravam ao chão e entravam em espasmos, chorando, gritando, muitas desmaiando, sendo prontamente retiradas para um lado pelos sacerdotes mantendo guarda em frente à entrada da capela; um frenesi de cores, sons e cheiros que me desnorteava os sentidos. Uma cena infernal, excitante para os olhos, terrivelmente confusa para a minha mente, para quem as manifestações de fé são algo que deve ser curtido intimamente.

Quando finalmente chegou a minha vez de passar em frente à porta do *sanctun*, pude dar apenas uma rápida olhada para seu interior. Estava escuro e a imagem de *Sri* Venkateshwara ficava lá no fundo, a uns dez metros de distância, mal dando para ver seus contornos indefinidos. A penumbra e o forte cheiro de incenso ampliavam os mistérios erguidos em torno do grande deus. Quem vinha atrás queria chegar logo e quem estava passando em frente ao ídolo não queria continuar. Os sacerdotes gritavam, mandando as pessoas seguirem, empurrando quem parava. A fila, até bem pouco lenta e aborrecida, avançou rapidamente, excitadíssima, e logo fui jogado no pátio, mal dando-me conta do acontecido, sem ter fixado na retina a imagem do poderoso deus. Ficara apenas a sensação de ter visto um vulto negro disforme na penumbra da capela.

Não tive tempo nem de fazer o pedido a que tinha direito quando estivesse cara a cara com o deus dos hindus. Nunquinha na vida eu havia ficado assim, frente a frente com um deus. E justamente na hora "h" me esqueci de pedir uma bênção especial, pelo menos para recuperar-me do cansaço por ter permanecido na fila durante tantas horas.

— Deus do céu! — exclamei para mim mesmo.

Após passarem em frente à capela, as pessoas seguiam para o enorme refeitório, onde almoçariam, uma oferta do santuário. Ofereceram-me uma senha dando acesso às mesas, mas agradeci. Perdi-me do Horst e também não vi mais o casal com quem vinha conversando; sequer fiquei sabendo o nome do simpático senhor que me aconselhara a trocar Jesus por outro deus, alguém que não se deixasse enrolar pelas injustiças dos humanos.

Na volta para Tirupati, feita por outra estrada, cruzamos por uma gigantesca estátua de Hanuman, general do exército símio. O bravo defensor do príncipe Rama é leal e altruísta, o ideal hindu do servo perfeito, fonte de veneração para os indianos.

Uma vez, um poderoso rajá, querendo mandar a filha a um certo lugar, chamou seus servos para carregar o palanquim da princesa. Os homens escolhidos, para evitar algum mal-entendido posterior, castraram-se. Dito e feito: os inimigos do rajá espalharam que a donzela havia sido estuprada na viagem. Os servos, chamados à presença do nobre, mostraram-se castrados, provando tê-lo feito antes da partida. O rajá ficou tão satisfeito que lhes deu a propriedade do terreno onde moravam, a mais alta condecoração da Índia na época.

O deus Hanuman já era venerado quando o *Ramaiana* foi escrito, resquício de uma crença anterior baseada na adoração à natureza. Por isso, tem um culto próprio, adorado como símbolo de heroísmo e força. Suas imagens são geralmente encontradas nas entradas dos templos, ferozmente defendidos por ele contra os inimigos do hinduísmo.

Em Tirupati tratamos de arrumar rapidamente as mochilas e tirar algumas horas de sono, pois a partir da madrugada seguinte enfrentaríamos nossos piores momentos na India.

Trens comuns para Guntakal, Bellary e Hospet

434 km

2 dias

Nosso próximo destino era Hampi, a aldeia formada entre as ruínas da capital do grande Império Vijaianágar, no centro-sul da Índia. Para chegarmos lá precisávamos atravessar todo o planalto Decão, uma das áreas geológicas mais antigas do subcontinente. Mergulhamos no interior do país, um sertão miserável e extraordinariamente quente, uma viagem terrível realizada em três etapas, em trens comuns, abarrotados de passageiros e parando em todas as aldeias, menos de trinta quilômetros por hora de velocidade média. Levamos dois dias nessa infame jornada.

Encarregado de adquirir a passagem quando saímos de Tirupati, por um problema de comunicação, o funcionário da estação ferroviária falava apenas telugo, a língua nativa do estado de Andhra Pradesh, Horst acabou comprando bilhete apenas para ele. Quando me dei conta, estávamos na metade do caminho. Preparei-me para contar uma longa e triste história tão logo o chefe-de-trem aparecesse, mas por sorte ele não veio. Acabamos descobrindo que nos trens comuns eles nunca apareciam. Não era de estranhar. Ficava praticamente impossível caminhar pelo corredor entupido de gente. Além disso, a cada estação verdadeiras multidões desciam ou subiam, impossibilitando qualquer controle, justificando as severas penas para quem fosse pego sem passagem.

Os trens comuns tinham apenas segunda classe e os bancos, com espaço para quatro pessoas, embora normalmente sentassem sete ou oito passageiros, eram feitos de madeira, sem revestimento. Acima de nossas cabeças, no lugar destinado às bagagens, pessoas dormiam. Havia apenas dois ventiladores no teto, previamente desligados por Horst.

— Servem apenas para levantar poeira — ele me explicou, quando protestei por desligá-los. — Além disso, o vento esquenta ainda mais o ambiente.

Os outros passageiros eram humildes demais para questionar um alemão enfurecido desligando os ventiladores. Apenas se entreolharam, menearam a cabeça e voltaram a dormitar sobre os bancos. As mulheres vestiam sáris coloridos, usavam anéis nos dedos das mãos e alianças nos dedos dos pés, brincos, *piercings* e muitas pulseiras nos braços, normalmente douradas e verdes, utilizadas para proteger o corpo da entrada de demônios. Os homens usavam dois ou três anéis brilhantes em cada mão, brincos prateados nas orelhas e vestiam suas tradicionais *tambas*, uma espécie de saia listrada, até os tornozelos. Cobriam o dorso com longas camisas de colarinho e mangas compridas, também listradas. Devido ao intenso calor, alguns levantavam a *tamba* e prendiam a bainha na cintura, ficando com a "saia" na altura dos joelhos. A maioria estava descalça, outro costume muito comum no interior. Há dias eu vinha notando que uma caneta no bolso da camisa e um grande relógio no pulso, com uma larga pulseira dourada, era outra mania nacional.

Os vagões eram velhos e transportavam quatro ou cinco vezes mais gente do que a capacidade prevista. Não bastasse parar em todas as vilas para o embarque e desembarque dos moradores das áreas rurais, muitas vezes parávamos no meio do nada, em algum entroncamento, para ceder a linha aos trens expressos. A temperatura há muito havia passado dos quarenta graus e nas longas paradas, nos cruzamentos, os passageiros desciam para tomar água nas cacimbas abertas ao longo da ferrovia.

Um senhor que há horas nos observava, curioso, puxou conversa comigo.

— O senhor é cristão? — ele me perguntou.

— Sim — respondi.

— Também sou cristão — ele disse, sorrindo. — Meu nome é M. Yesudas, tenho 67 anos e sou pastor da Igreja Pentecostal.

— Não esperava encontrar um cristão nesta região — falei, realmente surpreso.

— Tenho algo para mostrar-lhe — sussurrou, com ar confidente, disfarçadamente olhando para os lados, como a ver se alguém prestava atenção à conversa.

Dito isso, abriu uma velha pasta de couro e retirou uma bíblia, escrita em telugo. Folheei o grande livro, olhando a curiosa grafia. Nunca tinha visto uma bíblia escrita num outro alfabeto, e não esperava que isso acontecesse exatamente na Índia. Mostrei-a ao Horst, que não quis folheá-la, e a devolvi a Yesudas.

— Achou bonita? — ele perguntou, com um brilho nos olhos.

— Claro — respondi. — É o livro mais bonito do mundo.

A seguir, deu-me um presente: um marcador de livro com as datas e os locais das convenções da Igreja Pentecostal. No outro lado, estava escrito: "Estou convosco todos os dias até o fim do mundo."

— Mateus 28:20 — ele disse, quando terminei a leitura.

Como forma de retribuir-lhe o presente, dei-lhe um santinho de São Francisco de Assis com a famosa oração no verso.

— Esta é a divindade que me protege — eu disse.

— Como? — perguntou ele, desapontado. — O seu Deus não é Nosso Senhor Jesus Cristo?

Senti que ele iria acabar fazendo uma grande confusão. Para um indiano que se orgulhava de ser cristão, portanto monoteísta, aparecer justamente um cristão ocidental, um legítimo cristão, dizendo seguir uma outra divindade que não Jesus Cristo não dava mesmo para entender.

— Claro, o meu Deus é Nosso Senhor Jesus Cristo — eu disse, pegando de volta o santinho de São Francisco.

— Ah! — disse ele, num grande alívio.

— Para sempre seja louvado — concluí.

— Amém! — disse ele.

Pareceu-me ter-lhe tirado um enorme peso das costas. Antes de guardar a bíblia ele a beijou, juntou as mãos em forma de oração, arqueando o corpo, e fez o sinal-da-cruz, uma mistura de todas as crenças por ele conhecidas.

Em uma das muitas paradas um bando de macacos invadiu o trem, prontamente enxotados pelos alegres passageiros. Lá pelas tantas começou a faltar água. Os quiosques nas pequenas estações não vendiam mais água mineral e fui obrigado a beber direto das torneiras, para onde todos corriam tão logo o trem parasse, travando com os demais viajantes uma briga de empurra-empurra para encher meu cantil. Horst preferia tomar chá com leite quente dentro do trem.

Dormentes de madeira, substituídos por outros de concreto, eram deixados ao lado dos trilhos, recolhidos pelos moradores e transportados no próprio trem. Muitas pessoas embarcavam, nas vilas, carregando água em enormes e coloridas jarras de plástico, levadas para as casas no interior. Os vendedores de frutas e quitutes percorriam a composição de ponta a ponta, saltando por cima dos passageiros. Quando parávamos éramos loucamente assediados pelos ambulantes nas plataformas oferecendo frituras pelas janelas dos vagões. Mendigos, a maioria crianças, pessoas mutiladas ou deficientes físicos, se arrastavam pelo chão pedindo dinheiro. Restos de comida, jornais velhos, cascas de frutas, especialmente laranja e amendoim, copos de plásticos e todo tipo de lixo se acumulavam aos nossos pés.

Vez que outra passava alguém, rastejando, uma pequena vassoura na mão, tentando limpar o chão. Para esses eu sempre jogava uma moeda, uma forma de incentivar o trabalho e especialmente a limpeza, algo estranho aos hábitos indianos. Também colaborava com quem passasse tocando algum instrumento, cantando ou fazendo alguma demonstração de malabarismo. Aos mendigos, vindos apenas com a mão estendida eu virava o rosto para o outro lado. Até porque, se fosse dar uma moeda para todo pedinte, não faria outra coisa na Índia. Mesmo assim notei que nem as pessoas mais humildes se negavam a contribuir com algum dinheiro, procurando, pelo menos, desenvolver o lado espiritual das suas pobres vidas.

— Uma forma prática de evoluírem seus carmas — eu disse para o Horst.

— Claro — ele concordou, rindo. — Irem mais cedo para o céu.

— O problema — observei — é que, segundo o próprio hinduísmo, só tem efeito positivo sobre o carma os atos realizados de forma desinteressada; e este não me parece ser o caso.

Nos campos, sob um sol impiedoso, os agricultores, especialmente as mulheres, aravam a terra, preparando-a para a estação chuvosa que se avizinhava, quando as monções fertilizariam o solo do tórrido planalto. Pastores cuidavam dos rebanhos de cabritos, levando-os para beber nas poças de água que ainda resistiam nos leitos dos rios secos, onde os búfalos se refugiavam, fugindo ao calor. Algumas áreas estavam plantadas com girassol, arroz e cana-de-açúcar. No mais, capim queimado pelo sol.

Levamos mais de dez horas para percorrer os 319 quilômetros de Tirupati até Guntakal, onde passamos a noite. As pessoas não falavam inglês e por sorte conseguimos um pequeno hotel, mais na base da mímica que das palavras. Pelas portas abertas, devido ao calor, víamos famílias inteiras hospedadas num único quarto. O banheiro não tinha chuveiro, obrigando-me a tomar um banho de caneca; no caso, de jarra. Sentei num banquinho e com uma jarra derramei sobre a cabeça a água de um grande balde, a mesma utilizada para limpar o vaso já que a descarga não funcionava. Bandos de macacos passeavam tranqüilamente pelas ruas da cidade, onde fervilhava um agitado comércio. Em frente ao hotel havia um quiosque vendendo frutas e sucos e pudemos saborear um delicioso suco de manga.

Horst implicou com o único restaurante da cidade. Primeiro achou-o muito escuro, não podia ver a comida. Depois mandou desligar o ventilador do teto, iria esfriar o jantar, ordem que o garçom custou a entender. A temperatura beirava os quarenta graus. Por fim, profetizou que a comida não era boa antes mesmo de fazer o pedido ao garçom. Solicitei galinha *biryani*, um prato feito com galinha frita bem temperada, desossada, servida misturada com arroz cozido com cebola, açafrão, passas e castanha-de-caju, e o deixei discutindo com o proprietário, um senhor muito gentil fazendo de tudo para agradar ao meu amigo alemão.

— Estava boa a comida? — perguntou-nos o garçom no final, feliz pelo alemão ter raspado as tigelas.

— Não, estava péssima — respondeu Horst, para tristeza do jovem indiano, humildemente recolhendo os pratos. — A galinha estava torrada por fora e crua por dentro — concluiu. — É preciso reclamar para ver se aprendem. Aqui ninguém reclama nada — falou-me, após a saída do garçom, notando meu embaraço com as críticas.

— Talvez eles gostem de comer assim — respondi.

— Não, não gostam, não. Eles fazem malfeito e ninguém reclama. Então não mudam.

Raridade: o restaurante tinha um terraço, ainda mais escuro, onde serviam bebidas alcoólicas. Subimos e pedimos uma cerveja. Embora fôssemos os únicos clientes, o garçom demorou a nos atender.

— Onde estão as pessoas? — perguntou-me Horst, no exato momento em que o alto-falante da mesquita começava a chamar os fiéis para as preces do final do dia.

— Os hindus estão no templo, os muçulmanos indo para a mesquita e os cristãos no bar — respondi.

Na manhã seguinte, pegamos um trem de bitola estreita para Bellary, uma viagem ainda mais lenta. Pela primeira vez vi pessoas fumando, homens com traços árabes nas faces em vez dos rostos finos dos indianos do sul. Elas pareciam bem mais velhas do que realmente eram devido ao maldito sol que lhes queimava a pele do rosto, abrindo verdadeiros sulcos em volta dos olhos, na testa e em torno dos lábios. Mesmo assim notei não ser costume daquela gente usar chapéu nem óculos de sol, característica repetida em toda a Índia.

O trem parou quando saímos de Andhra Pradesh e entramos no estado de Karnataka, numa área rural, para alguns camponeses descerem. Um grupo de jovens, em grande alarido, cercou a composição e começou a jogar um líquido vermelho para dentro dos vagões, provocando a maior correria. Os passageiros saltaram para fechar as portas e as janelas, alguns com as roupas empapadas pelo líquido pegajoso, como se estivessem vertendo sangue.

— Estão comemorando a entrada do Ano-Novo telugo — disse-me um senhor, vendo minha surpresa diante do que imaginei ser uma agressão.

Ao contrário do que esperava, ninguém ficou brabo, nem mesmo os atingidos. Voltaram calmamente para seus lugares e sentaram-se, isto é, acocoraram-se. Os próprios assentos dos trens eram mais largos, pois as pessoas viajavam com as pernas cruzadas e os pés sobre os bancos, feito índio. E havendo espaço, deitavam e dormiam, por mais curta que fosse a viagem.

No final da manhã trocamos de trem e embarcamos para Hospet, chegando no meio da tarde. Imediatamente tomamos um ônibus para Hampi, atualmente uma pequena aldeia entre as ruínas da antiga capital do grande Império Vijaianágar.

Antes mesmo de sair da rodoviária o velho ônibus ficou superlotado, o que não o impediu de pegar mais gente pelo caminho. Metade dos vidros estava quebrada, os bancos tinham o estofamento rasgado e os buracos no assoalho deixavam à mostra o esburacado asfalto na miserável estradinha nos conduzindo ao vilarejo. Fiquei imaginando em que momento da história a riqueza foi embora, o que levou aquela região, outrora capital de um rico e poderoso império, a se transformar numa terra arrasada, povoada por gente pobre e sem o menor conforto material, providos apenas dos seus olhares de suplicante melancolia. Em que momento a Índia se tornou indiana? Será que foi após os europeus a terem saqueado durante séculos?

Vijaianágar foi um dos maiores impérios na história do subcontinente. Fundado pelos príncipes telugos, em 1336, alcançou seu apogeu no começo do século XVI, quando mantinha sob seu controle todo o sul da península, exceto apenas alguns pequenos principados na costa do Malabar, como Calicute e Cochin, onde comerciavam com os portugueses. Sua capital, comparável à grande cidade de Délhi, no norte distante, tinha uma área de 33 quilômetros quadrados e quinhentos mil habitantes, protegida por uma fortificação inexpugnável. Os príncipes mantinham um exército mercenário com mais de um milhão de soldados, incluindo uma forte cavalaria formada por arqueiros muçulmanos que, ironicamente, a defendiam dos ataques dos estados muçulmanos do norte.

Sua riqueza estava baseada no controle do comércio de especiarias e na indústria do algodão. Seu bazar, conforme descreveu o aventureiro português Nunez e Paes, era um dos maiores centros internacionais de comércio. Pelo porto de Goa chegavam os famosos cavalos árabes, orgulho dos príncipes, princesas, reis, rainhas e toda a nobreza hindu. Em 1565, após uma desastrosa batalha, a cidadela foi saqueada pelos exércitos de uma confederação de sultãos do norte, e seus templos, palácios e inúmeros prédios suntuosos foram destruídos, tornando-se ruínas. Atualmente é um dos lugares mais fascinantes de toda a Índia, considerado Patrimônio da Humanidade pela UNESCO.

As acomodações em Hampi eram precárias. Não existiam hotéis, apenas algumas pousadas, a maioria anexa das casas dos nativos, cheirando a azedo e a mofo. Com menos de mil habitantes, a aldeia nem de longe parecia a superpovoada Índia. A proximidade com Goa acabou atraindo muitos *hippies* ocidentais. Eles foram chegando, resolveram ficar, e hoje se misturavam aos locais, fabricando artesanato para vender aos escassos turistas. A falta de infra-estrutura, o difícil acesso, o calor opressivo e a fama de que alguns crimes violentos haviam ocorrido nas ruínas em torno da aldeia impediam a região de fazer parte do circuito turístico da Índia. Aliás, falar em turismo na Índia é um pouco forçado. O país, apesar de reunir uma das culturas mais fascinantes do mundo, recebe uma quantidade insignificante de visitantes estrangeiros, especialmente devido à falta de infra-estrutura hoteleira, precariedade do sistema de transportes, lixo nas ruas e à postura agressiva dos mendigos.

Em Hampi, as pousadas não possuíam ar-condicionado e a maioria delas apenas quartos coletivos, com seus roncos e vapores de expiração, algo que Horst não gostava nem de ouvir falar.

— Os outros hóspedes fazem muito barulho — disse-me, enquanto procurávamos algum lugar com quartos privados. — Não vou conseguir dormir. Além disso, temos as nossas coisas — concluiu, olhando para as duas grandes mochilas.

Pura verdade, pensei. Éramos, por assim dizer, mochileiros da primeira classe, se comparados com os outros viajantes estrangeiros encontrados pelo caminho, gente encardida e carregando miseráveis mochilas, viajando sempre na segunda classe e se hospedando em dormitórios coletivos por absoluta falta de dinheiro. Horst e eu queríamos que nosso dinheiro rendesse o máximo possível, tínhamos a noção exata do quanto cada centavo valia na Índia. Costumo dizer que um punhado de moedas poupado significa um dia a mais de viagem. Por isso, vale a pena economizar. Mas caso nosso apertado orçamento necessitasse de uma "chamada extra", não seria problema.

— Já meu problema é o calor — eu disse. — Não dá para dormir com quarenta graus de calor. Precisamos encontrar algum lugar refrigerado.

Batemos pernas por toda a vila, suando às bicas, com as mochilas nas costas, sob um sol escaldante, e o melhor encontrado foi uma pousada com um *cooler*, um ventilador acoplado a um tanque com água. Além de barulhento, mal refrescava o ambiente. O ventilador de teto, se ligado — mesmo contra a vontade do Horst —, acabava apenas espalhando ainda mais ar quente dentro do quarto.

Fizemos um acordo: como o meu problema era o calor, eu ficaria naquele quarto. Abriria as janelas, independentemente dos mosquitos, ligaria o ventilador de teto, mesmo espalhando poeira e vento quente, e colocaria o *cooler* na sua potência máxima, apesar do zunido de avião a jato. Por sua vez, Horst ficaria no quarto ao lado. Como seu problema era o barulho, manteria a janela fechada, o ventilador desligado e o *cooler* trabalhando no mínimo. Mas encontramos um problema: o dono da pousada havia perdido a chave do outro quarto e não houve *Trimurti* — nem Santíssima Trindade — que o fizesse encontrá-la. Fiquei descansando e Horst saiu em busca de outra pousada. Voltou mais tarde, pegou a mochila e se mudou. Combinamos encontrarmo-nos no final da tarde para conhecer o bazar e o templo Virupaksha ali perto, principais atrativos de Hampi.

O templo era uma das mais antigas estruturas da antiga capital e ainda estava em bom estado de conservação. Seu *gopuram*, com quase cinqüenta metros de altura, ricamente esculpido com cenas do hinduísmo, havia sido construído em 1442. Alguns elefantes viviam tranqüilamente no pátio central, em frente à capela principal, onde os peregrinos faziam suas *pujas*. Aproveitei e fiz a barba numa pequena barbearia, embaixo de uma grande árvore, ao lado do templo.

Do antigo bazar havia restado apenas a rua principal, em torno da qual a vila estava erguida. As pousadas, pequenos restaurantes, lojas com artigos religiosos e demais comércios se enfileiravam em pequenas casas, umas ao lado das outras. Nossa primeira descoberta foi a proibição da venda de bebidas alcoólicas.

— Este é um lugar sagrado — disse-nos o dono de um pequeno restaurante. — Não podemos vender bebidas alcoólicas.

— Pelo amor de Brahma — falei. — Nem mesmo uma santa Brahminha?

— Como?

— No Brasil temos uma cerveja chamada Brahma — expliquei. — Antigamente, a imagem do deus aparecia nos rótulos das garrafas — contei, mas ele não se comoveu.

Perguntamos em mais alguns lugares e constatamos a veracidade da triste notícia. Muitas vezes aconteceu de nos informarem ser proibido vender isto ou aquilo e no final acabávamos descobrindo que o comerciante dava uma informação errada apenas porque seu estabelecimento não tinha a mercadoria procurada. E, obviamente, tentava nos vender algo semelhante.

— Veja — disse-me Horst, apontando para um pequeno quiosque —, ali servem *lassi.*

— O que é *lassi?* — perguntei.

— Uma bebida árabe, muito comum nos países muçulmanos. Uma espécie de iogurte, feito com leite talhado misturado com água gelada.

— Leva álcool?

— Claro que não. Você já viu muçulmano bebendo álcool?

— Cada vez admiro mais os cristãos.

Sentamos no quiosque para provar o tal *lassi*, recomendado pelo Horst.

— Qual o sabor que vocês preferem? — perguntou o vendedor.

Na Índia, como não poderia deixar de ser, o *lassi* vinha temperado. Poderia ser escolhido como símbolo da mescla cultural entre muçulmanos e hindus. Se na religião eram tão ortodoxos, pelos menos nas bebidas, assim como nas comidas, eram bem mais flexíveis. Podíamos escolher com pimenta, gengibre ou misturado a alguma fruta. Pedi o meu com maçã e Horst solicitou um à moda da casa, porém sem açúcar. Só depois descobrimos que à moda da casa significava justamente com muito açúcar. Os indianos eram fundamentalistas não apenas na pimenta, como também no açúcar. Tudo que levasse açúcar vinha exageradamente açucarado. Isso quando não vinha pimenta e açúcar no mesmo prato, como descobriria no Rajastão.

Ficamos ali nos refrescando na sombra, olhando as pessoas passarem na rua, especialmente os *hippies*, e bebendo *lassi*. Ainda o provei misturado com abacaxi, manga e, por fim, *lassi* com melancia.

— Devem existir uns cinqüenta turistas na vila — disse Horst, com a cara torcida, ele que detesta turistas.

No jantar pedi uma salada de frutas: uma grande quantidade de diversas frutas servidas em pequenos pedaços sobre uma folha de bananeira. Gostei especialmente da melancia, saboreada com dois grandes copos de *lassi*, a tal bebida feita com leite talhado. Após comer fizemos uma pequena caminhada e fiquei chocado com as pessoas dormindo na rua, famílias inteiras, mulheres, homens, crianças e bebês. Estendiam uma esteira no chão e deitavam-se ali mesmo, entre as vacas e os cachorros, entre a bosta nova e o esterco ressequido. Ao nos afastarmos um pouco das casas, em direção às ruínas, um garoto veio nos avisar dos perigos de entrarmos naquele lugar, crimes estranhos haviam ocorrido nas redondezas ultimamente. Agradecemos, demos as moedas solicitadas e fomos dormir.

Amélia "Chinoca" Trindade Machado, minha avó materna, atualmente com 99 anos, sempre foi uma grande fonte de sabedoria.

— Misturar leite com melancia faz mal — costumava ensinar-me, sempre que ficava alguns dias na sua casa, em Rio Pardo. — Vira pedra na barriga.

Agenor Pinheiro Machado, meu primo, com quem morei um ano quando me mudei para Porto Alegre, ao entrar na faculdade de jornalismo, é uma pessoa excepcional. Trabalhava na lavoura até entrar para o serviço militar. Ingressou no Exército e não deixou escapar a oportunidade: formou-se em medicina e em pouco tempo era oficial médico na Policlínica Militar, em Porto Alegre.

— Essa história não faz sentido — disse-me ele, certa vez. — Na nossa formatura a sobremesa foi leite com melancia, exatamente para acabar com essa crendice popular.

Tenho o maior respeito pela medicina, mas vó Chinoca tinha razão: leite com melancia faz mal, sim. Vira pedra na barriga, pois ao deitar-me senti como se estivesse com uma pedra no estômago. No quarto fazia 42 graus e o mal-estar foi crescendo. O ventilador no teto, o *cooler* e a janela aberta de nada adiantavam. Meus músculos, fatigados, se contorciam sobre a cama, encharcando os imundos lençóis com um suor frio e pegajoso. Comecei a sentir falta de ar. Suava cada vez mais frio, apesar do intenso calor. Meu corpo tremia de febre, num ato desesperado de defesa, tentando assar até a morte os germes que o infectavam antes de ser assado por eles.

Não deu certo.

Meu sistema imunológico, então, foi ativado: os glóbulos brancos e outras células entraram em ação na caça aos invasores. Também falharam. Alguns micróbios espertos não se sujeitam às nossas defesas, especialmente aqueles que nosso organismo não reconhece como sendo capazes de nos causar algum mal. Portanto, para eles, não temos anticorpos. O tempo foi passando e eu me sentindo cada vez pior. Desesperado com a situação desconfortável resolvi interferir, partindo logo para um contra-ataque químico, munido de armas de exterminação em massa. Mas o analgésico tomado com a água da torneira não fez efeito algum. Pelo contrário, deixou-me apenas com o estômago mais embrulhado, sem saber se corria para o vaso ou para a cama.

Fechei com força a torneira; mesmo assim ela continuou gotejando, cada pingo caído na pia encardida ressoava no fundo do meu cérebro. O cano enferrujado estava furado e a água usada escorria para o chão e rolava em direção ao ralo, no meio do banheiro. Fiquei imaginando-me, tacape em punho, de quatro pés pelo chão, esmurrando a cabeça de cada bactéria da cólera que estivesse se infiltrando pela torneira. Maldita sujeira, praguejei mentalmente, voltando para o quarto, desolado. Não sabia o que seria pior: ficar sem medicamentos ou tomá-los com aquela água imunda. Eu que, segundo aquele norte-americano esnobe, não deveria nem beber uísque por causa do gelo, normalmente contaminado por impurezas contra as quais os indianos estavam imunizados, mas que punham os estrangeiros na lona.

— Maldita Índia, suja e poluída — gritei na janelinha do banheiro, a plenos pulmões, como um animal preso na jaula.

Não adiantou.

Vomitei diversas vezes, mas a ânsia de vômito não cedia. O remédio para o estômago pareceu piorar a situação, uma dor terrível corroía-me as tripas, como se um rato estivesse a roer-me os intestinos. Fui acometido de um cruel ataque de cólicas, minhas entranhas se esvaíam pela latrina do fétido banheiro, contorcendo-me de dor, corpo e alma humilhados pela sordidez da vida, vítimas da miséria humana, infectando-me o próprio espírito. Sentia meu *átma* cada vez mais longe de Brahma.

Foi uma noite infernal, passada totalmente em claro, perambulando pela pousada feito alma penada, um pouco deitado, um pouco no banheiro, um pouco sentado na calçada. Sentia-me um joguete nas mãos de impiedosos deuses. O desconforto físico foi aos poucos se transformando em desespero mental, trespassando-me a razão com sombrios pensamentos.

O que as outras pessoas, os ocidentais ricos que vinham para a Índia em busca de sabedoria, viam que eu não estava vendo? Os *hippies* que aqui chegaram, e ficaram, atolados em meio ao lixo e ao desprezo por condições mínimas de saúde, tinham descoberto algo que me fugia aos olhos? Estavam eles mais perto da felicidade, da iluminação, da vitória no dia do juízo final? Em meio a tantos pensamentos descoordenados, lembrei-me de uma frase de São Francisco de Assis: "Se vai mais rapidamente ao céu de uma cabana que de um palácio." Então era isso? Mas eu não queria ir para o céu. Pelo menos por agora. Isso era uma preocupação futura. No momento, só precisava dormir um pouco, ver o dia clarear. Meu nojo não se restringia apenas à Índia, mas a toda a humanidade.

Melhorei um pouco de madrugada, quando puxei o colchão para fora do quarto e me deitei na rua, como os moradores locais. Era a única forma de fugir da estufa em que havia se transformado a pequena casa, e relaxar um pouco. Às vezes eu ouvia vozes, mas ninguém se aproximava. Uma porta rangia, mas não aparecia viva alma. Apenas eu e os fantasmas despertos por minha exaustão.

Tão logo a primeira luz do dia começou a infiltrar-se por entre o casario, fiz a mochila. Fui até a pousada onde Horst estava hospedado e lhe informei que estava indo embora. Voltaria para Hospet, procurar ajuda médica.

— Fico aqui mais alguns dias — disse ele. — Apesar do calor, estou me sentindo bem e desejo alugar uma bicicleta para conhecer melhor as ruínas.

— Nos encontramos no trem que vai para Goa, dentro de uma semana — sugeri.

— Pode ser — ele concordou.

Decidi tirar férias da Índia. Já tínhamos planejado uma semana de folga em nosso roteiro, sabíamos de antemão das dificuldades que encontraríamos devido ao tipo de viagem que estávamos fazendo. Só não imaginava precisar de férias tão cedo. Pelos meus cálculos, isso deveria acontecer quando chegássemos em Goa. Como no momento não tinha patrão, antecipar as férias não era algo muito complicado.

Dispensei o ônibus.

Peguei um auto-riquixá e fui para o Malligi, em Hospet, o melhor hotel encontrado durante toda a viagem. Um prédio moderno, com ar condicionado, dois restaurantes. Havia dois bares, onde era possível tomar uma cerveja gelada, e uma enorme piscina, com horários distintos para homens e mulheres banharem-se. O quarto era grande e limpo, possuía até um frigobar. E o melhor: num anexo do hotel funcionava uma clínica médica *ayurveda*. Fiquei uma semana freqüentando apenas o hotel e a clínica, sem pisar na cidade. Umas legítimas férias das cores, odores e sabores da Índia, além de conseguir um pouco de privacidade.

Ayurveda, o tradicional sistema de medicina indiano, não trata apenas dos sintomas. Ele procura as origens das doenças e ataca os seus princípios causadores. Segundo os médicos tradicionais indianos, as doenças aparecem quando os três *doshas* — *vatha*, *pitha* e *kapha* (os três princípios que governam a fisiologia e a mente das pessoas) entram em desarmonia.

— O princípio *vatha* compreende o ar e o espaço, sendo responsável pelo fluxo de energia que percorre o corpo humano. Uma desarmonia em *vatha* pode causar estresse, enxaquecas, ansiedades e má digestão — explicou-me o dr. P. Munivaludiva Reddy, 32 anos de idade, da clínica The Body Matrix Massage & Herbal Therapy.

— Está aí a minha doença — falei para o médico, interrompendo sua explicação. — Estou exatamente com estresse, enxaqueca, ansiedade e má digestão.

Ele sorriu diante da minha ansiedade e continuou falando, comodamente sentado na sua encascurrada cadeira giratória atrás de uma velha mesa de madeira. Eu estava sentado na sua frente, com um bloco de anotações e uma caneta na mão, como o aluno que se prepara para o ditado do professor.

— O princípio *pitha* compreende o fogo e a água, sendo responsável pelos distúrbios no metabolismo — falou, fazendo uma pausa para ver minha reação. Notando meu interesse no assunto, retomou a explicação.

— O princípio *kapha* compreende a terra e a água, sendo responsável pela estrutura do corpo. Quando em desarmonia, pode causar depressão, resfriados, perda de entusiasmo e mesmo aumento excessivo de peso. Desarranjos nos três princípios podem causar sérios problemas de saúde nas pessoas, inclusive nos mais jovens — concluiu.

— Eu me incluo no primeiro princípio — disse, ajudando-o no diagnóstico. — Estou com o meu *vatha* em completa desarmonia.

Conhecida como Veda da Vida, a medicina *ayurveda* oferece uma série de tratamentos preventivos contra as causas que provocam o desequilíbrio no metabolismo, utilizando massagens com óleos feitos com plantas medicinais tradicionais indianas. Existem mais de duas mil espécies catalogadas pelos médicos *ayurvedas* e pelo menos 550 delas são utilizadas regularmente. Os óleos são criados sob medida para cada paciente e chegam a utilizar a mistura de até 132 tipos diferentes de ervas. Servem para desintoxicar o corpo e evitar a instalação das doenças no organismo.

Segundo o sábio doutor, o corpo humano possui 107 pontos de energia. Quando estimulados adequadamente pelas massagens *ayurvedas*, avivam e enriquecem o organismo, promovendo seu relaxamento, eliminando as toxinas e curando as doenças mais comuns. A medicina *ayurveda* está tão desenvolvida que alguns institutos em Bombaim andam fazendo pesquisas para desenvolver massagens que protejam contra o vírus da AIDS.

O meu tratamento se deu a partir de uma massagem chamada *abhyangam*, feita com uma combinação de óleos de acordo com a minha constituição física. Cada uma das duas sessões diárias durava cerca de uma hora e me era aplicada em todo o corpo, embora o médico se demorasse mais tempo massageando-me a cabeça, as orelhas e os dedos das mãos e dos pés. Seu objetivo era estimular a circulação sangüínea e o relaxamento dos órgãos e da mente. Após cada sessão, eu tomava um demorado banho quente utilizando sabonetes medicinais. O tratamento mais longo tem por finalidade promover a longevidade do paciente, algo com o que, pelo menos no momento, eu não estava preocupado.

Além das massagens aplicadas na clínica, o dr. Reddy sugeriu-me comer alguns temperos com mais freqüência durante a viagem, explicando-me os efeitos de cada um deles. Segundo ele, a cúrcuma combate as infecções, o alho é excelente contra os problemas do fígado. Grãos de cardamomo são recomendados para enjôos, dores de cabeça, febres, resfriados e infecção nos olhos, cravos combatem desordens nos rins e intestinos. Caso sentisse alguma insônia, deveria carregar no coriandro.

— E as pimentas e o gengibre têm grandes poderes digestivos — concluiu.

Quase pedi meu dinheiro de volta. Pagar uma consulta para ouvir o médico mandar-me comer mais pimenta, a única coisa que vinha fazendo na Índia, era demais.

— O senhor acha que devo comer mais pimenta? — perguntei, tentando disfarçar minha incredulidade.

— Você vem comendo muita pimenta? — ele quis saber.

— Sim — respondi. — E às vezes acho que elas estão me fazendo mal.

— Nesse caso — ele falou, calmamente —, quando comer muita pimenta, evite tomar líquidos.

— Ao comer algo muito apimentado, imediatamente me ponho a beber líquidos — confessei.

— Os líquidos apenas pioram a situação, desgastam ainda mais o intestino. Quando isso acontecer, coma pão, especialmente o *nãn*, feito com farinha de trigo.

Minhas primeiras semanas na Índia foram as mais desconfortáveis entre todas as viagens até agora realizadas. O calor excessivo, a comida extremamente picante, a sujeira nas ruas, o mau cheiro proveniente dos esgotos a céu aberto, a agressividade dos mendigos, as enfadonhas viagens de trem, o assédio exagerado dos vendedores ambulantes, o excesso de gente em qualquer lugar que se fosse... Enfim, uma fonte permanente de estresse, deixando-me irritado e com uma dor de cabeça contínua.

Após o tratamento feito com o dr. Reddy, mesmo sem ingerir um único remédio, tudo se normalizou. Meu bom humor voltou, especialmente a capacidade de achar graça das pequenas tragédias que acompanham os viajantes independentes. As dores de cabeça desapareceram por completo, o contínuo mau humor do Horst não me atingiu mais e passei a comer de tudo que me aparecesse pela frente, como se indisposições estomacais fossem coisas alheias ao meu organismo. Meu corpo foi imunizado contra os excessos da agitada Índia pelos óleos sagrados da medicina tradicional do país.

Caso algum dia o dr. Reddy se transforme num guru milagroso e construa um templo apenas para ele, não me admirarei. Talvez até me torne um dos seus discípulos.

Mas não fui apenas eu quem foi curado pelas ervas medicinais indianas, como nos conta o *Ramaiana*. Quando o irmão do príncipe Rama caiu mortalmente ferido na batalha contra os demônios liderados por Ravana, na luta pela libertação da princesa Sita, Hanuman, chefe dos exércitos de Rama, voou até uma montanha sagrada no Himalaia em busca das ervas que poderiam salvar a vida do valoroso guerreiro. Ao chegar lá, ele não sabia qual planta deveria colher. Então, o poderoso deus-macaco arrancou toda a montanha e a levou para a Cidade Dourada, no atual Sri Lanka. No caminho de ida e volta, muitos pedaços de terra caíram pelo chão, espalhando as ervas com poderes de cura por toda a Índia.

Expresso Vijayawada/Vasco da Gama, para Vasco da Gama

376 km

9h45min

Encontrei Horst na estação ferroviária em Hospet, conforme havíamos combinado na semana anterior. Rapidamente nos colocamos a par das aventuras e desventuras de cada um e pegamos um trem para Vasco da Gama, no estado de Goa. Como não tínhamos reservas, compramos passagens na segunda classe. Embarcamos num vagão *sleeper* e pagamos a diferença diretamente ao chefe-de-trem, quando ele apareceu, uma artimanha que vinha dando certo desde Calicute. Havíamos descoberto um jeitinho de ludibriar a complicada burocracia indiana, manobra que acabaria nos trazendo problemas numa das próximas viagens. Mas, pelo menos por ora, vinha funcionando. A jornada seria demorada porque precisaríamos cruzar toda a cordilheira Ghats, uma descida abrupta e vagarosa em direção ao litoral, no mar da Arábia, mais uma vez cruzando o país de costa a costa. Além das distâncias enormes, estávamos subindo pelo mapa em ziguezague.

Passei o dia comendo frutas e legumes, especialmente pepino com sal. Alheio ao balanço do trem, o vendedor segurava o pepino numa das pontas e o cortava em cruz, salpicando-o com sal fino. Ele se abria como uma flor subitamente desabrochada. Uma mulher, vendo minha curiosidade diante da cena, comprou dois pepinos e me ofereceu um. Não gosto de pepino cru, mas aquele estava bom. Horst preferia tomar chá com leite quente, apesar do terrível calor.

A viagem transcorreu sonolenta e aborrecida até a fronteira do antigo encrave português. Estávamos dormitando preguiçosamente junto à janela, olhando a bela paisagem serrana coberta de florestas, quando fomos surpreendidos por um vendedor de cerveja, pois a venda de bebidas alcoólicas era proibida não só nos trens como nas próprias estações ferroviárias e seus arredores.

— Goa é um estado *free tax* — informou-nos um indiano viajando ao nosso lado, vendo-nos surpreso com o vendedor de cerveja. — Aqui o álcool é liberado e os preços das bebidas são ótimos.

— Já estou começando a gostar de Goa — disse Horst.

Em Vasco da Gama conseguimos um bom hotel perto da estação. Havia tevê a cabo, não por acaso sintonizada num canal português, onde pude ouvir as últimas notícias de Lisboa. Jantamos num restaurante japonês, onde comi camarão *pechawar* (camarão gigante com molho de gengibre) e tomamos cerveja Foster's, australiana. Ao fazermos uma pequena caminhada, ao redor da praça central, para tirarmos do corpo o balanço do trem, diversos taxistas se ofereceram para nos levar até a zona de meretrício, tomar uma cerveja gelada e conhecer "lindas mulheres russas, árabes e européias".

Não havia dúvidas: a tradicional Índia tinha ficado para trás, no interior da península. Agora estávamos num grande e movimentado porto, como em qualquer costa marítima do mundo.

Na manhã seguinte pegamos um ônibus urbano até a estação central e de lá um intermunicipal até Panaji, capital de Goa, onde chegamos uma hora depois, seguindo por uma estradinha litorânea marcada por altas palmeiras e pequenas igrejas católicas. Nos jardins em frente às casas, construídas em estilo colonial português, era comum ver enormes cruzes de concreto, assinalando a moradia de um cristão. Logo pude notar que os cristãos indianos, a exemplo dos seus conterrâneos hindus, também eram exagerados na manifestação da sua fé religiosa.

Na rodoviária em Panaji, já acostumado com a neurastenia do Horst com relação aos hotéis populares onde vínhamos nos hospedando, fiz um acordo prévio com o motorista do autorriquixá: ele nos mostraria três hotéis pelo valor combinado pela corrida. Com isso, esperava evitar o constrangimento do motorista ficar gastando gasolina além do previsto nos carregando para lá e para cá à procura de hotel. A intenção foi boa, mas não deu certo. Após o alemão vistoriar quatro hotéis e não ter se agradado de nenhum, resolvi descarregar a mochila e continuar a procura a pé, a discussão entre ele e o indiano estava ficando agressiva.

— Duvido que não exista um bom hotel nesta cidade — ele esbravejou, pegando a mochila e me seguindo pela calçada.

— Talvez seja preciso aumentar um pouco nosso orçamento para os hotéis em Goa, uma cidade mais acostumada com o turismo e, por isso mesmo, mais cara — tentei apaziguar.

— Estamos na baixa estação, não há turistas por aqui. Vão ter que diminuir os preços dos hotéis, senão vamos embora para outro lugar.

Estávamos perto do meio-dia e o sol queimava nossas cabeças. As mochilas pesavam cada vez mais e o alemão não gostava de nenhum hotel, todos tinham algum defeito. Foi cansativo e estressante, mas sua persistência valeu a pena. Ele acabou descobrindo um ótimo hotel, por um preço justo, em frente à praça central e ao lado da catedral de Nossa Senhora da Imaculada Conceição. Estávamos tão bem hospedados que acabamos ficando uma semana em Goa.

Diariamente viajávamos de ônibus para conhecer as bonitas praias cobertas de coqueiros, onde mulheres vestidas com sáris e com a cabeça envolta em coloridos véus de seda entravam nas quentes águas do oceano Índico para banharem-se junto com seus esposos e filhos. Enquanto os homens usavam calções e as crianças jogavam futebol dentro d'água, as mulheres molhavam apenas as canelas. Às vezes ondas maiores as surpreendiam e suas vestes ficavam encharcadas, grudadas no corpo, um verdadeiro alvoroço.

Vez que outra cruzávamos com alguns *hippies*, remanescentes da época em que Goa era território livre, onde as drogas e as festas *raves* rolavam o ano todo, especialmente nas praias de Anjuna e Vagator. A festa acabou quando o governo central, em Nova Délhi, resolveu proibir música em lugares públicos entre dez da noite e seis da manhã, exatamente o horário preferido pelos turistas. Atualmente, muitos desses viajantes alucinógenos estão presos nas cadeias da Índia, onde o simples uso de haxixe é punido com dez anos de prisão. Outros vendem artesanato na beira da praia e moram em casas de bambu, engolidos pelo passar do tempo.

Outras vezes íamos para o interior conhecer os templos hindus reconstruídos após a saída dos portugueses. Muitos haviam sido destruídos para a construção de igrejas, agora estavam novamente sendo levantados pelos hindus.

À noite nos dedicávamos a saborear a gostosa culinária de Goa e a beber cerveja gelada nos melhores restaurantes da capital. A comida na Índia era muito barata. Mesmo a cerveja, caríssima nos outros estados, para desestimular o consumo de bebidas alcoólicas, em Goa se tornava acessível devido à ausência de impostos. Fora da temporada, a falta de turistas deixava os restaurantes com pouco movimento, freqüentados apenas pelos moradores locais, melhorando o atendimento.

Horst, que no começo da viagem queria fazer as refeições apenas nos botecos mais vagabundos porque, segundo ele, era lá que os verdadeiros indianos comiam, aos poucos foi se dando conta que eles também gostavam de bons restaurantes. E existia em Goa uma classe média freqüentando lugares mais sofisticados, restaurantes refrigerados, servidos por garçons profissionais, onde podíamos comer pratos típicos da Índia sem a necessidade de ficar em meio a imundícies e mau cheiro. Mesmo assim, sempre tínhamos grandes discussões na hora de escolher o cardápio. Gosto muito de arroz e um dos meus pratos preferidos é galinha com arroz. Frita-se galinha e cebola numa panela de ferro e depois adiciona-se o arroz, fritando um pouco mais, até deixá-lo dourado. Depois se cozinha tudo junto. Leva pimenta e todo tipo de temperos.

Na Índia havia algo parecido, um prato muito popular, presente em todos os cardápios, dos mais simples aos mais sofisticados restaurantes, chamado arroz *biryani*. Era servido com galinha, carne de carneiro, peixe ou apenas verduras. O arroz, depois de frito, era temperado com cebola, açafrão, passas e castanhas de caju. Era colocado numa panela de barro e levado ao forno. Depois, misturava-se o complemento. No caso do arroz *biryani* com galinha, ela vinha em pequenos pedaços desossados, fritos, em meio ao arroz. Além de ser muito gostoso, tinha a vantagem de dissimular os fortes temperos da cozinha indiana.

— Por que você come tanto arroz *biryani* com galinha? — Horst me perguntou uma noite.

— Porque gosto.

— Mas não é um prato indiano.

— Claro que é um prato indiano — respondi. — Tenho visto em todos os cardápios, desde Calicute.

— Arroz é um prato chinês — ele insistiu. — Como a galinha.

— Eu sei, o arroz surgiu na China, há 7.500 anos, bem como a galinha doméstica.

— É o que estou dizendo, não são naturais da Índia.

— Bem, se você for encarar dessa forma, não existe comida típica em lugar algum do mundo. Imagine-se num restaurante em Berlim. O que você vai comer? Provavelmente frango com arroz (ambos domesticados primeiramente na China) e batatas (dos Andes) ou milho (do México), temperado com pimenta-do-reino (da Índia) e uma xícara de café (da Etiópia). Veja o caso do Brasil. Nosso prato principal é o arroz com feijão, embora o feijão tenha surgido no México, há 3.500 anos. Outro exemplo é o café. O Brasil é o maior produtor mundial de café, uma verdadeira instituição nacional. Mas o café foi domesticado na Etiópia. Pelos seus critérios, o único alimento típico brasileiro seria a mandioca, surgida na Amazônia, há 3.500 anos.

— É isso que estou dizendo.

— Mas não concordo com esses critérios. Para mim, comida típica é aquela que a maioria das pessoas de um determinado local come sistematicamente, independente de onde ela tenha surgido. Até porque, se formos julgar pelos seus parâmetros, as únicas comidas típicas da Índia seriam o pepino, o gergelim, a berinjela e a pimenta-do-reino, plantas domesticadas no vale do rio Indo, há sete mil anos. E veja que ironia: o gado zebu foi domesticado na Índia, na mesma época. E hoje os indianos não comem carne bovina.

— Mas você não gosta de variar a comida — Horst me interrompeu.

— Gosto de variar, mas não me agradam os outros pratos — respondi. — Veja só, ao meio-dia, lá na praia, pedi camarão ao molho de gengibre. Sabe qual foi o único gosto que senti? Gengibre.

— Eu gosto de variar.

— Claro, você gosta de variar, e é por isso que está sempre reclamando da comida, invariavelmente achando-a ruim — alfinetei.

— A cozinha indiana está sendo uma decepção para mim — confessou ele. — Esperava comer melhor nesta viagem, especialmente porque gosto de comida apimentada.

— Exatamente por isso venho procurando fazer pequenas variações em torno de pratos com arroz, galinha e carneiro. Além do mais, o arroz até pode ser considerado um prato tipicamente local. Segundo escritos em tâmil, anteriores mesmo ao sânscrito, já era cultivado pelos dravídicos nas terras ferrosas do sul da Índia desde quinhentos anos antes de Cristo.

O Sher-E-Punjab, no segundo andar do Hotel Aroma, foi um dos melhores restaurantes encontrados na Índia. Sua cozinha era farta em vinagre, introduzido pelos portugueses, tempero pelo qual tenho grande estima. Ainda provei *tikka biryani* (pedaços de galinha com osso temperados numa mistura de molhos picantes e assados num forno de barro, servidos com arroz aromático) e carneiro *masala* (carne de carneiro desossado cozida num espesso molho aromático feito com cebola, alho, gengibre e pimenta, servido com arroz branco), *xacuti* (galinha assada com temperos picantes) e galinha portuguesa (pequenos pedaços de galinha cozidos num grosso molho de *curry* e outros temperos aromáticos não-picantes).

Como vinha acontecendo desde a primeira refeição e se estendeu até nosso último dia na Índia, a conta sempre nos era entregue num pires com sementes de anis. Em alguns estados elas vinham acompanhadas de enormes grãos de açúcar, servindo para aliviar o gosto da pimenta. Em Goa podíamos tomar a boa cerveja indiana Kingfisher e finalizar com uma generosa dose de *feni*, o licor local feito com leite de coco, ou caju, uma contribuição dos padres católicos portugueses às tradições não-alcoólicas do subcontinente. Também era possível encontrar vinho, outra herança lusa. Horst aventurou-se por um copo, mas não gostou, abandonando-o ao primeiro gole.

Outro dia fomos jantar no restaurante Ferradura, no bairro São Tomé, antiga parte portuguesa da cidade. Como o cardápio oferecia comida portuguesa, pedi uma feijoada. Veio um feijão branco cozido com pequenos pedaços de carne de porco, o caldo substituído por um denso molho de *curry*. Estava tão apimentado que não consegui comer. O cafezinho, vietnamita, não deu para beber, parecia uma água suja. Nos alto-falantes, alguém cantava *Índia*, a guarânia paraguaia.

Os passeios em Panaji eram poucos. Para os meus interesses, havia apenas dois lugares: o bairro Fantoinhas, onde restavam alguns dos antigos casarões portugueses, e a catedral, no centro da cidade. Horst gastava seu tempo caminhando pelas ruas, pesquisando um bom restaurante para jantarmos.

Em Fantoinhas ficava a capela de São Sebastião, com uma imagem de Jesus Crucificado trazida do Palácio da Inquisição, da Velha Goa.

— Esta é a única imagem existente no mundo em que Cristo está com os olhos abertos — explicou-me o sacristão, em bom português.

— Não apenas abertos, mas arregalados, quase saltando das órbitas, por certo uma influência da cultura oriental — comentei.

Na catedral de Nossa Senhora da Imaculada Conceição, construída em 1541, passava os finais das tardes conversando com alguns portugueses, pessoas ainda não conformadas com a "Libertação", como ficou conhecida a transferência do território do domínio português para o indiano. Era bom, depois de tanto tempo, voltar a falar a língua pátria.

— Antigamente isso aqui era uma maravilha — contou-me Valeriano Fernandes, 79 anos, há cinqüenta trabalhando como sacristão. — Agora está isso aí... — concluiu, espichando o beiço para mostrar a sujeira da cidade.

Jorge Meneses, 63 anos, trabalhou até 1961 como guarda auxiliar da polícia portuguesa. Começamos a conversar dentro da igreja, mas quando eu conduzi o assunto para a transferência de Goa para a Índia, pediu-me para esperar no lado de fora do prédio. Pouco mais tarde, quando saiu, pudemos falar à vontade.

— Com a Libertação, perdi o emprego, a polícia portuguesa foi extinta — explicou-me. — Por sorte, fui convidado para trabalhar na polícia indiana, onde fiquei até 1996, quando me reformei como oficial. Agora já estou há dois anos a trabalhar como vigilante aqui na igreja.

— O que mudou com a saída dos portugueses? — perguntei.

— Naquela época era muito melhor. Tínhamos de tudo. Eu ganhava 49 rupias, mas com uma rupia comprava cinqüenta cocos grandes. Hoje um coco grande custa oito rupias.

— Paguei seis rupias por um coco grande em Calicute — contei-lhe.

— Pois como o senhor vê, aqui tudo está muito mais caro — disse. — A carestia está acabando conosco — completou, pensativo, quase indiferente à minha presença.

— Onde o senhor nasceu?

— Meu pai nasceu em Portugal, meu irmão na África e eu aqui, mas sou português. Toda a minha família está morando em Lisboa, somente eu preferi continuar em Goa.

— E a economia, como ficou?

— No início os comerciantes gostaram da Libertação, agora estão todos a reclamar da carestia.

Deixamos para o final a visita à Velha Goa, a antiga capital do Império Português no sul da Ásia, nas proximidades de Panaji, para onde fomos de ônibus. No caminho uma velha senhora embarcou e postou-

Calicute, término da expedição de Vasco da Gama e início da expedição de Airton Ortiz.

Shiva representado por um ator de teatro Kathakali.

Artista popular no
expresso para Madras.

Primeira igreja cristã construída na Ásia, em Cochin, dedicada a São Francisco de Assis.

Templo dedicado a Shiva, em Madras.

Estação de trem urbano, em Madras.

Oferendas em frente ao templo, em Tirumala.

Sri Venkateshwara.

Passando a máquina: para entrar no templo, só com a cabeça raspada.

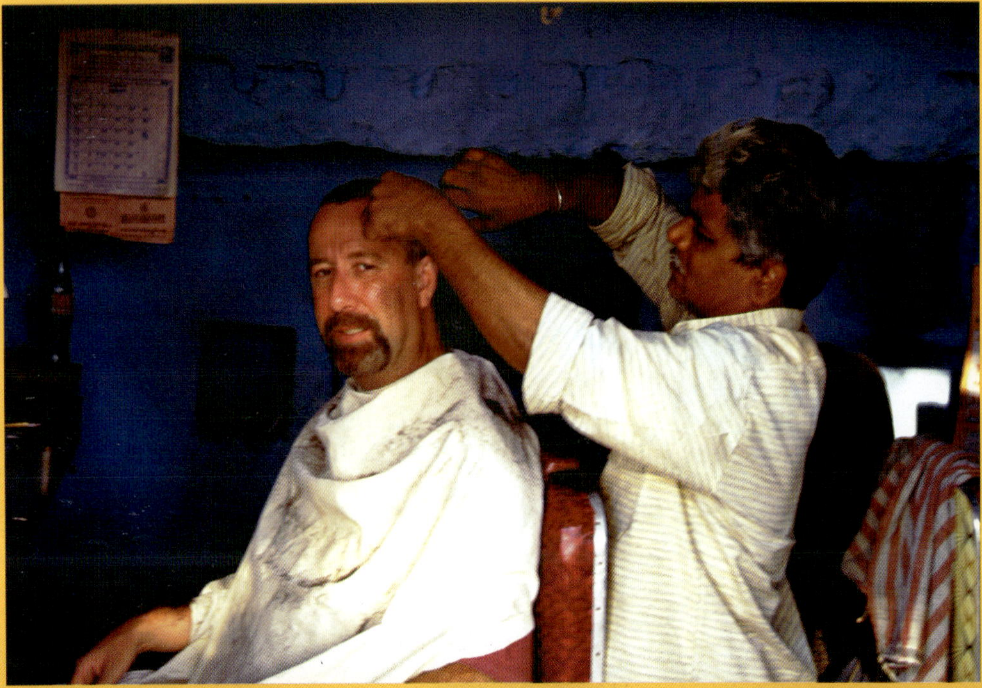

Goa, paraíso *rave* e ruas com forte influência portuguesa.

Estação Ferroviária Vitória, em Bombaim.

Lavador de roupas, em Bombaim.

Sítio arqueológico de Ajanta.

Chittorgarh, no Rajastão, com suas casas pintadas de lilás para espantar os mosquitos.

Em Udaipur, auto-riquixá e elefante, os transportes mais populares nas cidades indianas.

Imagens esculpidas nos templos indianos no Rajastão.

Habitante de Udaipur.

Nativa de uma comunidade tribal do Rajastão.

Fumador de ópio no interior do Rajastão.

Fortaleza em Jodhpur.

Horst em Jaisalmer.

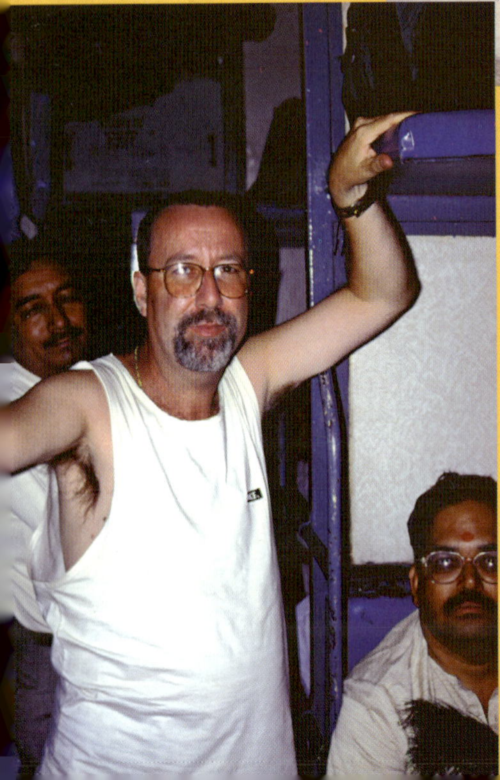

Nos trens superlotados, muitas vezes Airton fez longas viagens de pé.

Jaisalmer vista da fortaleza.

Haveli esculpida em pedra, antigo palácio do primeiro ministro de Jeis.

Noivos durante a festa de casamento em Jaisalmer.

Convidados do casamento.

Bailarina dançando para os convidados dos noivos.

Mulher chefe tribal no deserto de Thar.

Caravana cruzando o deserto de Thar, entre Índia e Paquistão.

Templo hindu em Pushkar.

Padaria indiana em Pushkar.

Templo dedicado a Brahma, em Pushkar.

Palácio dos Ventos, em Jaipur.

Peregrinos se purificando nas águas do Ganges, em Varanasi.

Mausoléu do imperador mogol Humayun, em Nova Délhi.

se ao lado do meu banco, em pé, o coletivo estava completamente lotado.

— A senhora pode sentar-se — eu disse após levantar-me, oferecendo-lhe o lugar.

— Não, obrigada — ela respondeu, encabulada.

Com os cantos dos olhos notei as pessoas me olhando com ares de reprovação, especialmente os homens. Um mal-estar tomou conta de todos. Não voltei a sentar-me, nem a senhora aceitou a minha oferta. Ficamos os dois, constrangidos, sem saber o que fazer, até o ônibus parar, um rapaz entrar e imediatamente sentar-se no banco vazio, um alívio geral. Aos poucos fui dando-me conta que, tanto nos ônibus quanto nos trens, os homens tinham a preferência nos bancos, ficando as mulheres em pé sempre que não houvesse assento disponível para todos os passageiros, mesmo quando se tratasse de senhoras idosas.

Distante seis meses de navio de Lisboa, situada às margens do rio Mandovi, mesmo antes da chegada dos portugueses Velha Goa já era uma próspera cidade, a segunda capital do sultanato de Bijapur, uma fortaleza cercada por muros e torres protegendo os templos, as mesquitas e o grande palácio do sultão Adil. Infelizmente, nenhuma dessas estruturas permaneceu em pé após a conquista portuguesa, cedendo lugar a um impressionante conjunto de doze igrejas católicas, transformando a velha cidade numa das mais importantes do Oriente. Ironicamente, na praça central, onde antes existia uma estátua de Camões, agora podíamos ver uma enorme imagem de Mahatma Gandhi. A troca foi feita quando Goa voltou ao domínio da Índia, simbólica retomada do poder pelos nativos asiáticos.

Entre as igrejas barrocas, a catedral da Sé era a maior delas. Sua construção começou em 1562, durante o reinado de D. Sebastião. Erguida pelos dominicanos, seu estilo era português gótico, toscano no exterior e corinto no interior. A torre remanescente abrigava o maior sino de Goa, comumente chamado de Sino Dourado, devido ao seu estridente som. O altar principal era dedicado a Santa Catarina de Alexandria, com pinturas laterais retratando sua vida e martírio.

Ao chegarmos na catedral, no início da manhã, estava sendo realizado um casamento. Fomos impedidos de entrar, obrigando-nos a ficar mais um dia na cidadezinha para poder conhecê-la demoradamente. Como em todas as outras igrejas no país, era costume deixar os calçados na entrada do prédio, ritual não obedecido por Horst, com preguiça de tirar seus tênis.

— Já chega precisar tirar os calçados nos templos hindus — ele disse, enquanto eu tirava as sandálias. — Aqui não faz sentido entrar de pés descalços.

A igreja de São Francisco de Assis, construída em 1661, sob o ponto de vista artístico, era a mais interessante da cidade. Seu interior era todo decorado com dourados entalhes em madeira e antigos murais contando a vida de São Francisco, além do chão revestido com lápides ricamente entalhadas.

Ao lado da igreja, o convento de São Francisco de Assis foi transformado no Museu Arqueológico, onde pude ver uma coleção de retratos de todos os vice-reis portugueses da Índia, inclusive Vasco da Gama, fragmentos de esculturas de antigos templos hindus e algumas imagens de pedra da cultura animista que floresceu nesta parte da península séculos antes da chegada dos europeus.

As igrejas estavam quase juntas, espalhadas num grande jardim muito bem cuidado. Estava quente demais para sairmos em busca de algum restaurante, então nos sentamos num quiosque ali perto e almoçamos sucos de manga, melancia, banana e abacaxi, além de caldo de cana-de-açúcar e generosos copos de *jal jeera*, uma limonada muito gostosa, misturada com sal e hortelã, vendida em todos os quiosques da Índia. Eu tinha a impressão de que quanto mais líquido tomava, mais suor escorria pelo meu corpo.

Horst estava com os braços cheios de feridas, segundo ele, conseqüência das pulgas do hotel em Panaji. Estranhei, pois não fora atacado por elas.

— Você tem certeza que isto é mordida de pulga? — perguntei. — Não se trata de alguma alergia à pimenta?

— É pulga, sim — respondeu, mostrando-me as picadas. — Veja, são diversas feridas em linha reta, bem característico das pulgas.

Ele ainda tomou um *lassi*, mas evitei a bebida à qual atribuí minha infecção estomacal em Hampi. Tomados pela preguiça, mesmo contra a vontade voltamos a visitar as igrejas.

A Basílica de Bom Jesus, uma das mais importantes igrejas do mundo católico, continha o túmulo e os restos mortais de São Francisco Xavier, a quem foi dada a missão de catequizar o Oriente, desembarcando na Índia em 1541 e falecendo dez anos mais tarde, na costa da China. Sua construção começou em 1594, concluída em 1605. Em uma das suas naves laterais, perto do altar, estava a tumba de mármore, onde repousavam os restos mortais do santo, dentro de uma caixa de prata. Ela levou dez anos para ser construída, ficando pronta em 1698. Ao redor da tumba, as paredes estavam pintadas com cenas da vida do religioso.

Antigo discípulo de Santo Inácio de Loyola, o fundador da ordem dos jesuítas, as viagens missionárias de São Francisco Xavier se tornaram lendárias e, levando em conta os transportes da época, podiam ser consideradas pequenos milagres. A Igreja acabou reconhecendo sua santidade após constatar que seu corpo permaneceu inalterado muitos anos após sua morte, não tendo sofrido nenhum tipo de decomposição, mesmo sem ter sido submetido a qualquer processo químico de mumificação.

Ainda visitamos a igreja de São Cajetão, construída no mesmo estilo da Basílica de São Pedro, em Roma, as ruínas da igreja de Santo Agostinho, a igreja e o convento de Santa Mônica, a capela de Santo Antônio, a capela de Santa Catarina e a igreja de Nossa Senhora do Rosário.

Expresso Mandovi, para Bombaim

605 km

11h

Nossa jornada até Bombaim seria terrível, quase um dia sacolejando dentro do trem. Eu havia decidido viajar num vagão refrigerado mesmo que Horst optasse pela classe *sleeper*, mas na hora de comprarmos as passagens ele usou um bom argumento, convencendo-me a acompanhá-lo no vagão comum.

— Embora não goste, venho acompanhando-o nos hotéis com ar condicionado. Então você pode acompanhar-me nos trens sem ar.

Era verdade, pensei. Não havíamos combinado esse arranjo, mas o vínhamos seguindo na prática, quase inconscientemente: nos hospedávamos em hotéis com ar, bem mais caros que os sem ar, uma exigência minha, e viajávamos nos vagões sem ar, bem mais baratos que os refrigerados, uma exigência do alemão turrão. Concordei com seu argumento, mas surgiu um problema inesperado. O Expresso Mandovi era um trem diurno e não tinha classe *sleeper*.

— Ou vocês viajam num carro climatizado ou na segunda classe — informou a vendedora no guichê da estação.

— A segunda classe não dá para encarar — argumentei com Horst.

— Os bancos da segunda classe são estofados ou de madeira? — Horst perguntou para a moça.

— São estofados, este é um expresso, não existem bancos de madeira.

Horst ficou me olhando.

— Duas passagens na segunda classe — solicitei.

— No lado direito — ele imediatamente completou —, para evitarmos o sol da tarde.

Inexplicavelmente, por mais um desses milagres que só acontecem na Índia, ao embarcarmos descobrimos que nossas reservas eram num vagão *sleeper*, não na segunda classe.

— Menos mal — disse Horst, sorrindo.

— Apesar do sol — respondi, pois com a troca do vagão nossos bancos estavam no lado esquerdo, prenunciando uma viagem escaldante.

Éramos viajantes experientes, moldados no barro da estrada, cada um com suas manias. Precisávamos ceder aqui e ali, encontrar um meio-termo, senão a viagem ficaria ainda mais conflitante do que normalmente já são as viagens realizadas na companhia de outra pessoa, principalmente quando a dupla é formada por um germânico e um latino, com ritmos de vida completamente diferentes. Tínhamos realizado diversas aventuras juntos, mas sempre seguindo alguma trilha predeterminada pelas montanhas da África, do Himalaia ou dos Andes. Pela primeira vez deparávamo-nos com um mundo de opções abertas à nossa frente, e precisávamos decidir por uma delas a cada momento. Além do mais, não buscávamos nenhum cume, tínhamos objetivos diferentes, desta vez: Horst viajava a lazer; eu queria entender a Índia.

Sabíamos da importância de continuarmos juntos, não só pela segurança, especialmente pela oportunidade de somarmos experiências que, por certo, estavam contribuindo para conhecermos a Índia mais profundamente. Seus propósitos de viver da forma mais próxima possível dos mais pobres, embora tornasse a viagem bem mais cansativa, ajudava-me a ver um país quase inacessível aos estrangeiros. Por outro lado, meu profundo conhecimento da cultura indiana, fruto da demorada preparação da viagem, estava levando-o a lugares que ele nem imaginava existirem. Interessava-me mais pelas tradições religiosas, ele pela culinária. Assim, ele me acompanhava aos templos, eu o acompanhava aos restaurantes.

Nossas acirradas discussões sobre o que tínhamos visto ou ainda iríamos ver, as diferentes interpretações da mesma realidade estavam nos possibilitando perceber a Índia com quatro olhos e dois corações. Às vezes, como era natural, nossas ambigüidades formavam imagens desfocadas; outras vezes, no entanto, transformavam nosso duplo olhar numa potente objetiva. Além disso, era uma boa oportunidade para observar mais de perto as reações de um experiente aventureiro, alguém que já estava percorrendo com uma mochila nas costas os desertos do Afeganistão enquanto eu aprendia a engatinhar.

— Por que você não caminha um pouco pelo trem? — perguntei-lhe após voltar do meu passeio, o que normalmente fazia ao embarcar, percorrendo todos os vagões possíveis, matando o tempo e bisbilhotando aqui e ali, dando asas à minha insaciável curiosidade.

— Prefiro ficar sentado — respondeu-me, sem piscar um olho, convicto da sua atitude.

Impressionava-me que passasse toda a viagem sem sair do vagão. Nem quando o trem parava nas estações e eu imediatamente pulava fora, para caminhar um pouco, ele descia. Mais tarde descobri um vagão da primeira classe completamente vazio. Entrei numa cabine, fechei a porta por dentro e viajei horas no ar-condicionado. Era fresco e confortável, mas os vidros fumês nas janelas impediam-me de ver a bonita paisagem correndo pelo lado de fora do trem. Entediado, voltei para o lado do Horst, em meio à colorida multidão.

Quando entramos no Estado de Maharashtra o garçom passou recolhendo os pedidos para o almoço. Encomendei arroz *biryani* com carneiro. Horst preferiu continuar no chá com leite, servido pelos vendedores ambulantes do próprio trem. Um garoto passou limpando o chão, achou em meio ao lixo um pequeno caramelo caído do bolso de alguma criança, cheirou-o e o colocou na boca. Dei-lhe duas bananas, deixando o pequeno varredor muito feliz. Ambos éramos dalits, párias; pertencíamos à escória do mundo. Assim, eu podia dar-lhe comida; ele podia aceitar.

— Até que não é de todo mal sermos da ralé — falei-lhe.

Ele não entendeu minha fala, nem eu entendi sua resposta, mas provavelmente não concordava comigo. Eu era um sem casta, digamos, por opção cultural. Ele, certamente, por falta de opção.

A linha Konkan, ligando Goa à Bombaim, fora concluída em 1998, um traçado moderno cortando as montanhas da cordilheira Ghats através de túneis e altos viadutos, a ferrovia mais bonita até agora. As estações eram novas e limpas, algo que chamava a atenção na Índia, onde os prédios eram mal preservados. Seguíamos tão perto da costa que às vezes podíamos ver o mar da Arábia.

No meio da tarde paramos em Ratnagiri para ceder passagem ao Expresso Rajdhani, vindo do extremo sul para Nova Délhi. Quando a pequena composição vermelha entrou triunfalmente na estação, um rapaz ao meu lado disse-me, orgulhoso:

— Este é o Rajdhani, o trem mais bonito da Índia.

Ele tinha mesmo motivo para se orgulhar. O moderno Rajdhani era um trem-leito, de longa distância, totalmente climatizado. Fazia as ligações entre Nova Délhi e algumas capitais dos principais estados do país. Sua velocidade se devia ao fato de os demais trens lhe cederem passagem, parando apenas para reabastecer. Em todos os carros existiam banheiros com chuveiro e privada no estilo ocidental, um luxo impensável nos expressos convencionais. A alimentação estava incluída no preço do bilhete, como nos aviões. Infelizmente eram pouquíssimos os horários. Embora tivesse feito mais de trinta viagens de trem enquanto estive na Índia, não consegui andar no Rajdhani, nossos roteiros e horários nunca coincidiram.

Ratnagiri não era importante apenas pela passagem do Rajdhani. No interior do município, em 1891, nasceu o dr. Bhimrao Ramji Ambedkar, um dos homens mais extraordinários na história recente da Índia. Nascido entre os intocáveis, os párias indianos, atualmente autodenominados dalits, conseguiu estudar em Bombaim, Inglaterra e Estados Unidos, voltando ao país para defender os direitos civis das pessoas mais humildes. Liderou uma grande marcha, em 1927, para que os intocáveis tivessem o direito de beber água das torneiras públicas, defendeu o acesso dos sem-casta aos templos religiosos e advogou em nome deles durante toda a vida. Seu feito mais notável foi conseguir excluir da Constituição Indiana a divisão da sociedade em castas, lei que ainda hoje está para ser cumprida, especialmente por contrariar as crenças hindus, alicerçadas no sistema de castas. Por esse motivo, Ambedkar converteu-se ao budismo em 1956, seguido por mais de três milhões de dalits. Morreu poucas semanas após sua conversão, tornando-se um santo entre os indianos contrários às castas.

O sol caindo no horizonte entrava em cheio pela janela e me ardia os olhos, apesar dos óculos de sol. As feridas nos braços do Horst, que ele jurava serem picadas de pulgas, estavam se alastrando pelas pernas e pelas costas.

— Tem certeza de que são apenas mordidas de pulga? — perguntei.

Mais por perguntar. Mesmo se fosse alguma alergia provocada pela comida, jamais admitiria. Ele carregava um repelente de insetos, passando constantemente pelos braços e pelas pernas, levantando as calças até os joelhos, para alegria dos curiosos indianos viajando ao nosso lado.

— Malditas pulgas — exclamava, enquanto explicava para os alegres rapazes o estranho remédio, vindo da Alemanha.

Ao anoitecer passamos por diversas refinarias petroquímicas com suas chaminés expelindo fogo, de tom amarelo ou azul. Cruzamos por um longo túnel e paramos em Dadar, no subúrbio de Bombaim, onde quase todas as pessoas desembarcaram. Alguns garotos subiram e recolheram as garrafas e os copos de plástico deixados pelos passageiros, em grande quantidade, embaixo dos bancos.

Pouco depois das dez da noite, exatas onze horas após sairmos da estação Karmali, em Goa, chegamos à estação Vitória, atualmente rebatizada Chhatrapati Shivaji, no coração de Bombaim, principal terminal ferroviário da ilha, local mais movimentado de toda a Índia e, segundo meu *Lonely Planet*, uma das cidades mais caras do mundo.

Precisávamos arranjar um hotel. Com as lembranças da nossa caótica chegada em Madras, poucas semanas antes, desembarcamos do trem.

Por determinação governamental, os vôos internacionais chegavam em Bombaim na madrugada, uma forma de evitar que os passageiros precisassem enfrentar o seu caótico trânsito, no deslocamento para os hotéis, durante o dia. Pode parecer-nos uma medida radical, mas quando chegamos na maior cidade da Índia, após um dia sacolejando num trem, temos uma idéia do que seja o inferno. O verdadeiro, não aquela coisa ingênua descrita por Dante.

Impossível dar um passo sem que uma tempestade humana nos acompanhasse, no costume indiano de se andar sempre uns espremidos nos outros, tentando nos vender alguma coisa, especialmente um maravilhoso e barato hotel. Logo descobrimos que o lugar mais tranqüilo ainda era dentro de um táxi, mesmo para quem buscava um hotel a apenas duas quadras de distância.

— Vamos para o hotel Manama — Horst ordenou ao taxista.

Já tínhamos visto em seu guia de viagem que era um bom lugar para ficarmos, perto da estação e dentro do nosso orçamento.

— O Hotel Manama está lotado — respondeu o motorista. — Mas conheço um ótimo hotel perto do Manama pelo mesmo preço.

— Preferimos o Manama — reiterei.

— Está lotado — ele insistiu.

— Como sabe que está lotado? — perguntei.

— Há pouco fui levar um passageiro lá e estava lotado.

Paramos em frente a um outro hotel e Horst desceu para conferir, enquanto fiquei esperando no táxi, cuidando das mochilas, sabendo o que iria acontecer.

— Nem olhei o quarto, o mais barato custa vinte dólares — disse ele, quando voltou.

— Você nos tinha dito quinze dólares — falei ao motorista.

— Pensei que fossem quinze dólares — respondeu ele.

— Deve ser mesmo quinze — falou Horst. — Com a comissão dele vai a vinte.

Visitamos mais um hotel, também acima dos preços indicados no guia, e terminamos em frente ao Hotel Vitória. Era quase meia-noite, não tínhamos jantado e não pretendíamos passar o resto do tempo procurando lugar para dormir em Bombaim. Resolvemos ficar no tal hotel, um prédio caindo aos pedaços, as escadas entulhadas de lixo, o reboco soltando-se das paredes, material de construção atravancando a porta do nosso quarto e gente mal-encarada circulando pelos corredores. Foi nossa pior hospedagem em toda a Índia. Além de dormirmos sem comer, não havia um único restaurante aberto pelas redondezas. Mesmo estando a apenas duas quadras do terminal ferroviário da maior metrópole do sul da Ásia, com seus dezesseis milhões de habitantes.

No dia seguinte fizemos as malas bem cedo, andamos uma quadra e encontramos o Hotel Manama.

— Vocês têm quarto disponível? — perguntei.

— Temos muitos — respondeu o recepcionista.

— Qual o preço da diária?

— Quinze dólares.

Horst subiu, olhou o quarto e voltou com a feliz notícia de que tinha gostado, embora a torneira da pia não fechasse por completo e a água do vaso não parasse de escorrer.

As antigas ilhas onde estava assentada a moderna Bombaim estiveram sob o poder de tradicionais dinastias hindus até o século XIV, quando foram invadidas pelos muçulmanos. Seu nome original, Mumbai, na língua marata, deriva de Mumba, a deusa adorada pelos kolis, as tribos nativas que habitavam as ilhas desde o século II antes de Cristo, e cujo templo ficava exatamente onde estava situada a estação Vitória.

Em 1534, a cidade foi cedida a Portugal pelo sultão de Gujarat, tendo seu nome aportuguesado para Bombaim e, em 1661, incluída no dote da princesa Catarina de Bragança, por ocasião do seu casamento com Carlos II, da Inglaterra. Seu nome foi anglicanizado para Bombay e, em seguida, arrendada do governo britânico pela Companhia das Índias Ocidentais, pelo valor de dez libras anuais. Com a independência, passou a fazer parte da República da Índia.

Em 1996, com a subida ao poder do partido Shiv Sena, o exército de Shiva, controlado por nacionalistas radicais, o nome recuperou sua grafia original, Mumbai. Além da própria cidade, outros nomes tradicionais também mudaram. A estação Vitória, os aeroportos Santa Cruz e Sahar foram rebatizados para Chhatrapati Shivaji, em homenagem ao herói marata que lutou contra os muçulmanos do Império Mogol. A adoção de nomes maratas, falados apenas no estado de Maharashtra, provocou muito descontentamento no resto da Índia, pois os indianos julgavam Bombaim um orgulho de todo o país e não apenas da etnia daquela região. Talvez por isso os novos nomes não tenham se popularizado, embora a vontade do governo seja incentivar as alterações. Sushil Kumar, o diplomata indiano casado com a jovem brasileira, que conheci em Joanesburgo, pediu-me para usar os nomes oficiais quando escrevesse sobre o assunto.

Em Bombaim estava o coração industrial, financeiro e cultural do sul da Ásia, um ímã atraindo as populações pobres das áreas rurais do interior, deixando-a com um pé no mercado global e outro no passado arcaico do país. A mesma metrópole que se orgulhava de ser o centro glamourizado do cinema asiático (carinhosamente chamada de Bollywood, produzia cerca de mil filmes por ano) e preservar os mais belos prédios da extraordinária arquitetura colonial européia possuía também a maior favela do continente e uma vigorosa máfia controlando até os táxis da cidade.

No dia da nossa chegada, um grande incêndio ocorrido nos laboratórios do Programa Nuclear Indiano, na vizinha cidade de Pune, havia matado seis trabalhadores, vítimas do intenso calor provocado pela explosão. Segundo o *The Times of India*, o acidente não deveria prejudicar os testes do míssil terra-ar Trishul, em fase final, nem atrasar o desenvolvimento da sua versão naval. Os duzentos cientistas e os mais de mil operários do complexo continuavam trabalhando normalmente. Além de possuírem a bomba atômica, os seguidores de *Sri* Brahma estavam dominando a tecnologia dos mísseis que jogariam nas cabeças dos muçulmanos do outro lado da fronteira.

Dividimos Bombaim em duas grandes áreas a partir da nossa localização: sul e norte da estação Vitória. Na semana anterior, duas locomotivas a vapor, completamente restauradas e atulhadas de autoridades, haviam deixado a plataforma sete rumo à vizinha Thane, refazendo a histórica viagem que há exatos 150 anos deu origem à Ferrovia Indiana.

Depois de visitarmos demoradamente o prédio, um edifício gótico mais parecendo um palacete do que um terminal ferroviário, construído em 1874, localizamos um ônibus urbano que descia para o sul e nos preparamos para o passeio. Subi para o segundo andar, um coletivo vermelho como os londrinos, e Horst resolveu tomar um *lassi* antes de embarcar. Quando o ônibus saiu, nem sinal do alemão. Naquele dia percorremos os mesmos lugares, mas somente voltamos a nos encontrar à noite, no hotel.

O Portal da Índia, uma versão fantasiosa dos arcos romanos, era uma exagerada marca colonial construída para comemorar a visita do rei britânico, em 1911. Feito com pedras basálticas amarelas e baseado na arquitetura muçulmana da região, do século XVI, estava de frente para a entrada do porto, a primeira construção avistada por quem chegava da Europa de navio. Oficialmente inaugurado em 1924, como símbolo da presença inglesa na Ásia, tornou-se obsoleto 24 anos depois, quando o último regimento cruzou seu interior e embarcou para a Inglaterra, abandonando definitivamente a Índia. Atrás do arco, num pequeno jardim, uma grande estátua eqüestre de Chhatrapati Shivaji dominava o ambiente.

Perto do arco estava localizado o impressionante hotel Taj Mahal. Construído em 1903, por um rico industrial parse, impedido de entrar num dos hotéis europeus de Bombaim por ser um nativo, é considerado o maior símbolo arquitetônico da cidade. Embora o objetivo fosse erguê-lo voltado para o mar, para receber quem chegava, um erro na interpretação do projeto criado em Paris o colocou de costas para a praia, ficando sua bela fachada frontal escondida em meio aos horrorosos prédios que o cercavam na parte velha de Bombaim. No mesmo distrito ainda era possível visitar outros prédios impressionantes projetados pelos britânicos no estilo vitoriano-indiano, como o museu Príncipe de Gales e o prédio do Iate Clube Real de Bombaim, onde fiquei com a impressão de que o tempo havia parado no final do século XIX.

Almocei no Leopoldo Café & Bar, uma verdadeira instituição indiana, construído em 1871, até hoje ponto de encontro de todos os viajantes que cruzam por Bombaim. Era possível ver americanos, chineses, alemães e até alguns indianos. Comi *akoori*. Segundo o garçom, tratava-se de ovos mágicos da culinária parse, os seguidores do profeta Zoroastro. Como pretendia visitar o templo zoroastrista nos dias seguintes, iniciei pela cozinha.

— Ovos mexidos — ele disse, quando perguntei pelos ingredientes. — São temperados com coriandro, raiz de cúrcuma em pó, alho e gengibre frescos ralados e tomate e cebola picados.

— Como são feitos? — exagerei, aproveitando-me da sua boa vontade e de seu inglês perfeito.

— O óleo é esquentado numa frigideira, onde refogamos a cebola até dourar. Então colocamos o alho, o gengibre e o sal. A seguir adicionamos o tomate e depois dois ovos batidos, o coriandro e a cúrcuma. Mexidos em fogo brando, até ficarem bem cremosos, são servidos quentes.

— Não leva pimenta? — perguntei.

— Não.

— Ótimo.

Estavam ótimos, mas logo descobri por que não levavam pimenta: não precisavam. O gosto predominante era do coriandro, um tempero muito forte feito com as folhas do coentro (no Brasil esse tempero é conhecido pelo nome da folha). Ele deixou os ovos "apimentados". Possuía um sabor doce, mas ligeiramente ardido. Não fosse a explicação do garçom, nem imaginaria estar comendo ovos. Levei algumas semanas para descobrir que na Índia nem tudo que arde é pimenta. Entendi também a sugestão do dr. Reddy para comer mais pimenta. Os pratos "apimentados" que vinha comendo nem sempre significavam pimenta, algo imprescindível para ajudar-me a digerir a forte comida indiana e manter meu organismo limpo, livrando-me das infecções intestinais.

Com o dia livre para caminhar pelo sul da ilha, fui voltando a pé para o hotel, apreciando detalhadamente os impressionantes prédios deixados pela presença britânica, especialmente a antiga Universidade de Bombaim. Parecendo uma obra de arte saída da Itália renascentista direto para o centro de uma grande metrópole asiática, seu ponto mais interessante era a torre Rajabai, com oitenta metros, cujo relógio tocava *Deus salve a Rainha* para marcar a passagem das horas. No parque em frente, crianças e adultos jogavam críquete, o esporte nacional.

Uma das sandálias não suportou os 42 graus de calor e descolou a sola, dificultando minhas andanças. Por sorte, não faltavam sapateiros trabalhando nas calçadas, podendo consertá-la logo a seguir. Ao comentar o incidente com Horst, no final da tarde, ele disse para não me preocupar com a qualidade da mão-de-obra do indiano, pois ele simplesmente havia colado as partes rompidas. O resultado do trabalho, portanto, dependia apenas do produto químico, por certo importado da Europa, e não da habilidade do sapateiro. Embora fosse um especialista no assunto, as profecias do meu amigo químico, dr. Horst Schejok, não se confirmaram.

Enquanto esperava o conserto, o rapaz me emprestou um chinelo e pude caminhar até um quiosque ali perto, tomar um *lassi* gelado. Ainda não havia voltado a beber o leite talhado desde Hampi, mas já era hora de pôr em teste o tratamento *ayurveda*.

Mesmo extasiado com o verdadeiro museu arquitetônico de Bombaim, meu maior interesse era a catedral de São Tomé. Além de ser o mais antigo de todos os prédios construídos pelos britânicos, concluída em 1718, ela possuía em seu interior uma placa em memória a Henry Robertson Bowers, um velho conhecido das páginas dos livros sobre a corrida pela conquista do pólo Sul.

Em 18 de janeiro de 1912, o explorador Robert Falcon Scott, capitão da Marinha Real Britânica, tornou-se o segundo homem a chegar ao pólo Sul geográfico da Terra, apenas 33 dias depois do norueguês Roald Amundsen, seu grande rival na corrida pela conquista do pólo. Roald Amundsen voltou para a Europa como o grande herói de tão espantoso desafio. A mesma sorte não teve Robert Scott e seus companheiros, Edward Adrian Wilson, professor da Universidade de Cambridge; tenente Henry Robertson Bowers, da Marinha Real Indiana; capitão L.E.G. Oates e o marinheiro Edgar Evans. Todos morreram, em 29 de março, na jornada de regresso ao Acampamento-base, na Grande Barreira. Só oito meses mais tarde, em 12 de novembro, seus corpos foram encontrados, amontoados dentro de uma pequena barraca, a apenas dezessete quilômetros de um depósito de comida e combustível.

"À medida que os problemas iam se tornando mais difíceis para nós, seu espírito corajoso sempre brilhava e ele continuou alegre, esperançoso e invencível até o fim", escreveu Scott em seu diário sobre Bowers, mensagem eternizada na placa de mármore branco fixada numa das paredes da catedral, em memória ao oficial indiano.

No final do dia, pouco antes de voltar para o hotel, resolvi tirar uma foto de uma grande estátua do dr. Ambedkar em meio a um pequeno jardim, numa movimentada avenida. Por sorte, perguntei antes a um guarda, o que nunca faço, se podia fotografar o grande líder indiano, defensor dos intocáveis, e ele consentiu. Enquanto estava fotografando uma viatura da polícia estacionou e o guarda desceu, caminhando rapidamente em minha direção.

— Deixe-me ver sua licença — ele disse, apontando-me grosseiramente o bastão de madeira que todos os policias indianos carregam na mão.

— Que licença? — perguntei.

Não acreditava precisar de alguma licença para fotografar uma estátua na rua. Mas, àquela altura, o que eu achava tinha muito pouco valor. Estava nas mãos da autoridade local, no caso o cara com um revólver na cintura e o tacape na mão.

— Licença para fotografar os monumentos públicos da cidade — disse ele, irritado.

Achei que teria problemas, no mínimo precisaria dar algum dinheiro para os policiais, que não me pareciam nada amistosos. Estava preparado, se eu fosse ter alguma dificuldade nas ruas da Índia, seria precisamente com a polícia.

— Pedi licença ao seu colega ali — respondi, apontando para a guarita, num dos cantos da praça.

Enquanto um dos policiais ficou comigo, o outro foi até a guarita falar com o guarda local. Os dois conversaram demoradamente, fazendo gestos e apontando para mim a todo instante. Fiquei esperando pelo resultado, enquanto guardava cuidadosamente o equipamento dentro da mochila, preparando-me para qualquer emergência. Se o outro não confirmar que me autorizou a fotografar, pensei, estou ferrado. Sou capaz até de perder a câmera. Os dois chamaram o policial ao meu lado e se juntaram numa animada discussão, por certo pensando numa maneira de anular a "licença" dada por um deles. Quando, por um breve instante, ficaram de costas para mim, cruzei a rua correndo, entrei num táxi e desapareci.

À noite descobrimos um restaurante Sher-E-Punjab, o mesmo nome do nosso bom restaurante de Goa, mas o garçom disse não haver ligação entre eles.

— *Sher* significa leão — ele explicou. — Leão do Punjab, uma alusão à melhor cozinha da Índia.

— Propaganda enganosa — cochichei para o Horst.

Enquanto jantávamos, chegaram três marinheiros de um petroleiro que descarregava no porto de Bombaim. Apresentaram-se como russos e só depois ficamos sabendo que eram armênios e georgianos. Um deles, Alexander Tsetskhladze, fazia aniversário e queriam comemorar. Como tinham apenas três horas na Índia, tempo necessário para o navio descarregar, alugaram um táxi e pediram para ser levados a um restaurante, por acaso aquele onde estávamos. Bebemos cerveja e falamos um pouco dos lugares interessantes ao redor do planeta. Como sempre acontece nessas ocasiões, Alex me convidou para visitá-lo na Geórgia, eu o convidei para visitar-me no Brasil, ambos sabendo que a visita nunca se realizaria.

No dia seguinte nos preparamos para conhecer a parte norte da cidade. Custamos a descobrir o ônibus para os Jardins Vitória, onde iniciaríamos uma grande caminhada até o famoso templo jainista no bairro

Malabar, passando no caminho pela casa de Mahatma Gandhi e a famosa Torre do Silêncio, onde os parses expunham os corpos dos seus mortos para serem devorados pelos abutres.

Passaram diversos coletivos e nada do nosso, quase uma hora de espera. Quando finalmente fomos subir no ônibus indicado, Horst notou um mapa na porta de embarque mostrando um roteiro diferente do qual havíamos planejado seguir.

— Não é este o ônibus — gritou-me Horst, virando-se para mim, logo atrás.

Ele tentou voltar, mas não conseguiu, empurrado pela multidão que também embarcava. O veículo arrancou e ficamos nos olhando, ele no lado de dentro e eu no lado de fora. Parecíamos dois caipiras, perdidos na cidade grande, engolidos pela multidão da metrópole indiana. Da próxima vez em que fôssemos embarcar num ônibus urbano, fiquei imaginando, deveríamos fazê-lo de mãos dadas. Era o nosso segundo dia em Bombaim; era a segunda vez que nos perdíamos devido ao excesso de gente na rua.

Eu havia mandado lavar minha roupa no hotel, mas àquela hora ela deveria estar noutro lugar. No começo de cada manhã os lavadores de roupas passavam nos hotéis e nas casas dos seus clientes, pegavam a roupa suja e a levavam para a *dhobi ghat*, um tanque coletivo municipal onde cinco mil homens se reuniam diariamente para lavar roupa. Depois de passar algumas horas mergulhadas numa água com sabão, elas eram batidas e postas a secar no ardente sol. Passadas em antigos ferros de carvão, voltavam no final do dia para seus donos impecavelmente limpas, embora muitas vezes com alguns botões a menos.

Vendo a cena, fiquei imaginando como fariam para saber quais roupas me pertenciam; não havia separação entre as montanhas sendo lavadas pelos diferentes homens. Esse era um segredo famoso, que os zelosos lavadores não contavam para ninguém. No final do dia as roupas limpas me foram devolvidas corretamente. Horst não confiava na maneira pouco delicada das roupas serem batidas nos tanques, preferindo lavá-las num balde no banheiro do hotel.

Minha caminhada pelas ruas sujas, poluídas e repletas de mendigos, e sob um sol diabólico, em pleno meio-dia, parecia amolecer-me a cabeça. Mesmo tomando sucos e mais sucos de manga, bebendo copos e mais copos de caldo de cana a todo instante, a sensação de desconforto era terrível. O calor descomunal, o clima ressequido, a sujeira e as grandes caminhadas me valeram um calo no calcanhar do pé direito. A sandália o deixava exposto às imundícies e a dor já se fazia presente no final de cada dia. A tira passando por cima do pé inexplicavelmente estava me machucando, embora meu calçado já tivesse rodado alguns quilômetros.

Os edifícios tinham seu concreto mofado na parte superior pelo excesso de sol, excesso de chuva, excesso de calor. Estavam encardidos na parte de baixo, conseqüência do excesso de pessoas caminhando por suas calçadas empoeiradas. Tudo em Bombaim era excessivo, do clima aos seus habitantes. Fiquei com a sensação de que os indianos construíam os prédios e os usavam até a exaustão, não se preocupando com manutenção. Do ponto de vista arquitetônico, com exceção dos edifícios históricos, tinha-se a impressão de uma cidade abandonada, a caminho de transformar-se em ruínas.

A sujeira era um capítulo à parte na cultura indiana. Não apenas as ruas sem esgoto, o lixo abandonado pelo poder público ou os prédios mal conservados. A própria classe média não levava a sério a higiene dos seus lares. A revista *Era da Mulher*, publicação em inglês e destinada às mulheres conservadoras que trabalhavam fora de casa, trazia um artigo chamando a atenção para a importância de se manter um lar limpo e bem-asseado. A reportagem citava uma professora universitária bem-sucedida na profissão cujo apartamento, situado num bairro elegante, era uma bagunça, sujo e mal-arrumado. A repórter explicava que não bastava ter uma empregada doméstica; a patroa deveria dar o exemplo, ordenando e controlando as tarefas caseiras, primando sempre pela limpeza, uma forma de manter as doenças longe da família. Era uma matéria altamente didática, detalhando como manter uma casa limpa. A linha editorial da revista procurava levar informações corriqueiras e banais às indianas em ascensão social. No Brasil, a ingenuidade dos seus artigos deixaria nossas donas de casa constrangidas; na Índia, onde as mulheres não queriam rebelar-se nem sonhar, a revista era um sucesso de vendas.

Desanimado de tanto caminhar e não encontrar alguém capaz de dar-me as informações necessárias, resolvi pegar um trem urbano para visitar a casa de Gandhi, embora meu mapa a mostrasse a apenas duas estações de distância. Embarquei num velho trem, junto com uma grande quantidade de passageiros, e me dirigi para o sul. Tão logo nos afastamos da estação, notei algo errado. O trem começou a diminuir a marcha, entrando num galpão de consertos. Desci, juntamente com os indianos, e voltamos para o terminal, caminhando em meio aos trilhos e precisando, a toda hora, nos desviarmos de outros trens passando em alta velocidade ao nosso lado.

Mani Bhavan, a casa onde Mahatma Gandhi costumava se hospedar quando visitava Bombaim, agora era um importante museu, contando um pouco da vida do mais admirado dos líderes civis indianos. Para o resto do mundo, no entanto, Gandhi sempre foi um grande enigma.

O imperialismo britânico introduziu no subcontinente indiano a modernidade: a filosofia, a ciência, a democracia política e o Estado nacional, entre outras coisas, isto é, a crítica da sua dominação a partir dos princípios do próprio sistema inglês. A região, historicamente um conglomerado de pequenos reinos inimigos entre si, descobriu o conceito de nação: de um lado os povos da península, de outro os opressores europeus.

O Congresso Nacional Indiano se reuniu pela primeira vez em 1885. O movimento nacionalista, no entanto, desde o seu nascedouro mergulhou numa grande crise devido ao choque entre os moderados, defendendo uma fase de transição para preservar as instituições administrativas, e os extremistas, desejosos da independência imediata. Além disso, os líderes hindus não admitiam outra religião senão o hinduísmo, colocando-se em choque com os líderes muçulmanos, sikhs, jainistas, budistas, parses e cristãos. Em muitos casos, as lutas pela independência eram meros motivos para facções religiosas brigarem entre si, facilitando a dominação britânica.

Mesmo após a independência essa tradição continuou manchando a história do país. Como resultado de um movimento reformista na religião hindu, no século XV, o sikhismo nasceu no norte da Índia, com a vida e os ensinamentos do Guru Nanak. Naquela época, início do Império Mogol, havia um grande desentendimento entre hindus e muçulmanos, tensão prolongada até os dias atuais. Descontente, procurando o amor divino além do conflito religioso, Guru Nanak, um sábio nascido em 1469 e morto em 1539, criou a nova religião enfatizando a unidade divina e o fato de todas as coisas terem sido criadas por Deus e dependerem dele. Para o guru, o exagerado ritualismo hindu constituía um grave obstáculo para uma relação com Deus, algo que se desenvolveria melhor pela via interior.

A sede da nova religião ficava no Templo Dourado, em Amritsar, no estado do Punjab. Cinco séculos depois, movimentos liderados por radicais tentaram emancipar a região, criando um país independente. Em 1984, para sufocar a rebelião, a primeira-ministra Indira Gandhi mandou bombardear o templo. Para vingar a profanação, ela foi, mais tarde, assassinada por um guarda-costas sikh.

Em 1920, em meio ao caos total, Mohandas Gandhi, mais tarde alcunhado Mahatma, o grande espírito, um pacifista que vinha se notabilizando por defender os direitos civis na Índia, se converteu na figura central do Congresso Nacional Indiano, consagrando-se líder único da nação, relegando as lutas internas a um segundo plano, fato inédito na grande península asiática. Sua atuação, espiritual e política, não só resolveu uma situação que parecia sem saída, mas a superou. O religioso e o político se uniram em sua figura através de dois elementos: a não-violência e a amizade com as outras comunidades religiosas, especialmente os muçulmanos.

Ao contrário do nacionalismo dos extremistas, em Gandhi a religião humanizava a política. Essa religião gandhiana não era a ortodoxa, mas uma versão reformista, aceita pelas massas porque se apoiava em sua conduta, um asceta venerado pela tradição cultural do país. Gandhi conseguiu o que não haviam conseguido os moderados: enraizar-se no povo;

ao mesmo tempo, mostrou aos extremistas que a tolerância e a não-violência não eram incompatíveis com a intransigência e a eficácia. Para as massas, Gandhi encarnou uma figura venerada por todos os hindus: o asceta que renuncia ao mundo. Para as mentes políticas e práticas, ao contrário, era o homem de ação, capaz de falar com as multidões e com as autoridades, hábil na negociação e incorruptível nos princípios.

Em 1930, ele liderou uma marcha formada por milhares de indianos até o mar, onde recolheu sal da água, um gesto simbólico contra o monopólio britânico do sal, tornando-se conhecido mundialmente. Embora tivesse passado grande parte da sua vida na cadeia, o subversivo Gandhi nunca se revoltou contra seus carcereiros, chegando a fazer uma longa greve de fome para seus seguidores aceitarem os direitos dos intocáveis.

A fusão entre o religioso e o político, o ascetismo e o sentido pragmático, foi apenas um aspecto da surpreendente concordância dos contrários que fez de Gandhi uma figura única. Foi um hindu tradicional, mas também foi um ocidental. Em seu pensamento político e em sua religião, as duas faces inseparáveis da sua personalidade, a influência do Ocidente foi profunda e claramente perceptível. Sua ação política não se fundamentou em nenhuma tradição hindu, mas no pacifismo de Tolstoi. Em sua idéia de resistência passiva é visível a influência de textos como *A desobediência civil*, do escritor norte-americano Henry David Thoreau.

Sua família era vishnuísta e ele próprio um fervoroso devoto de Vishnu. No entanto, leu e praticou o *Bhagavad Gita*, o poema filosófico e religioso onde Krishna exalta a violência como arma do guerreiro em defesa da sua causa. Lá pelas tantas, o deus diz ao seu cocheiro, o príncipe Arjuna: "O homem não se liberta unicamente pela mera renúncia. A ação também liberta."

Em Gandhi fundiram-se a tradição jainista da não-violência com o ativismo de um Tolstoi e de um Thoreau. Nele, a não-violência tinha um duplo fundamento: um, político e ético, ocidental; outro, religioso, jainista. Seu gênio consistiu em transformar a não-violência de moral religiosa pessoal em cruzada coletiva, incendiando milhões de almas não apenas na Índia, mas em todo o planeta.

Ainda que o Partido do Congresso, reunindo a elite indiana contra a presença britânica, fosse desde suas origens um movimento secular, esteve sujeito, em seus dois ramos, moderados e extremistas, às influências religiosas. Liderado pelos brâmanes, essa foi sua grande falha: jamais pôde atrair um número suficiente de muçulmanos. Até porque, para os seguidores do profeta Maomé, aos idólatras hindus é preciso converter ou exterminá-los, não há outro caminho. Para os hindus ortodoxos, todos os demais são intocáveis, criaturas impuras, indignas, portanto, de qualquer aliança. Dentro do próprio hinduísmo, os sacerdotes brâmanes sempre desprezaram os devotos não brâmanes, pertencentes a outras castas. Os devotos, por sua vez, achavam isso natural: era a tradição. Também nisso, embora não o tenha conseguido por completo, Gandhi foi uma exceção: estendeu a mão a todas as castas hindus, aos muçulmanos e aos sikhs. A religião não estorvou o político pragmático e realista. A política, por sua vez, não manchou nem turvou sua fé.

O escritor mexicano Octavio Paz, Prêmio Nobel de Literatura, foi diplomata na Índia durante muitos anos. Sobre o país, escreveu *Vislumbres da Índia*, um ensaio tentando explicar as contradições da civilização indiana. Sobre Gandhi, afirmou o seguinte:

"Sua doutrina era contraditória: era nacionalista e acreditava na democracia, mas, ao mesmo tempo, odiava a técnica, a indústria e a civilização ocidental, a qual considerava uma doença. Suas invenções, em si mesmas, perniciosas. 'Não sinto aversão pelos ingleses, sinto-a contra sua civilização.' Via na estrada de ferro e no telégrafo inventos funestos — mas os usava. Sua utopia social era uma idealização da antiga civilização hindu que não tinha mais realidade que a do homem natural de Rousseau. Sua pregação tinha um duplo e contraditório objetivo: libertar o povo indiano da dominação britânica e regressar a uma sociedade fora do tempo, dedicada à agricultura, inimiga do lucro, pacífica e crente em sua religião tradicional. Uma Arcádia povoada não por pastores apaixonados, mas por ascetas amantes de seus deuses, todos eles manifestações ou encarnações da Verdade. Nunca quis ou pôde explicar aos seus ouvintes e leitores qual era essa verdade que inspirava seus atos e suas palavras. Mas não é necessário buscar nele coerência filosófica ou sequer lógica. Não foi Sócrates, e o segredo da imensa influência que exerceu sobre seu povo não está em suas razões, mas na união do ato e da palavra a serviço de um propósito desinteressado. Não quis nem o poder nem a glória: procurou servir aos outros, especialmente os desvalidos. E isso ele provou com sua vida e sua morte."

Mahatma Gandhi foi assassinado por um hindu ortodoxo. O fanático o considerava um herege por pregar a convivência pacífica com outros dogmas religiosos, especialmente os muçulmanos. Sua luta ajudou a expulsar os ingleses, mas não impediu a divisão da Índia em três países: Índia, Paquistão e Bangladesh, o que ele considerava uma tragédia. Nos tempos do movimento pela independência os ativistas políticos, em homenagem a Gandhi, vestiam *dhotis* fabricados com pano cru, um símbolo de sacrifício e dever, de unidade com os pobres. Agora, a roupa dos políticos indianos significa poder, nada mais que isso.

Deixar o frescor da antiga casa de Gandhi entre os frondosos jardins e subir o monte Malabar foi uma odisséia, mais escaldante que uma caminhada pelo Saara. A pequena mochila me encharcava as costas, pareceu-me triplicar de peso tão logo iniciei a subida do morro em direção ao templo jainista, construído em 1904, dedicado ao primeiro *tirthankara*, um dos lugares mais importantes do mundo para essa comunidade religiosa. Pequeno, porém ricamente adornado com imagens em alto-relevo, o prédio era de uma beleza singela e ao mesmo tempo profundamente absorvente. Perguntei na portaria se poderia entrar na capela principal, sendo prontamente autorizado, precisando apenas deixar as sandálias no lado de fora. Subi as escadas, toquei um sininho na varanda, em frente à porta, avisando a deidade da minha presença, e ingressei num claustro exalando paz e harmonia.

Para o pensamento jainista, o tempo é infinito, feito de uma série de movimentos ascendentes e descendentes que duram milhões de anos. Durante cada um desses movimentos, aparecem 24 mestres, chamados *tirthankaras*, com o objetivo de reacender a fé jainista quando o mundo entra em declínio espiritual, mostrando, com seus exemplos e ensinamentos, como se libertar do ciclo de reencarnações que prende o espírito ao mundo material.

No presente movimento do tempo, o 24º *tirthankara*, Mahavira, nasceu em 599 e morreu em 527 a.C., sendo contemporâneo de Buda. Nascido no vale do Ganges, como membro principesco de uma casta guerreira hindu, renunciou ao mundo aos trinta anos de idade para se tornar um asceta errante. Depois de negar o corpo por doze anos, atingiu a iluminação. Então, converteu doze discípulos, que estruturaram seus ensinamentos nas escrituras jainistas e constituíram uma comunidade de seguidores. Mahavira morreu meditando e se tornou uma alma libertada.

Os jainistas com quem conversei explicaram-me ser toda alma potencialmente divina, podendo atingir seu verdadeiro objetivo seguindo as práticas de purificação e disciplina deixadas pelos *tirthankaras*, sem a necessidade das castas. A ênfase se dá no ascetismo, porque é desse modo que o espírito se desenreda do carma, a natureza material do universo. Um *tirthankara* não é um deus, que presta ajuda divina, mas um mestre iluminado capaz de mostrar, através dos seus ensinamentos, o caminho a ser seguido. As almas libertas residem no ápice do universo, em estado de liberdade espiritual, acima mesmo do local habitado pelos deuses. Esses são reconhecidos como sendo parte do cosmo, mas não como algo supremo a quem se possa recorrer em momentos de aflição. Como os budistas, e ao contrário dos hinduístas e cristãos, os jainistas não crêem num deus criador.

A cosmologia jainista defende a solidariedade entre todos os seres vivos. Exercer violência sobre um deles, por mais insignificante, é pecar contra o cosmo inteiro. Os sacerdotes não se alimentam durante a noite para não correr o risco de engolir algum inseto, uma agressão contra outro ser vivo. Pelo mesmo motivo, costumam usar uma máscara sobre a boca durante o dia. Os mais ortodoxos não comem nem berinjela, um prato muito comum no cardápio vegetariano indiano. Ela possui sementes internas e destruí-las seria um modo de impedir o desenvolvimento de sua vida. Baseado nessa prática, a chamada não-violência, Gandhi pregou a desobediência civil no enfrentamento com os britânicos.

Assim como o budismo, o jainismo — e mais tarde o sikhismo —, em vez de reformar o hinduísmo, acabou criando uma nova religião. Ao contrário do cristianismo, que foi se modernizando através de diversas reformas, o hinduísmo manteve sua ortodoxia inalterada, jamais admitindo uma interpretação crítica das suas Escrituras. Esse fato, mais a inexistência de um Renascimento, como aconteceu no Ocidente, manteve o homem hindu preso aos costumes milenares dos seus ancestrais, impedindo sua dessacralização.

Meu último passeio foi aos jardins onde ficava a Torre do Silêncio, uma estafante caminhada apenas para descobrir que não me deixariam visitar o local sagrado dos zoroastristas.

O zoroastrismo é a mais antiga das religiões monoteístas existentes no mundo, seguindo os ensinamentos do profeta Zoroastro até os dias atuais. As datas relativas a Zoroastro são incertas — talvez cerca de 1200 a.C. —, mas sabe-se que viveu no noroeste do atual Irã. Era um sacerdote praticante, e como a linguagem de seus hinos era difícil, a interpretação dos seus ensinamentos variava muito. Acreditava que Deus, Ahura Mazda (Sábio Senhor), o havia ensinado pessoalmente por meio de uma série de visões, chamando-o à missão. Sua doutrina foi preservada sobretudo em dezessete hinos, os Gathas, contidos no *Yasna*, parte da sagrada escritura Avesta.

A ênfase na responsabilidade pessoal é um dos pontos mais importantes para os zoroastristas, seguidores do livre-arbítrio. Segundo eles, há duas forças opostas: Ahura Mazda, um ser eternamente incriado, ou seja, que sempre existiu; a excelência do bem que criou o universo, que também é bom. Esse criador da vida e da bondade foi auxiliado pelos espíritos bons, os anjos. Oposto a ele, também incriado e original, está o perverso e destrutivo Angra Mainyu. Auxiliado pelos espíritos demoníacos, os daevas, representa o mal inequívoco. O destino de alguém depende da escolha entre eles, entre o bem e o mal, feita de forma consciente, não maquinalmente ou por tradição.

Após a morte, a alma é deixada na Ponte Chinvat, onde se dará o seu julgamento. Aqueles cujas boas ações predominarem serão levados ao paraíso; os que fizeram muitos atos maus terão suas almas conduzidas por uma velha bruxa através da ponte, que se tornará cada vez mais estreita, até precipitar o malfeitor no inferno. Zoroastro era otimista, ensinou que quando chegar o tempo do mundo se livrar do mal, a totalidade das pessoas será julgada. Os homens e o mundo passarão pelo grande rio de metal branco e quente para a purificação final.

Cadáveres são tidos como o lugar onde o demônio se encontra poderosamente presente, por isso seus mortos não podem ser sepultados na terra, jogados ao mar nem cremados, pois eles consideram a terra, a água e o fogo elementos sagrados. Os corpos são deixados expostos no alto de uma grande torre, conhecida como Torre do Silêncio, para ser devorados pelos abutres.

No século VII a.C., seus ensinamentos dispersaram-se por todo o planalto iraniano, e quando Ciro, o Grande, fundou o Império Persa, um século depois, o zoroastrismo tornou-se a religião oficial do Estado, passando a ser praticado da Grécia até o Egito e norte da Índia. Os zoroastristas são tolerantes com outras doutrinas porque seu julgamento repousa sobre os atos de cada um, não sobre suas crenças. Como resultado, influenciaram outras religiões, particularmente o judaísmo, quando os judeus estiveram exilados na Babilônia, na época em que Ciro subiu ao poder. Os anjos, o fim do mundo, o julgamento final, a ressurreição, o céu e o inferno cristãos também foram tomados das crenças zoroastristas.

Uma delas tem um significado particular para os cristãos: Zoroastro previu que o Salvador, aquele que nos trará a boa fortuna, nasceria de uma virgem, num tempo futuro. Seria produzido pelo esperma do próprio profeta, milagrosamente preservado num lago. Está aí, portanto, a origem do messias judaico e de Jesus Cristo. Essa religião, contendo muitos detalhes sofisticados expressos numa prosa envolvente acompanhando as idéias éticas até então desconhecidas era a mais poderosa do mundo nos tempos de Cristo. E já era conhecida por Platão e Aristóteles quase quinhentos anos antes da nossa era.

A história imperial do zoroastrismo terminou com as conquistas muçulmanas no século VII d.C., obrigando-os a se refugiarem na Índia, passando a ser conhecidos como parses (de Pérsia). A perseguição aos que permaneceram no Irã aumentou sob a dinastia Qajar, mas a linhagem da fé perdurou. Quando o xá Reza Pahlevi destronou o último Qajar, em 1925, houve uma trégua, por eles serem considerados a antiga nobreza do Irã. Porém, a derrocada do xá e a chegada ao poder dos aiatolás levaram muitos deles a se juntar aos que estavam dispersos pelo estrangeiro, especialmente em Bombaim, onde novas interpretações dos textos foram desenvolvidas, ligadas à teosofia ou a simplificações modernizadoras do antigo ritual.

Infelizmente não me deixaram entrar no recinto da torre, de forma que não pude acompanhar nenhuma cerimônia religiosa naquele dia. Ouvi de muitos moradores das redondezas que a ausência de abutres sobrevoando o bairro podia indicar que os parses estavam dissolvendo os corpos dos seus mortos em produtos químicos em vez de expô-los em cima da torre.

Os mendigos infestavam Bombaim, especialmente aqueles provenientes das enormes famílias morando nas calçadas. Eram muitos, e se fôssemos atender a todos não faríamos outra coisa. Nos lugares públicos, cartazes espalhados pelo governo orientavam os estrangeiros a não estimular a mendicância. Quem desejasse colaborar, poderia fazer uma doação para a Fundação Índia. A instituição havia espalhado pequenos boxes para coleta de donativos nas portarias dos hotéis. Segundo os próprios indianos com quem conversei, a corrupção era uma tradição enraizada na cultura do país, um desestímulo a mais para colaborar com a Fundação Índia. Duvidava que o dinheiro chegasse aonde deveria, mas também sabia dos efeitos nefastos da esmola. Dar ou não dar dinheiro na rua era um dos grandes conflitos pelos quais vinha passando nesta viagem, especialmente porque se contentavam com qualquer moeda, valores insignificantes. E o agradecimento era no melhor estilo indiano: um grande ritual. Eu havia decidido colaborar apenas com quem executasse algum trabalho, como os varredores nos trens ou os artistas populares que passavam tocando algum instrumento musical. Era útil na ferrovia, mas nas ruas das grandes cidades, onde os mendigos eram mais agressivos, tornara-se um critério impraticável. Seguiam-nos, puxavam nossas roupas, cutucavam-nos. Mais do que estender a mão em nossa direção, eles tocavam-nos grosseiramente com suas chagas purulentas.

Uma noite, ao voltarmos para o hotel, uma garota aproximou-se e me pediu uma moeda. Permaneci conversando com Horst, ignorando-a. Normalmente fazíamos isso. Se déssemos conversa, imediatamente um bando estaria nos rodeando, pedindo dinheiro. Ela continuou ao meu lado, com a mão esticada em minha direção, pedindo ajuda. Deveria ter a idade da minha filha Gabriela, dez anos. Também era alta e magra, porém tinha a pele bem morena e uns grandes olhos, arregalados de tristeza. Sua boca era rasgada, deixando à mostra dentes demasiadamente brancos, um contraste com sua tez escura. Trajava um vestido longo, velho e sujo. Tão encardido que a estampa do tecido havia desaparecido. Seus cabelos pretos, oleosos, presos numa única trança, desciam até a cintura, aumentados por uma fita puída. Estava descalça. Parei e lhe disse um convincente não, mas ela persistiu. Horst não havia notado minha parada, já estava lá na frente. A rua era mal iluminada, sem o menor movimento. Ela continuou me seguindo tão acintosamente que parei de novo e fui extremamente ríspido, dizendo-lhe não e mandando-a voltar, com gestos bruscos.

— Suma da minha frente! — gritei.

A mensagem que emanava dos meus olhos era de puro ódio, desprezo pela pequena mendiga importunando meu passeio pela cidade após o farto jantar. Logo hoje, que havia comido tão bem, pensei. Fui tão ríspido que a pobre garota se assustou, parou estatelada, olhou-me por alguns instantes com seus enormes olhos e virou-se, dando-me as costas. Voltou cabisbaixa, indecisa, sem saber se brincava com as manchas do asfalto ou se chorava. Seu corpo franzino arqueou-se ainda mais, desolada. Seguiu para junto da família, vivendo na calçada de uma rua lateral, protegidos por uma árvore torta, iluminados pela luz fantasmagórica de um poste público, mais atraindo mosquitos que irradiando claridade.

No hotel, não consegui dormir. Os grandes olhos tristes da garota estavam cravados na minha mente, penetravam-me a alma, turvavam-me o coração, faziam sentir-me um miserável, expunham-me diante da minha mesquinhez. Nem tanto por ter negado a esmola, mas pela forma grosseira como reagi para livrar-me dela, logo eu, para quem a generosidade é a maior virtude do ser humano. Nem podia acreditar, não me reconhecia na cena gravada na minha retina: ser grosseiro com uma menina que viera pedir-me uma insignificante moeda, um valor pelo qual jamais me abaixaria na rua para pegar. Por mais que tentasse esquecer a situação, não conseguia. Rolava-me na cama, amargurado, atormentado pelos meus próprios pensamentos. Provavelmente ela nem lembrava mais de mim, na sua simplicidade. Estava acostumada com sua existência miserável, conformava-se. Mas eu não conseguia esquecê-la, retorcia-me em remorsos.

Não sei se era a voz da razão, uma crise de consciência, como os gregos nos ensinaram. Não sei se havia atrasado o meu carma, obrigando-me a renascer neste mundo miserável mais uma dúzia de vezes. Nem sei se por causa disso a velha bruxa me levaria pela ponte, cada vez mais estreita, até precipitar-me no inferno. Ou mesmo se minha alma arderia no fogo do purgatório até o dia do juízo final. Não era isso o que me angustiava — ou era tudo isso, não sei. O fato concreto, isso sim eu sabia, era que me sentia mal, uma parte de mim estava dolorida, sofrendo. No momento, era o que importava. Notei estar tão triste e deprimido como ainda não me havia acontecido na Índia. Os olhos da garota não me deixavam em paz. Encolhi-me, enrolei-me com o lençol, cerrei as pálpebras, enfiei a cabeça embaixo do travesseiro. Ela continuava ali, na minha frente, dentro de mim.

Sem alternativa, praguejando contra minha maldita existência, prisioneiro do meu ato anterior, levantei-me, deixei o ar-condicionado do hotel e mergulhei na noite escura, um calor infernal, envolto pelo mau cheiro dos esgotos, a podridão do lixo em decomposição esparramado sobre as calçadas e a poluição química da grande cidade. Duas quadras adiante encontrei a menina, brincando com seus familiares sob os olhos enaltecidos da mãe. Fui até ela e lhe estendi algumas moedas, uns poucos centavos. Para ela e seus irmãos menores, que pararam imediatamente de brincar e vieram a ter comigo, rodeando-me, envolvendo-me numa aura de contagiante alegria infantil. O brilho de felicidade nos olhares melancólicos daquelas crianças propiciou-me um dos momentos mais sublimes de toda a minha bendita vida. E a melhor noite passada na Índia.

Como Horst e eu não conseguíamos passear juntos, decidimos nos separar propositalmente, saindo um para cada lado, antes que acabássemos mais uma vez nos perdendo em meio à multidão das ruas de Bombaim. Eu queria visitar a casa onde havia nascido Rudyard Kipling, Horst preferia conhecer o Mercado Público.

Joseph Rudyard Kipling nasceu em Bombaim, em 30 de dezembro de 1865, filho de um professor de belas-artes, numa grande casa de madeira em meio a um florido jardim, hoje residência do diretor da Escola de Arte JJ, uma tradicional instituição indiana. Precisei indagar a diversos estudantes até descobrir a casa onde o grande escritor havia nascido, e assim mesmo somente consegui localizá-la quando passei a perguntar pela residência do diretor.

Enquanto morou em Bombaim, não faltaram ao menino servos indianos para contarem-lhe as lendas estranhas e exóticas das selvas tropicais do subcontinente, matéria-prima para seus futuros livros. A governanta da casa era portuguesa e o preceptor, indiano. Como resultado, o garoto falava fluentemente o hindi e tinha dificuldades com o inglês. Aos seis anos de idade foi levado para a Inglaterra e deixado num internato, cuja diretora tratava seus alunos com castigos físicos, marcando para sempre a personalidade do criador de Mowgli. Ele voltou para a Índia em 1882, dando início à sua produtiva carreira de ficcionista.

Amigo de Mark Twain, Robert Stevenson e Henry James, Kipling romantizou como ninguém o domínio inglês na Índia, mostrando um mundo de aventuras e perigos constantes, numa época em que matar um tigre era considerado um símbolo de virilidade e poder, um esporte para os marajás e governantes britânicos.

Quando publicou *O livro da selva*, em 1894, Kipling não morava mais na Índia. A narrativa principal repousa em quatro contos sobre o menino criado pelos lobos: *Os irmãos de Mowgli*, *A caçada de Kaa*, *Tigre! Tigre!* e *A dança de Kaa*. Neles, Mowgli vai aprendendo e aplicando a Lei da Selva — que, no fim das contas, é uma metáfora de todas as leis, tanto as dos bichos quanto as dos homens. Ela determina o lugar e as ações de todos, e violá-la resulta sempre em dano e, por conseqüência, em castigo. A mensagem do escritor era simples: mesmo a selva precisa de leis, e era melhor tê-las do que não tê-las. Uma máxima na qual poderia se basear o próprio Império Britânico à época, onde a moral vitoriana servia de leme para a vida das pessoas. Como era de se esperar, *O livro da selva* fez um grande sucesso em Londres, dando origem ao *Segundo livro da selva*. Desde então, suas histórias conheceram várias adaptações para o cinema, sendo a mais famosa o desenho animado *Mowgli, o menino-lobo*, dos estúdios Walt Disney.

A melhor adaptação de Kipling para o cinema, no entanto, foi a versão do conto *O homem que queria ser rei*, dirigida por John Huston, em 1972, e interpretada por Sean Connery e Michael Caine. Um poderoso estudo sobre o colonialismo, comparável ao clássico *Lawrence da Arábia*. O livro *O homem que queria ser rei e outras histórias* foi publicado no Brasil pela Editora Record, em 1975.

Um dos textos mais importantes do autor foi *Capitães corajosos*, publicado em 1897, contando a história de um jovem filhinho-de-papai que, caído no mar, vê-se recolhido por um barco pesqueiro. O rapaz acaba sendo obrigado a trabalhar como marujo, amadurecendo e se tornando um homem, segundo os padrões da época. O livro inspirou Jack London a escrever, em 1904, *O lobo-do-mar*, uma das obras-primas do grande escritor norte-americano, um clássico entre os romances de aventura.

Rudyard Kipling ganhou o prêmio Nobel de Literatura em 1907, com apenas 42 anos de idade. Morreu em Londres, em 1936, dois dias antes da morte do neto da rainha Vitória, o rei Jorge V. Ambos foram poupados de testemunhar a decadência do Império Britânico, cerne das suas obras literárias e políticas.

Expresso Sewagram, para Jalgaon

411 km

8h10min

A principal notícia na capa do *The Times of India* era sobre o lançamento, em Bagdá, de uma peça baseada num livro escrito pelo presidente iraquiano Saddam Hussein. A obra fizera muito sucesso e o jornal informava que o teatro esteve lotado na estréia, devendo seguir o mesmo caminho do livro.

Para escândalo do Horst, resolvi almoçar no McDonald's, o único que vi na Índia. Queria dar ao meu estômago uma folga da apimentada comida indiana. O nosso conhecido Big Mac, lá chamado de Marajá Mac, estava bom, embora a carne de carneiro do bife estivesse tão apimentada que não consegui comê-la por inteiro.

— Esta é a pior comida do mundo — disse-me Horst, horrorizado, enquanto eu atacava as batatinhas fritas com uma Coca-Cola. — Não posso nem sentir o cheiro.

— Você fala assim porque não tem filhos adolescentes — expliquei-lhe.

— Já conversamos sobre isso, você sabe. Ter filhos na Alemanha sai muito caro — respondeu meu amigo, divorciado havia muito tempo e sem filhos.

— Você não vai ter a quem deixar o seu legado — falei-lhe, com a boca cheia de batatinhas.

Ele, que nunca havia lido Machado de Assis, apenas deu de ombros.

No início da tarde pegamos um trem suburbano até a estação Dadar, na periferia de Bombaim, onde embarcaríamos para Jalgaon, em visita às ruínas de Ajanta, local dos mais importantes templos budistas da Índia, considerados pela UNESCO Patrimônios da Humanidade. Embora fosse domingo, o trem urbano estava tão lotado que ficamos praticamente esmagados no meio do vagão. À medida que nos aproximávamos de Dadar, mais e mais passageiros embarcavam. Fiquei imaginando como desceríamos na estação, ainda mais com nossas pesadas mochilas.

No dia anterior havíamos passado duas horas na fila para comprar as passagens para Jalgaon. Agora, caso não conseguíssemos desembarcar em Dadar, perderíamos não só os bilhetes como as reservas, obrigando-nos a permanecer em Bombaim mais alguns dias, possibilidade que arrepiava Horst, com sua aversão pelas grandes cidades. Arrepios, aliás, com os quais eu concordava plenamente. O pior seria um de nós conseguir descer e o outro não, algo que vinha acontecendo com freqüência nos últimos dias na superpopulosa metrópole. Como as duas passagens estavam no mesmo bilhete, de nada adiantaria ficarmos separados. E mais e mais gente entrando no maldito trem. Mesmo assim, sem espaço sequer para nos coçarmos, passou um indiano vendendo canetas esferográficas.

— Três canetas pelo preço de uma — ele dizia, distribuindo as canetas e depois as recolhendo de volta. Impressionou-me mais ainda algumas pessoas comprarem as canetas, metendo-as logo no bolso da camisa, como mandava a moda local.

Posicionei-me atrás do Horst, segurando-me em sua mochila. Quando o trem parou nos jogamos em direção à porta, ignorando completamente quem estivesse aos nossos lados, atrás ou na frente, em cima ou embaixo. Avançamos distribuindo cotoveladas à esquerda e à direita, com as mochilas enganchando num e noutro. Como os vagões viajavam com as portas abertas, antes mesmo de alguém sair quem esperava na gare tentava embarcar, jogando-se para dentro. Não sei como explicar, não é racional. Não imaginava dois corpos ocupando o mesmo espaço, contrariando a lei da física. Mas na Índia acontecem coisas estranhas. Quando o trem partiu estávamos no lado de fora, sem acreditarmos, incrédulos. Havíamos conseguido desembarcar!

— Rá-rá-rá! — ele riu, em alemão.

— Rá-rá-rá-rá-rá! — eu ri, em português.

Mas nem sempre quem ri por último ri melhor, costuma-se dizer. Logo descobrimos que, embora houvéssemos comprado a passagem no dia anterior e pela primeira vez na Índia tivéssemos feito uma reserva, como mandava a lei, no trem não havia lugar para nós. Precisamos falar com dezenas, centenas, milhares de funcionários até alguém nos explicar por que não conseguíamos encontrar nosso vagão.

— Vocês estavam na lista de espera. Como não vendemos passagens suficientes para adicionar mais um carro, as reservas de vocês foram canceladas — explicou o funcionário da ferrovia, com a maior calma, como se fosse a coisa mais comum do mundo.

— Por que, ao comprarmos as passagens, não fomos informados de que estávamos na lista de espera? — perguntei.

— Por que nos venderam passagens se não existiam lugares no trem? — perguntou Horst.

O oficial se limitava a menear a cabeça, o tradicional gesto indiano que não significava nem sim nem não, muito antes pelo contrário, ou qualquer outra coisa que o seu interlocutor quisesse entender.

— Voltamos para Bombaim? — perguntou-me Horst.

— Nem pensar — respondi. — Vamos fazer como sempre fizemos: embarcar e ver o que vai acontecer.

Os trens possuíam, colada junto às portas de embarque, uma listagem com os nomes dos passageiros e seus respectivos bancos. Escolhemos um vagão onde a lista estava pela metade, localizamos um assento momentaneamente vazio e nos aboletamos. Colocamos as mochilas embaixo e ficamos esperando pelos acontecimentos. Uma ou duas horas depois, quando o chefe-de-trem passou conferindo os bilhetes, entreguei-lhe os nossos e fiquei esperando a bronca. Ele se limitou a devolver-me as passagens dizendo apenas que nossa reserva não tinha sido confirmada.

Ao nosso lado viajava um simpático casal com dois filhos. Após nos observar por um bom tempo, o senhor puxou conversa, timidamente.

— Estão gostando da Índia? — perguntou, num inglês sofrível.

— Tem gente demais — respondeu Horst. — Fica muito difícil organizar as coisas com tanta gente assim.

— Eu estou gostando muito — respondi, tentando minimizar a grosseria do meu amigo alemão. Além do mais, era verdade: estava mesmo gostando da Índia, apesar do calor terrível.

Meu gesto simpático logo foi retribuído. Na hora do lanche, a família me ofereceu deliciosos bolinhos e gostosas frutas.

— *Wada* — disse-me o senhor.

— Do que é feito? — perguntei.

— Em inglês?

— Sim, em inglês, por favor, não entendo marati.

Ele pediu para a filha, uma jovem adolescente, explicar-me, em inglês, do que era feito o bolinho.

— Batata, farinha de lentilha e temperos — explicou-me graciosamente a garota.

— Já comi algo parecido antes, quando viajava no trem para Madras — expliquei. — E este outro?

— Este é feito de cebola moída frita à milanesa.

Ofereceram-me, e aceitei, ameixas e amoras. Horst não quis compartilhar do lanche da família indiana. Eles também não tinham reservas, mas uma rápida negociação com o chefe-de-trem resolveu o assunto. Não entendi bem o acordo, falavam em marati. Apenas vi algumas rupias trocarem de mãos. Meus amigos desceram mais adiante e outras pessoas embarcaram. Algumas horas depois, naquele vagão, dos que subiram em Dadar, apenas nós continuávamos viajando. Ficamos solitários, não tínhamos mais energia para fazer novos amigos, tarefa que sempre requeria grandes esforços devido às dificuldades da língua. A notícia boa era que as feridas no corpo do Horst estavam desaparecendo.

A cidade de Nasik era famosa para os indianos por ser o local de onde o príncipe Rama e sua esposa Sita foram enviados para o exílio. Segundo o *Ramaiana*, na grande batalha então ocorrida, a irmã do demônio Ravana teve seu nariz (*nasika*) decepado pela espada do irmão de Rama, dando nome ao lugar. Noutra ocasião, os deuses e os demônios se enfrentaram numa grande luta pela posse de um cântaro contendo o néctar da imortalidade. Vishnu pegou o jarro e conseguiu voar para o céu, deixando respingar na Terra quatro gotas do líquido encantado, uma delas em Nasik. A batalha durou doze anos e os deuses finalmente triunfaram. Para comemorar a vitória, a cada doze anos é realizada a Feira do Jarro numa das cidades onde caíram as quatro gotas sagradas. A próxima, em 2003, será em Nasik, para onde deverão convergir trinta milhões de peregrinos, o maior encontro religioso do planeta.

Mas, para mim, Nasik se tornou importante por outro motivo, bem mais mundano e muito menos nobre: quando o trem parou na pequena estação, apareceram os donos dos bancos onde estávamos sentados. Não apenas eles, mas uma multidão, ocupando todos os espaços disponíveis. Aos poucos as pessoas foram se acomodando, isto é, sentando seis onde cabiam três, sentando quatro onde cabiam dois... Alguns sentaram no chão, tanto no corredor como no vestíbulo entre os dois vagões. Pensei que logo começariam a descer, não cabia mais ninguém no trem, mas a cada estação mais e mais gente embarcava.

Se levantasse o pé, para coçar a perna, ao colocá-lo novamente no chão o espaço estaria ocupado por outro pé. Se retirasse a mão de onde a estava apoiando, para coçar o nariz, quando fosse segurar-me novamente o lugar já estaria ocupado por outra mão. Se inclinasse o corpo um pouco à frente, para movimentar os músculos, precisaria continuar a viagem encurvado, o espaço deixado às minhas costas seria imediatamente preenchido por outra pessoa. Mesmo assim, vendedores de comida passavam, com seus grandes e pesados cestos de vime, pulando sobre nossas pernas. As pessoas compravam porções de doces, grãos, frutas e demais quitutes, enrolados em pedaços de jornal, e se punham a comer, jogando as sobras no chão. Os vidros das janelas estavam fechados para evitar a entrada do ar quente, impedindo que esquentasse ainda mais a fornalha em que havia se transformado o vagão. O forte cheiro das comidas, dos temperos, do suor e das roupas catinguentas dos peregrinos recém-embarcados deixava o ar espesso e pegajoso.

Os homens tinham a preferência pelos bancos. A maioria viajava sentada enquanto suas mulheres, algumas com filhos pequenos no colo, ficavam de pé ou acocoradas no corredor. Havia uma mulher muito bonita, a primeira mulher bonita que encontrei na Índia, viajando com um filho de três anos no colo, de pé, enquanto o marido, por sinal um cara muito feio, estava tranqüilamente acomodado num banco. A jovem senhora era magra, não tinha aquela barriga enorme, característica das indianas, e seu olhar era meigo e gentil. Há um bom tempo eu vinha notando os maridos tratando suas esposas com uma certa rispidez. Nas estações eles seguiam na frente e elas vinham atrás, carregando os filhos, sempre muitos, e as bagagens do casal. Estranhamente, não me pareciam contrariadas.

A rígida estrutura da sociedade indiana proporcionava uma espécie de segurança psíquica, uma ordem imponente das coisas e das pessoas. Cada um sabia onde estava e quem era, em relação a todos os demais, fossem homens, mulheres, desta ou daquela casta. Aos poucos fui formando um conceito: as pessoas na Índia não tinham o que eu classificaria como amor-próprio, a tal auto-estima, por isso podiam abrir mão das suas individualidades em prol do grupo, do clã, da casta a qual pertenciam. Isso eliminava a inveja e a própria ambição pessoal. Para eles tudo estava bom, desdenhavam mesmo dos confortos materiais.

Lá pelas tantas, não agüentando mais continuar de pé, arredei minha grande mochila e pulei para o terceiro andar do beliche, agachado sob o teto do vagão, espremido entre os ventiladores, desligados por Horst quando embarcamos, apesar do calor. Três horas depois, um senhor pediu-me para descer do banco, sua esposa queria deitar. O trem continuaria sua viagem até a manhã do dia seguinte e as pessoas começavam a se preparar para dormir, algo realmente impensável dada a forma como se acomodavam.

Andamos uma hora, duas horas; mais uma hora, e outras tantas mais, sufocados dentro do vagão. Finalmente desembarcamos em Jalgaon, uma cidade completamente fora de todos os roteiros turísticos da Índia, no interiorzão do país, o lugar mais quente que já pisei. Para nós, viajando de trem, era o mais próximo que podíamos chegar das ruínas de Ajanta.

Conseguimos um pequeno hotel a duas quadras da estação, deixamos as mochilas e saímos para jantar. Horst estava com muita fome. Mesmo tendo revisado demoradamente o quarto, quando voltei do restaurante, um pouco mais tarde, o encontrei mudando-se novamente. Havia descoberto não sei o quê, algo que não havia gostado no primeiro quarto. Estava se transferindo para outro melhor, embora este não tivesse chuveiro e a torneira da pia não fechasse por completo.

— Amanhã vamos trocar de hotel — disse ele.

— Ah, pelos deuses, homem! Troque você. Só saio daqui quando for embora — respondi, ajustando o aparelho de ar-condicionado para o máximo, descalçando as sandálias e caindo na cama.

Tomamos um ônibus comum para Fardapur, um vilarejo a 55 quilômetros de Jalgaon e a sete quilômetros de Ajanta. Desembarcamos e saímos à procura de transporte até as cavernas, enfrentando um sol desumano, de longe o dia mais quente desde o meu desembarque na Índia. Estávamos no centro do país, longe das brisas marítimas, no vale do rio Tapi, entre o planalto Decão e a cordilheira Satpura. Quando voltamos a Jalgaon, no final do dia, fomos informados no hotel de que a temperatura havia atingido 46 graus durante a tarde.

Em Fardapur alugamos um jipe e percorremos uma estradinha cheia de curvas, passando por alguns campos de algodão completamente ressequidos pelo sol, cruzamos por casebres abandonados e finalmente chegamos na entrada do sítio arqueológico, uma sucessão de quiosques ao redor de uma grande e frondosa árvore. Depois de nos livrarmos dos irritantes vendedores ambulantes, subimos uma pequena elevação e fomos percorrer as cavernas, uma extraordinária mostra da arquitetura, escultura e pintura budistas dos primórdios da civilização.

Os trinta templos foram talhados dentro da abrupta encosta rochosa externa do cânion, em forma de ferradura, do rio Waghore. Iniciado duzentos anos antes de Cristo, o paciente e minucioso trabalho foi interrompido 850 anos depois, quando as últimas cavernas foram abandonadas, incompletas, face ao crescimento do hinduísmo na Índia, relegando o budismo a outros países, como o Tibete, para onde migraram os monges mais importantes.

A maneira como foram escavadas, dentro das rochas do abismo e protegidas da visão exterior pela estreita garganta do rio, além do difícil acesso ao local, deixaram-nas esquecidas, perdendo-se no anonimato do tempo. Somente em 1819, mais de onze séculos após serem abandonadas, foram acidentalmente encontradas por John Smith, um oficial britânico, quando caçava pela região. Seu total isolamento, além do clima seco e quente, foi determinante para preservar as finíssimas pinturas e as intrincadas esculturas de seu interior.

Os cinco templos mais antigos, esculpidos dentro das cavernas centrais, na curva do cânion, pertenciam à fase Hinayana Chaitya do budismo, época em que Buda ainda não era retratado na sua forma humana, o nosso conhecido príncipe Sidartha, mas através de símbolos como pegadas no chão, estupas, árvores ou rodas representando a vida. Por isso, os templos serviam apenas para adorações a Buda, sem funções seculares.

À medida que nos afastávamos do centro em direção às duas pontas da fileira de cavernas, elas iam representando momentos mais recentes dentro da evolução do budismo. Os templos das extremidades eram os mais novos, melhor conservados. Pertenciam à fase Mahayana Vihara, funcionando também como mosteiros. Além de servirem para a adoração a Buda, já representado em sua forma humana, destinavam-se a moradia para os monges, além de serem importantes centros de estudos.

A primeira caverna, no sentido leste/oeste, uma das últimas a serem construídas, em estilo *vihara*, era sem dúvida a mais bela de todo o complexo, com os murais mais bem preservados. Sua varanda frontal, sustentada por pilastras ricamente entalhadas, conduzia, através de um portal, para um amplo salão decorado com vinte pilares e elaboradas esculturas esculpidas diretamente na rocha, além de uma série de murais, pintados nas paredes acima das portas de acesso às celas dos monges, mostrando a vida cotidiana na época de Buda. Impressionava o acurado uso das perspectivas humanas e os minuciosos detalhes das vestimentas e cenas do dia-a-dia das pessoas em atividade. Chegavam ao requinte de mostrar as diferentes expressões faciais dos rostos retratados, um trabalho finamente executado. As cores utilizadas nas pinturas foram criadas a partir de minerais encontrados na própria região, com exceção dos azuis vibrantes, feitos com lápis-lazuli trazidos da Ásia Central.

Os afrescos incluíam cenas dos *Jatakas*, contos narrando as várias vidas de Buda, e retratos de diversos *bodhisattvas*. Entre as esculturas, chamou-me a atenção a imagem de quatro antílopes dividindo uma única cabeça. Ao fundo, numa espécie de capela principal, a grande imagem de Buda podia ser vista de três ângulos, dependendo da iluminação. As luzes laterais mostravam solenidade e júbilo; quando iluminado de baixo para cima, sua face transmitia serenidade.

— Para uma estátua esculpida diretamente na rocha, há mais de um milênio, nada mal — comentei com Horst.

— Nada mal — ele concordou, também encantado com a beleza artística do templo.

No centro do complexo, a mais antiga caverna da era *chaitya* foi a primeira a ser avistada pelo oficial britânico. Seu grande interior era desprovido de esculturas, decorado somente com pinturas retratando cenas religiosas. O teto ovalado do salão principal era "sustentado" por duas fileiras de pilastras e seu interior continha apenas uma grande estupa, com três metros de altura, representando a crença budista, junto a qual os religiosos da época faziam suas adorações.

Algumas cavernas foram abandonadas na metade dos trabalhos, possibilitando-nos descobrir como foram escavadas. Uma das últimas, na outra perna da ferradura desenhada pelo cânion, se concluída, teria sido a maior delas. Podia-se ver que os trabalhadores cavavam longas galerias na rocha, sempre de cima para baixo, e depois removiam as pedras entre elas, abrindo os grandes salões. Por fim, pedreiros artesãos davam a forma definitiva ao templo, esculpindo as imagens e preparando a rocha para os pintores.

Os afrescos de Ajanta não eram tecnicamente afrescos, pois esses são pinturas feitas sobre uma superfície úmida que absorve as cores. As pinturas budistas seriam melhor classificadas como têmperas, uma vez que seus artistas usaram cola animal e resina vegetal misturados com pigmentos de tinta para colorir a superfície extremamente seca das cavernas. As asperezas das paredes rochosas, talhadas a martelo, recebiam uma fina camada de argila e esterco de vaca misturado com cascas de arroz. Depois eram cobertas com uma película de cal, produzindo a superfície lisa onde o artista aplicava as tintas. Finalmente, as pinturas eram delicadamente polidas para produzir o brilho final da obra.

Como demorávamos tempos diferentes dentro de cada templo, logo me perdi do Horst. Infelizmente, era proibido usar luz artificial para fotografar as pinturas. Como o interior das cavernas era escuro, para minha decepção as fotos tiradas em seus interiores não revelaram nada mais que borrões irreconhecíveis. Mas outras pessoas que tentaram levar para casa lembranças mais detalhadas dos templos budistas tiveram final pior, verdadeiras tragédias.

O major britânico Robert Gill trabalhou durante 27 anos em Ajanta, copiando meticulosamente as pinturas. Elas foram expostas em Londres, mas consumidas por um incêndio, em 1866. O persistente inglês retornou à Índia para recomeçar o trabalho, morrendo um ano depois. Em 1872, John Griffiths, da Escola de Artes de Bombaim, chegou ao sítio arqueológico para fazer suas próprias cópias das pinturas. Gastou treze anos para concluí-las, mas foram novamente destruídas por um incêndio num museu londrino. O Senhor Buda e seus *bodhisattvas* exigiam o monopólio das cavernas, uma graça disponível apenas a quem se aventurasse até o local.

No final da tarde, tomando copos e mais copos de limonada sob a frondosa árvore na entrada do sítio arqueológico, enquanto esperava Horst para voltarmos a Jalgaon, fiquei pensando na teoria segundo a qual o intenso calor influi no grau de desenvolvimento econômico dos países tropicais. Havia passado o dia caminhando, pegando sol entre uma caverna e outra. Até subi uma pequena montanha para avistar o complexo do mesmo ponto em que o oficial britânico descobrira Ajanta. Estava exaurido, mas meu desânimo devido ao calor era além da conta.

Sentia-me mortalmente ferido, corpo e espírito, parecia faltar-me ar para respirar. Não tinha fome nem sede, apenas uma vontade enorme de permanecer inerte. Quanto mais limonada gelada enfiava goela abaixo, mais calor parecia sentir. Por vezes, meu corpo não respondia aos desejos do cérebro, também turvo. A realidade se mostrava meio nublada, sentia não possuir o exato controle dos meus atos. Uma vontade enorme de não interferir na realidade, nas coisas acontecendo ao meu redor, invadia-me corpo e mente. Não tinha forças nem para enxotar os insistentes vendedores, ávidos por venderem-me pedras preciosas e pedaços das rochas utilizadas como ferramentas pelos monges budistas há mais de dois mil anos.

— Por amor a Ganesh, caia fora daqui — limitava-me a dizer-lhes.

Voltar para a cidade, primeiro dirigindo o velho jipe, depois esmagado num ônibus superlotado, foi extremamente penoso. O calo em meu calcanhar direito havia rachado, deixando-me temeroso de que alguma infecção pudesse surgir e me complicar a viagem.

À noite, enquanto jantava no terraço de um restaurante perto do hotel, o termômetro marcava 38 graus. A música ambiente tocava *Aquarela do Brasil* em ritmo bate-estaca, cantada em inglês. Identifiquei-me e perguntei ao gerente se sabia quem havia gravado aquele som. Ele não sabia de nada, sequer ouvira falar do Brasil em toda a sua vida. A tal música estava rodando porque fazia parte da caixa de música que havia comprado para o restaurante na semana anterior. Mais tarde, em Nova Délhi, assisti ao clipe na televisão e descobri o nome do grupo: *Vengaboys to Brasil*.

No vizinho estado de Gujarat, por onde deveríamos passar para continuarmos nossa viagem rumo ao norte, estavam acontecendo sérios conflitos entre os seguidores do profeta Maomé e os do deus Shiva. Poucas semanas antes, fundamentalistas muçulmanos haviam ateado fogo a um trem lotado com ativistas hindus, vindos de Ayodhya, cidade natal do príncipe Rama, matando 58 pessoas. Eles pretendiam construir um templo onde havia uma mesquita, destruída em 1992. Desde a sua destruição, mais de três mil pessoas tinham morrido em decorrência dos confrontos religiosos. A antiga mesquita, por sua vez, já havia sido construída sobre as ruínas de um templo hindu, na época do imperador mogol Aurangzeb.

Em represália ao ataque ao trem, fundamentalistas hindus passaram a atacar muçulmanos em todo o país, especialmente no Gujarat. Em Ahmedabad, capital do estado, 22 maometanos foram queimados vivos quando a casa onde estavam foi incendiada. Na tentativa de restaurar a ordem, a polícia matou outras seis pessoas. O Exército foi chamado e a maioria das cidades foi colocada sob toque de recolher. Insuflados por líderes religiosos dos dois lados, a violência estava aumentando. Hindus ortodoxos responsabilizavam o consumo da carne animal — galinha, carneiro e porco — como motivo para os atos violentos dos seus seguidores; líderes muçulmanos acusavam negligência por parte do governo estadual, que estaria utilizando os distúrbios para obter vantagens políticas junto ao governo federal. O número de mortos aumentava, trens eram incendiados, bairros inteiros estavam sendo saqueados.

O editorial do *The Times of India* perguntava, perplexo: "O que é a Índia? Quem é o indiano?" E respondia que se tratava de um país com mais de cinco mil anos de história secular, dividido entre duas religiões, hinduísmo e islamismo. Da mesma forma que responsabilizava a intransigência dos líderes muçulmanos por terem arrastado o país para a divisão entre duas nações, agora responsabilizava o desinteresse dos políticos hindus em proteger as minorias islâmicas.

Acompanhando a situação pelos jornais, vendo que a cada dia os conflitos se tornavam mais violentos, ofuscados apenas pela possibilidade da guerra contra o Paquistão, preocupava-me, como cristão, e, portanto, inimigo de ambas às facções em luta, visitar o Gujarat. Horst dizia que os jornalistas estavam explorando o conflito apenas para vender jornais, não acreditava que poderíamos correr algum risco viajando para Ahmedabad.

Chegamos a um impasse: entrar ou não no Gujarat? Resolvemos à maneira indiana, fatalista: eu, cara; ele, coroa. Ganhei.

Sri Pashupati, reencarnação de Vishnu, protetor dos animais, versão hindu de São Francisco de Assis, estava do meu lado. Quer dizer, do lado da moeda por mim escolhido. Nos dias seguintes, enquanto viajávamos pelo Rajastão, o conflito aumentou, dezenas de pessoas morreram, diversos trens, mesmo de passagem por Ahmedabad, foram incendiados. Os administradores das empresas estrangeiras estavam deixando o Gujarat; empresários anunciavam o cancelamento de novos investimentos no estado.

Trens comuns para Khandwa, Indore e Chittorgarh

598 km

2 dias

Nosso trem deveria passar em Jalgaon às 6h30min. Ao chegarmos à estação, às 6h15min, ele estava saindo, obrigando-nos a subir com o vagão em movimento.

Achei estranho.

O trem vinha de muito longe, sendo pouco provável estar adiantado. Como alguém na plataforma nos confirmou o destino, decidimos embarcar na corrida. Mais tarde, quando o veloz Expresso Postal Kushinagar, onde deveríamos estar, passou por nós, descobrimos haver embarcado no trem errado. Em vez do nosso expresso, estávamos numa composição comum, vinda com quatro horas de atraso.

— Pelo menos estamos indo para Khandwa, local da nossa próxima baldeação — comentei com Horst.

Tínhamos comprado as passagens no dia anterior, após estudar demoradamente os horários e os itinerários dos trens, pois necessitaríamos realizar diversas baldeações até chegarmos a Chittorgarh, no Rajastão, nosso próximo destino, bem ao norte de onde estávamos.

— Esse negócio de comprar as passagens com antecedência não está dando muito certo — foi a resposta do alemão.

— Melhor voltarmos ao jeitinho brasileiro — brinquei.

Embarcamos na classe *sleeper*. Os passageiros estavam desmanchando as camas, baixando os bancos para transformá-los em encostos, um grande tumulto. Algumas pessoas, depois de passarem a noite deitadas, dormindo, simplesmente mudavam de posição, sentando-se, abrindo espaço para os recém-chegados. Junto conosco subiram alguns garotos vendendo pequenos gravetos de *datun*, uma árvore perfumada, comprados pelos indianos para serem usados à guisa de escovas de dente, tirar da boca o gosto da noite maldormida. Outros, não tão pobres, carregavam escovas e creme dental, escovando-se no próprio local onde haviam dormido. Enchiam a boca com água trazida numa grande garrafa de plástico, gorgolejavam e cuspiam fora, por entre as grades das janelas, com o trem em movimento, formando rabos-de-galo esbranquiçados nas laterais dos vagões empoeirados.

Um dos fundamentos da religião hindu é não encostar nos lábios a vasilha com água, para não manchar o espírito, pois os utensílios domésticos são considerados impuros. Assim, eles simplesmente abriam a boca e jogavam a água garganta abaixo. Com o balanço do trem, metade de cada gole se derramava sobre o queixo, escorria pelo pescoço e molhava a roupa. Eles passavam a mão sobre os panos úmidos, para secá-los. A poeira grudava nas camisas umedecidas, deixando-os muito sujos.

— Pelo menos o espírito continua limpo — comentei com Horst, ao meu lado. Ele continuava em pé, ainda não havia conseguido lugar para sentar-se em meio àquele grande alvoroço.

Dois eunucos, vestindo coloridos sáris e usando jóias baratas, passaram contando piadas obscenas e mendigando. De forma extremamente agressiva, as grotescas figuras levantavam o vestido e mostravam seu sexo mutilado para quem não lhes desse a esmola solicitada. Deviam ter passado a noite no trem, vendendo o corpo para quem necessitasse satisfazer seus obscuros desejos sexuais.

— É a última vez que pegamos um trem tão cedo — Horst se limitou a responder, profundamente irritado com a bagunça ambulante em que havia se transformado nossa viagem.

Impossível lutar contra o peso da herança histórica do país. Precisava acostumar-me com os seus paradoxos, sua falta de lógica; resignar-me, conformar-me como os indianos faziam. Melhor atribuir os fracassos às decisões anteriores, mesmo que em vidas passadas, ser mais condescendente comigo mesmo. Caso contrário, enlouqueceria, explodiria em raiva, o que me parecia estava acontecendo com o Horst. As contradições da desorganizada Índia, especialmente suas prioridades, completamente diferente das nossas, estavam mexendo com os nervos germânicos do meu companheiro de viagem.

Saímos de Maharashtra e entramos no estado de Madhya Pradesh, o centro geográfico da Índia. Sua maior parte ficava no planalto e no verão suas temperaturas eram altíssimas, abrandadas apenas pelo clima seco. Na região estavam as maiores florestas do país, abrigando uma grande diversidade biológica, moradia de 22% de toda a população de tigres existentes no mundo. Por suas matas ainda circulavam muitos aborígines pertencentes a tribos pré-arianas, embora a maioria da população fosse indo-ariana e a língua oficial do estado seja o hindi.

Chegamos em Khandwa no meio da manhã e logo compramos passagem para Indore. Sairíamos após o meio-dia; tínhamos umas três horas na pequena cidade. Horst pegou sua pesada mochila e foi para o centro, procurar um lugar para tomar café. Fiquei no pequeno quiosque da própria estação, tomando um refrigerante à base de manga, a única coisa disponível no local, e lendo um jornal esquecido sobre a mesa. Nos encontramos na hora de embarcar. O alemão estava furioso, havia mourejado pela poeirenta cidadezinha e não encontrara um único lugar para comer, algo que o deixava transtornado.

— Não consigo me acalmar antes do desjejum — ele repetia, desolado. — Em casa, tomo dois litros de chá antes de sair para o trabalho.

Desta vez tivemos tempo para conferir o trem. Embarcamos no Expresso Khandwa/Ajmer, para Indore, no horário previsto. Este ramal da ferrovia era um dos mais antigos da Índia, com a bitola estreita, permitindo ao maquinista desenvolver uma velocidade média de apenas 26,5 quilômetros por hora. Logo vi que de expresso nosso trem tinha apenas o nome. A temperatura estava na casa dos 45 graus, e quando coloquei o termômetro para fora do vagão, o vento quente imediatamente fez o ponteiro bater nos 51 graus. Levamos mais de cinco horas para percorrer os 139 quilômetros até Indore, onde chegamos no início da noite, uma parada para jantar, dormir e continuar a viagem no dia seguinte.

Horst demorou-se muito no café da manhã. Chegamos na estação pouco antes das oito e entramos numa longa fila para comprar passagem. Na verdade existiam duas filas, uma para os homens e outra para as mulheres, mas o vendedor era o mesmo, atendendo uma pessoa de cada lado, alternadamente. Perdemos o trem e precisamos ficar esperando pelo próximo, às onze horas.

Como tinha pela frente uma longa jornada, e esperava permanecer muito tempo sentado, fiquei em pé na plataforma, enquanto aguardava, conversando com outros passageiros, tentando matar o tempo. Depois de alguns dias viajando apenas nos expressos, voltar a andar na segunda classe de um trem comum me deixava aflito. Nossa velocidade média seria de trinta quilômetros por hora. Deveríamos levar mais de dez horas para percorrer os 311 quilômetros até Chittorgarh. As longas paradas nos cruzamentos, torrando no olho do sol, para ceder lugar aos outros trens, eram de uma aflição insuportável.

— Pense no lado positivo da viagem — disse-me Horst, tentando levantar meu astral.

— E qual é o lado positivo, posso saber? — perguntei, incapaz de imaginá-lo.

— Vamos viajar um dia inteiro por menos de um dólar.

— Pela longa tromba de Ganesh, Horst! — exclamei. — Você é pão-duro demais. Se passasse um trem expresso por aqui, ou tivéssemos um ônibus com ar-condicionado, não me importaria em pagar um pouco mais para viajar com menos sofrimento.

— Ora, Ortiz, quem decidiu percorrer a Índia de trem foi você — argumentou ele.

— E você conhece outra forma de conhecer a Índia? — perguntei.

— Não.

Para meu desespero, o trem chegou completamente lotado. Não havia lugar para nós, muito menos para nossas mochilas. Foi uma dificuldade embarcar. Penosamente conseguimos colocar a bagagem embaixo dos bancos e arranjar um local para nos acomodar, em pé, espremidos entre a multidão de passageiros, a maioria sentada no chão. Foi uma experiência terrível. Além de o lugar ser mínimo, os indianos, acostumados com os apertos, iam se esparramando sobre as nossas pernas. Para evitar o contato físico, acabávamos cedendo o lugar e quando percebíamos não tínhamos espaço nem para colocar os dois pés no chão. Os moradores locais, conhecedores da falta de espaço nos trens, haviam resolvido o problema de forma bem criativa, com grandes ganchos de ferro. Enquanto estivemos parados na estação, eles prenderam os ganchos nas grades das janelas, pelo lado de fora dos vagões, e penduraram suas bagagens, deixando-as viajarem pelo lado externo da composição. Assim, não precisavam entrar nem sair do trem com suas muitas malas, maletas e sacolas, deixando os lugares internos para os passageiros.

— Uma boa idéia — disse Horst, quando lhe mostrei a engenhosidade do pessoal.

Ao meio-dia eles abriram suas bolsas e começaram a comer, especialmente arroz com *masala*. As pessoas carregavam pequenos embrulhos de jornal onde havia arroz branco. Despejavam sobre ele o molho trazido num saquinho de plástico, misturavam com os dedos e comiam com a mão. Para evitar o vento quente, as janelas estavam fechadas, encerrando dentro do vagão o forte cheiro de comida feita no óleo de coco com pimenta e demais temperos aromatizantes. A autocomiseração estava me corroendo por dentro, sentia-me alheio àquela cena, como se me tivessem pintado naquele quadro por engano. Meu corpo estava cansado, minha alma desiludida — sentia-me um pária! As rachaduras do calo em meu pé haviam se aprofundado e o sangue começava a verter por entre os sulcos doloridos, misturando-se com a poeira, formando um barro viscoso. Quando me apoiava apenas no pé direito parecia-me que um caco de vidro estilhaçado estava penetrando pelo meu calcanhar. Nunca havia baixado tanto na escala social. Se a idéia era nos aproximarmos o máximo possível da forma como os miseráveis indianos viviam, havíamos conseguido. Horst estava tão tenso que parecia ausente.

Com a graça de algum dos trezentos milhões de deuses hindus, lá pelas duas da tarde uns simpáticos rapazes, vendo a minha aflição em equilibrar-me ora num pé, ora noutro, desesperado sem ter onde descansar as mãos, convidaram-me para sentar com eles. Eram seis num banco para quatro, mas bem ao estilo indiano, onde sempre havia lugar para mais um, enfiei-me entre eles. No começo fiquei com apenas uma nádega no assento. Como aprendo rápido, no entanto, fui utilizando os modos das gentes locais, aos poucos me esparramando. Auxiliado pelo chacoalhar do trem, em breve estava bem confortável no meio da turma. Confortável à maneira indiana: sete num banco para quatro. Um deles transportava uma enorme caixa, colocada entre os dois bancos, de modo que viajávamos com as pernas no ar, apoiadas em nossos calcanhares, insistindo em resvalar da borda do banco. Algumas horas mais tarde, Horst conseguiu sentar-se, quando diversos passageiros desceram num pequeno entroncamento.

Volta e meia cruzávamos algum túnel. Com a escuridão dentro do vagão, as pessoas gritavam alegremente, felizes com o inusitado. Numa parada, o rapaz da janela comprou um saquinho de plástico com água e me ofereceu. Na parada seguinte, comprei diversos saquinhos e ofereci-lhes. Por fim, nem isso encontramos mais. Algumas horas depois fomos obrigados a comprar uma garrafa de água mineral quente, a única disponível no quiosque da pequena estação. Horst calculou sua temperatura em quarenta graus, mas bebemos com prazer. Um pouco mais adiante, nem água quente tínhamos mais para tomar.

Muitos viajavam sobre o teto do trem, obrigados a baixar as cabeças nos túneis. O calor era tão intenso que paramos diversas vezes apenas para os passageiros beberem água, servida em grandes baldes por funcionários da ferrovia estrategicamente colocados ao longo do traçado dos trilhos. Minha sede era tanta que deixei de lado as preocupações sanitárias e passei a beber da água do balde, junto com meus novos amigos indianos, sempre que o trem parava.

Cruzamos Madhya Pradesh e entramos no estado do Rajastão, a Terra dos Reis, com seus fortes, palácios e mansões, onde os príncipes colocavam a honra pessoal acima da vida e as princesas ateavam fogo ao próprio corpo para não serem maculadas nas mãos dos inimigos. Terra dos raiputes, clãs guerreiros que controlaram essa parte da Índia por mais de mil anos, na fronteira com o Paquistão, estávamos prestes a iniciar o momento mais esperado da nossa viagem.

Apesar da grande bravura, ou talvez por isso mesmo, os principados raiputes nunca conseguiram se unir contra as diversas forças estrangeiras que sucessivamente invadiram a Índia. Pelo contrário, normalmente se aliavam aos invasores para continuar lutando entre si, até que sucumbiram diante do Império Britânico. Com o avanço dos ingleses no subcontinente, muitos Estados raiputes assinaram tratados de aliança com os britânicos, os quais permitiam-lhes continuar como Estados independentes, cada qual com seu próprio marajá, submetendo-se apenas à política externa e à economia dos europeus.

Essas alianças acabaram enfraquecendo os principados, levando seus nobres a trocar as honrarias da cavalaria guerreira por uma vida luxuosa e extravagante. Os impetuosos marajás, alijados das constantes guerras que os mantinham ocupados, passaram a gastar seu tempo, dinheiro e energia viajando através do mundo acompanhados por suas inúmeras concubinas e servos, jogando pólo, apostando em corridas de cavalos e ocupando andares inteiros nos mais luxuosos hotéis da Europa e dos Estados Unidos.

Tais arroubos terminaram minando as economias dos seus ricos estados, a ponto de, quando a Índia conquistou a independência, o Rajastão ser uma das regiões mais pobres do país, com as mais baixas taxas de alfabetização e a menor expectativa de vida entre os indianos. Mesmo assim, especialmente devido às fortes tradições culturais da região, por ocasião da independência o governo federal precisou fazer uma série de concessões aos Estados raiputes para eles integrarem a União Indiana. Os marajás mantiveram seus títulos e propriedades, além de receberem uma verba anual para manter seu *status*.

Mais uma vez, no entanto, eles foram envolvidos numa manobra política que lhes surrupiou o poder. No começo da década de 70, Indira Gandhi aboliu seus títulos, acabou com a pensão oficial e encampou suas terras. Muitos sobreviveram transformando seus suntuosos palácios em luxuosos hotéis; outros afundaram em dívidas e acabaram na miséria, um triste fim para os valentes príncipes que por mais de um milênio se dedicaram a enaltecer a nobreza da cavalaria guerreira na península indiana.

O trem parecia não sair do lugar, tão vagarosamente avançava. Passaram-se muitas horas, os corredores esvaziando-se aos poucos. Lá pelas tantas, estávamos sozinhos no "nosso" banco e mais tarde éramos os únicos no enorme vagão, olhares perdidos na imensidão vazia dos campos indianos. No lusco-fusco do entardecer, nossas mentes vagavam a esmo, turvadas pelo desolado calor, fazendo suas próprias e inacabadas viagens. Parecia-me que o tempo fluía ainda mais lentamente, incapaz de acompanhar o próprio ritmo vagaroso do trem. Anoiteceu e não tínhamos idéia de onde estávamos, quantos quilômetros ainda faltavam para chegarmos; nem a quem perguntar. Às vezes eu achava que tínhamos passado há muito, tão demorada estava sendo a viagem. Se viajar espremido entre uma multidão era terrível, acabava de descobrir que viajar sozinho naquele enorme vagão era muito pior, sentia-me um fantasma, uma alma penada abandonada pelos humanos entre os quais há pouco me encontrava.

Alta noite chegamos a Chittorgarh, nosso primeiro destino no Rajastão, uma região marcada pela história e pelas tradições guerreiras do seu povo. Seu grande forte, esparramado no topo da colina de pedra, um pouco acima do nível da cidade, simbolizava o ideal romântico da cavalaria raipute. Três vezes em sua longa história foi saqueado por poderosos inimigos e, em cada uma delas, seus habitantes praticaram o *jauhar*, suicídio em massa, ritual de honra utilizado diante da impossibilidade de saírem vencedores de uma batalha extremamente desigual. Nesses grandes confrontos, quando a derrota se fazia iminente, os bravos guerreiros colocavam suas roupas sagradas, um robe cor de açafrão, abriam as portas da fortaleza e saíam ao encontro da morte, combatendo os inimigos em campo aberto até cair o último homem. Enquanto isso, dentro das muralhas da cidadela, as mulheres e crianças imolavam-se numa pira funerária. Para eles, manter a honra sempre foi mais importante do que preservar a vida.

Quando estávamos cruzando a passarela sobre os trilhos, em direção à saída da pequena estação, fomos abordados por um motorista de auto-riquixá.

— Bem-vindos à Chittorgarh — ele nos saudou.

Acertamos o preço da corrida e ele nos deixou no Hotel Meera, onde nos foi possível dormir com certo conforto e comer uma boa refeição enquanto estivemos na cidade. Curiosamente, na hora de acertarmos o preço do quarto, recebemos um desconto por não necessitarmos de nota fiscal.

— Assim, sem precisar pagar os impostos estabelecidos pelo governo estadual, posso repassar a diferença para meus hóspedes — informou o generoso gerente, uma artimanha para angariar nossa simpatia. Nas semanas seguintes viajamos por todo o Rajastão e nenhum outro hoteleiro nos falou em impostos adicionais. Por fim, combinamos com o simpático motorista do auto-riquixá um passeio pelo interior do forte, para o dia seguinte.

Motorizados, foi mais fácil subirmos a rampa em ziguezague que conduzia ao topo do morro, cruzando pelos diversos portões entre as muralhas utilizadas no passado para proteger os seus habitantes dos guerreiros inimigos. Protegidos do sol abrasador, sentados dentro do triciclo, bebendo litros e mais litros de água mineral, fomos visitando um por um os lugares históricos e de valor arquitetônico esparramados dentro da cidadela, sempre contando com as explicações detalhadas do nosso guia/motorista.

— Nem vou lhes cobrar um adicional pelas informações — foi dizendo quando paramos para ver as ruínas dos estábulos dos elefantes, dentro do palácio real, logo na entrada do complexo. — Mas se os senhores ficarem satisfeitos, aceito uma gorjeta no final do dia.

— A história de sempre — murmurou Horst.

Começavam dizendo que não queriam dinheiro, deixariam por nossa conta. Mas quando não lhes dávamos as gorjetas esperadas, ficavam amuados, criando um clima tenso. Na maioria das vezes sucumbíamos às chantagens, achando mais barato dar-lhes algumas moedas do que manter o passeio envolto num ar carregado de má vontade.

Segundo os moradores mais antigos, a localização do forte se devia a Bhim, um dos heróis citados no *Mahabharata*. Ele mandou construí-lo naquele local por sua privilegiada vista, tornando impossível a qualquer inimigo se aproximar sem ser notado de longa distância. Suas muralhas estavam encravadas no topo da colina de pedra, dificultando qualquer ataque, especialmente para proteger as belíssimas mulheres da sua dinastia, cuja beleza despertava o interesse dos mais poderosos reis do mundo então conhecido. Ironicamente, o que preservou a honra das nobres mulheres foram seus atos de coragem, não as muralhas ao redor dos seus palácios.

O palácio da famosa princesa Padmini tinha sido construído ao lado de um grande lago artificial, no topo da montanha. Havia uma ilha no centro, coberta com um pequeno pavilhão, onde ela costumava refrescar-se nos dias mais quentes do verão. Durante uma visita à Chittorgarh foi permitido ao sultão de Délhi, Ala-ud-din, ver, num espelho colocado no palácio principal, a imagem da princesa refletida na água do lago. Tamanha beleza despertou no poderoso soberano o desejo de desposá-la, mesmo que para isso precisasse destruir a cidadela.

Em 1303, a fortaleza foi cercada por Ala-ud-din: ele queria a princesa. Quando a derrota parecia inevitável, as nobres princesas, incluindo a própria Padmini, cometeram *jauhar*, enquanto os homens abandonaram os muros da cidadela e foram combater em campo aberto, morrendo todos.

Fomos levados pelos jardins do palácio e conduzidos a um pequeno salão com um enorme espelho numa das paredes, no lado oposto à janela dando para o lago. Olhando para o espelho víamos, refletida nas águas do lago, a imagem do pavilhão onde a princesa costumava sentar-se.

— Foi deste lugar que Ala-ud-din viu Padmini — mostrou-nos o motorista.

Estávamos no alto verão, o lago quase vazio, e o pavilhão de Padmini havia desbotado com o tempo, perdendo muito da beleza arquitetônica original. Mesmo assim, o reflexo prateado da água no espelho dava um toque todo especial de beleza ao cenário. Se houvesse uma bela princesa no local, poderia mesmo virar a cabeça de um rei.

Em frente ao que restou do palácio de Padmini havia um templo dedicado à deusa Kali, uma das consortes de Shiva, figura das mais importantes no panteão hindu. Diferentemente dos templos do sul do país, esse tinha a forma de uma pirâmide curvilínea construída sobre uma base poligonal, em cujo centro estava a capela principal, a cela da deusa. Esse novo modelo arquitetônico seria uma constante dali para a frente, mais uma prova da diversidade cultural da Índia. Para nossa agradável surpresa, foi-nos permitido entrar no *sanctum* principal, algo raro para não-hindus, pessoas que comem carne, consideradas impuras para freqüentar seus lugares sagrados, como eles não se cansavam de nos lembrar.

Uma das curiosidades do forte era um pequeno buraco, num dos lados da muralha, por onde eram jogados, precipício abaixo, os criminosos e traidores na época dos marajás.

Em 1535, foi a vez do xá Bahadur, sultão de Gujarat, sitiar Chittorgarh. Uma vez mais, ante a impossibilidade de continuar resistindo, sua população praticou o suicídio em massa, morrendo 32 mil guerreiros e 13 mil mulheres. Em 1568, apenas 33 anos após a grande tragédia, a cidadela foi novamente atacada, desta vez por Akbar, o grande imperador mogol. O forte foi defendido heroicamente e, uma vez mais, diante do fracasso inevitável, as mulheres praticaram *jauhar* enquanto oito mil guerreiros encontravam a morte no lado de fora das suas muralhas. Desta vez, no entanto, o marajá de Mewar, Udai Singh II, conseguiu fugir para Udaipur, onde restabeleceu sua capital.

Em 1616, o forte foi recapturado pelos mewares. Mas, com a capital do principado definitivamente estabelecida em Udaipur, ele não foi mais habitado, tornando-se, atualmente, um grande museu a céu aberto, um importante capítulo na brava história do Rajastão.

No passado, a cidade ficava dentro da fortaleza, uma área de 280 hectares no topo da montanha. Nos dias de hoje, a moderna Chittorgarh possui quase cem mil habitantes, situada no sopé da colina, fora das antigas muralhas. Suas casas, sem telhados, haviam sido pintadas de lilás, um forte contraste com a terra esturricada do desértico Rajastão.

— Uma forma de espantar os mosquitos — explicou o motorista, apontando para o colorido uniforme das casas lá embaixo.

Dentro do forte, além das ruínas dos diversos palácios, havia crematórios, torres históricas, templos hindus e jainistas, alguns com quase mil anos de idade, perfeitamente conservados, mostrando no seu *design* e nas imagens esculpidas diretamente na pedra os detalhes da rica cultura da terra dos marajás.

Expresso Rodoviário 1195, para Udaipur

112 km

3h

Após tantas viagens ferroviárias, resolvemos experimentar um ônibus. A distância era pequena, havia apenas um trem por dia, cujo horário não se encaixou em nossa programação. Além do mais, os trilhos eram de bitola estreita e passavam apenas trens comuns pela pequena cidade. O ônibus era explorado por uma empresa pública, praticando ótimos preços, nos mantendo dentro do orçamento.

Seguimos para oeste.

Embora chamassem de expresso, nosso ônibus era um veículo muito velho, sujo e abarrotado de gente. Algumas janelas não tinham vidro e as que tinham não fechavam. Não havia cortina e o sol batia direto em nossos rostos. Os bancos eram inteiriços, com lugares para três pessoas num lado do corredor e duas pessoas no outro lado. Sob nossos pés, podíamos ver o chão pelos buracos no assoalho corroído pela ferrugem. Curiosamente, não me sentia surpreso. Viajar naquelas condições me parecia a mais óbvia das coisas. Ao longo dos últimos dias, continuamente exposto às dores físicas, o desconforto não mais me atormentava. Pequenas doses de hinduísmo vinham penetrando em minha alma, moldando meu comportamento de acordo com as circunstâncias externas. Esse era o meu carma, não tinha como rompê-lo. Melhor deixar a vida fluir de forma natural. Agir sobre ela, tentar modificá-la, seria alimentar com mais energia a roda posta em movimento no início da minha existência. Conformando-me, aceitando o meu destino tal qual me fora atribuído, pagando as dívidas contraídas anteriormente e que agora me eram cobradas, renunciando a qualquer tipo de confronto, estaria aos poucos purificando meu *átma*, cada vez mais próximo da libertação total.

Parávamos constantemente e o motorista dirigia loucamente por uma estreita faixa asfaltada, sem acostamento. Tratores, carretas puxadas por camelo, caminhões e mesmo outros ônibus paravam com freqüência sobre a pista de rolamento, provocando ultrapassagens arriscadíssimas. Quando imaginávamos que nosso ônibus iria bater no veículo estacionado sobre o asfalto, o motorista bruscamente manobrava para a direita — o trânsito era em mão-inglesa — e passávamos raspando, imediatamente voltando para o lado esquerdo, conseguindo desviar de outro ônibus vindo em sentido contrário.

O baixíssimo índice de criminalidade na Índia deixava os jornais sem editoria policial.

— O valor da pessoa depende apenas da sua mente, nunca das suas posses materiais — explicou-me um indiano com quem comentei a ausência de ladrões no país.

Essas páginas, no entanto, eram fartamente substituídas pelo grande número de reportagens sobre acidentes de trânsito, o mais violento do mundo. A forma completamente alucinada como o motorista conduzia nosso "expresso" fez-me sentir saudade dos lentíssimos trens comuns utilizados até então. Paramos no meio do caminho para os passageiros beberem água numa fonte natural na beira da estrada. Mesmo a viagem sendo curta, a interrompemos mais duas vezes em pequenas aldeias para tomar sucos, chás e comer guloseimas, um banquete ambulante. Chegamos em Udaipur no final da tarde.

Como sempre acontecia na saída das estações ferroviárias, ali também havia um batalhão de auto-riquixás querendo nos mostrar as hospedarias. O gerente do Hotel Meera, em Chittorgarh, havia nos sugerido uma pousada, mas o taxista insistia em nos mostrar outras, garantindo serem melhores e mais bem localizadas. Olhamos o hotel indicado, mas ficamos indecisos, não nos parecia grande coisa. Além do mais, ficava na parte "nova" da cidade, um lugar muito barulhento e poluído, longe do que imaginávamos ser Udaipur, conhecida no Ocidente como a Veneza do Oriente, uma das cidades mais belas da Índia.

— Vocês precisam se hospedar na cidade velha, ao lado do lago — ele insistia. — Levo vocês lá, mostro alguns hotéis e, caso não gostem, os trago de volta para este hotel, de graça — concluiu, como último argumento.

— Ele falou "de graça", Ortiz? — perguntou-me Horst; não havia entendido bem o inglês do jovem raipute.

— Sim, ele quer nos mostrar outros hotéis. Caso não gostemos, nos trará de volta, de graça.

— O que estamos esperando? — disse o alemão, saltando novamente para dentro do autorriquixá.

Graças à insistência do motorista, escapamos de ficar num péssimo hotel, num bairro ainda pior. A vida girava em torno do lago Pichola, ampliado pelo marajá Udai Singh II, ao mudar sua capital para este local, fugindo ao cerco de Akbar em Chittorgarh. Udaipur, a nova cidade fundada por Udai, tinha seu centro histórico, seus palácios e seus templos ao redor das águas do grande lago, antigamente cercados pelas muralhas do antigo forte.

Por estarmos na baixa estação, após um pouco de pechincha, conseguimos nos hospedar no maravilhoso Hotel Caravancerai por um terço do preço constante na tabela afixada na recepção. O prédio tinha quatro andares, todos revestidos com mármore branco, inclusive as escadas e o piso. Cada apartamento possuía uma sacada no estilo da bela arquitetura rajastã, com seus domos e arcos de pedra. Tinha também o melhor banheiro que encontrei na Índia. O chuveiro funcionava, as torneiras fechavam por completo, a descarga do vaso estava em perfeitas condições. Havia até papel higiênico.

As janelas do quarto davam para o lago Pichola, onde podíamos ver, como se estivesse flutuando sobre as águas, o palácio Jagmandir, prédio no qual o imperador mogol xá Jahan, neto de Akbar, se inspirou para mandar construir o Taj Mahal, em Agra. Podíamos ver, na outra ilha dentro do lago, o famoso Hotel Lake Palace, antigo palácio de verão do marajá Jagat Singh II, construído em 1754. Um pouco mais longe, no cume de uma alta montanha, avistávamos o Palácio das Monções, construído pelo marajá Sajjan Singh, no final do século XIX. Ambos foram utilizados como cenário do filme *007 contra Octopussy*.

No amplo terraço, um bom restaurante e uma vista maravilhosa de Udaipur, especialmente do Palácio da Cidade, o maior do Rajastão. Sua construção foi iniciada pelo marajá Udai Singh II e ampliada pelos demais governantes nos séculos seguintes. Rodeado por torres, cúpulas e sacadas, era de impressionante beleza. Guardava uma coleção de ilustrações dos marajás mewares, considerada a mais antiga dinastia do mundo, abrangendo 76 gerações. Os marajás costumavam pesar-se sobre o arco na entrada do palácio e distribuir seu peso em ouro e prata à população. Por sobre o casario víamos a torre do templo Jagdish, construído pelo marajá Jagat Singh, em 1651, em estilo indo-ariano. Em seu interior havia uma imagem negra de Vishnu representando Jagannath, Rei do Universo.

Devido ao calor, os funcionários do hotel dormiam no terraço, ao ar livre, garantindo-nos serviço 24 horas por dia. Além do mais, éramos os únicos hóspedes. Aproveitamos as pequenas mordomias e fizemos mais uma pausa em nosso périplo indiano.

— Precisamos mudar a nossa péssima impressão a respeito dos motoristas de auto-riquixá — falei para Horst.

Ele concordou. Mesmo assim, pouco antes, ao combinarmos um passeio pela cidade para o dia seguinte, o alemão discutiu o preço com o simpático motorista por quase uma hora. Os taxistas indianos com quem vínhamos travando um verdadeiro corpo-a-corpo, escaldados por séculos e séculos de colonialismo, preferiam receber cinqüenta rupias por uma pequena esperteza do que ganhar cem rupias numa corrida honesta. Horst, por sua vez, odiava a possibilidade de ser passado para trás por um pobre asiático. Para uma mesma corrida, ele preferia pagar cem rupias de livre e espontânea vontade do que cinqüenta rupias exigidas pelo motorista. Às vezes, regateava o preço até o indiano humildemente aceitar sua oferta para, no final, vendo que a corrida valia o preço solicitado, pagar além do acordado. Desde que, é claro, essa fosse uma decisão sua; nunca uma imposição do outro. Eram negociações movidas não pelo dinheiro, mas pelo passado cultural de cada uma das partes.

— Vamos fazer compras amanhã — falei ao motorista, intervindo na discussão que se alongava sem previsão de fim. — Como você ganha comissão em todos os lugares em que nos levar, pode nos cobrar mais barato.

— Gostei dessa, Ortiz — disse-me Horst em espanhol, rindo muito, concordando com meu argumento. — Gostei dessa — repetiu, balançando a cabeça para cima e para baixo.

Deu certo.

Para entrarmos no clima dos marajás e não baixarmos o nível do ótimo hotel onde estávamos hospedados, resolvemos jantar no melhor restaurante da cidade, um terraço de onde podíamos ver todos os palácios e templos importantes construídos pelos príncipes ao longo da sua longeva dinastia. No começo Horst implicou com a pouca luz do ambiente, iluminado apenas por velas sobre as mesas.

— É para não atrair os mosquitos do lago, lá embaixo — explicou o garçom.

Horst solicitou uma água mineral, eu pedi uma cerveja.

— O senhor me desculpe — veio informar o humilde gerente —, não podemos vender bebidas alcoólicas. Não podemos vender nenhuma bebida alcoólica, não temos licença para isso.

— Ah, que é isso, meu amigo! — falei-lhe. — Estamos na terra dos marajás e do deus Ganesh. Aqui tudo é possível. Tenho certeza de que você pode conseguir uma cerveja para mim.

— Não temos licença — ele insistiu.

— E desde quando os destemidos raiputes precisam da licença de alguém para fazer algo que lhes convenha? — cutuquei, puxando pela memória histórica dele. Se é que tinha uma.

Do terraço do restaurante podíamos avistar, lá no alto do morro, a silhueta do Palácio das Monções recortada nas luzes dos holofotes. A antiga moradia do marajá de Udaipur durante a estação das chuvas havia servido como um dos cenários do filme *007 contra Octopussy*, não por acaso sendo exibido ali no restaurante, numa televisão de 29 polegadas, para entreter alguns turistas ingleses presentes.

No filme, o palácio servia de moradia para o príncipe Kamal Khan (Louis Jourdan), um contrabandista de pedras preciosas. Um pouco mais abaixo, no meio do lago, era também possível ver o antigo palácio de verão do marajá, o atual Hotel Lake Palace, utilizado como moradia da belíssima Octopussy (Maud Adams), chefe de uma organização criminosa. Kamal Khan, Octopussy e o general russo Orlov (Steven Berkoff) haviam se unido para provocar uma guerra nuclear entre a OTAN e o Pacto de Varsóvia, perigo que, sim, demandava a interferência de 007.

Antes de chegar na cidade para combater os criminosos, o agente James Bond (Roger Moore) sobrevoa de helicóptero o Taj Mahal e desce em Udaipur, um prodígio só permitido ao cinema; os dois lugares ficam a centenas de quilômetros de distância.

Embalado pela bela voz de Rita Coolidge interpretando a canção principal, era curioso ver, ao mesmo tempo na tevê e, um pouco mais ao fundo, na paisagem à nossa frente, os mesmos prédios. Realçado pela escuridão do restaurante, tínhamos a sensação de que em breve 007 entraria pela porta com seu impecável *black tie*, sentaria ao nosso lado e pediria um champanhe, dizendo: "Bond. James Bond."

Em vez do agente britânico, no entanto, quem entrou foi um garçom nos trazendo um finíssimo samovar e duas xícaras de porcelana.

— Você pediu chá? — perguntou-me Horst.

— Não.

— Não queremos chá — disse ele ao garçom, enquanto o rapaz largava o samovar sobre a mesa e nos estendia as xícaras.

Ignorando os argumentos de que não queríamos chá, ele gentilmente pegou do samovar e começou a me servir... cerveja. Gelada! Cerveja gelada sorrateiramente servida em xícaras, no escurinho do restaurante, enquanto 007 se debatia contra os marginais pelas ruas de Udaipur.

Comemos galinha *tandoori*, um prato tão gostoso que solicitei a receita ao garçom, agora já nosso íntimo, cúmplices da cerveja clandestina. Ele explicou gentilmente, esperando-me tomar nota dos ingredientes.

Você prepara um marinado com iogurte, temperando-o com páprica picante, páprica doce, *curry*, colorau, suco de limão, alho, cebola, pimenta-do-reino e sal. Depois acrescenta *garam masala* (pó liquidificado de canela, cravo-da-índia, cominho e uma pitada de cúrcuma). Coloca o marinado num pote de barro, mergulha a carne de frango sem pele e a deixa na geladeira, curtindo de um dia para o outro. No dia seguinte, espeta a carne e a coloca dentro de um *tandoor* (forno de argila em forma de um grande vaso, introduzido na Índia pelos mogóis) de maneira que ela não toque suas paredes. Aqueça o lado externo do forno com brasas e deixe o frango assar apenas com o calor interno, para evitar ressecá-lo. Enquanto estiver assando, besunte-o com *ghee* (manteiga clarificada, conseguida cozinhando-se a manteiga em fogo brando para a gordura ficar no fundo. Aproveita-se apenas a nata âmbar que se desprende).

Além da culinária, Udaipur se tornou mundialmente famosa pelas suas pinturas em estilo raipute mogol, onde as figuras humanas, as paisagens e os animais são minuciosamente elaborados a partir de desenhos em miniaturas, sendo necessário, muitas vezes, o uso de lentes para vermos os detalhes dos quadros pintados sobre finíssima seda. As cores utilizadas, extraídas de minerais da região, conferiam um toque especial a essa tradicional manifestação cultural indiana.

Desde meu desembarque no país vinha especulando os preços e a qualidade das pinturas feitas no Rajastão, a mais sofisticada das artes milenares utilizadas para enfeitar os palácios dos marajás. Pesquisando nas inúmeras galerias de arte encontradas em Bombaim, onde os ávidos vendedores, na ânsia de enfiar suas enormes mãos nos meus combalidos dólares, davam-me todas as explicações solicitadas, fui aos poucos absorvendo o conhecimento necessário para realizar uma boa compra, quando chegasse em Udaipur.

A técnica funcionou. Acabei adquirindo, na Escola Nacional de Artes, uma bonita tela mostrando um desfile do marajá de Udaipur seguido por um cortejo de elefantes, cavalos e camelos. Ao fundo, apareciam o Palácio da Cidade, o Palácio de Verão, em meio ao lago, e o Palácio das Monções, na parte alta da montanha.

As negociações duraram três dias, no melhor estilo indiano de barganhar. Como nunca aceitamos o preço estampado na etiqueta, os comerciantes, por uma questão de honra, também nunca aceitavam nossa primeira oferta, dando início a uma interminável conversa de convencimento. O gerente da galeria da Escola de Artes mostrava cada uma das telas e discorria longamente sobre a qualidade das pinturas, do material utilizado, justificando seus altos valores por se tratarem de obras únicas, além de autenticamente típicas da Índia. Eu o escutava pacientemente e depois desfilava uma infinidade de defeitos, destacando pequenas incorreções, artimanha com a qual estava bem familiarizado. Para convencer-me da justeza dos preços, convidou-me a assistir a uma aula, onde pude observar atentamente o minucioso trabalho dos pintores. Pechincha daqui, pechincha dali, pechincha de lá, no final fechamos o negócio, em grande estilo: quando eu já havia desistido da compra, um dos alunos foi levar-me a tela no hotel, aceitando a minha última oferta, um terço do preço original. Não esqueci, claro, de acrescentar uma rupia ao valor, costume indiano para trazer sorte aos negociadores.

Aos poucos ia me acostumando com o caráter dualista do povo indiano: uma astúcia refinada, fazendo deles grandes mercadores, convivendo com uma credulidade inocente, levando-os ao fatalismo religioso. Possuíam uma grande avidez pelos bens materiais ao mesmo tempo em que cultuavam o desinteresse e a pobreza extrema dos ascetas; eram donos de um realismo pragmático aliado a uma fantasia delirante. Viviam numa sociedade miserável e puritana, mas aos deuses tudo era permitido, a começar pela sensualidade dos seus ícones sagrados. A própria geografia do país era formada por rios e desertos, montanhas e planícies, estação seca e estação das chuvas. Em uma mesma foto podíamos flagrar alguém arando a terra com uma junta de bois em frente a uma usina nuclear ou uma refinaria petroquímica. Mesmo sendo um dos mais avançados centros de computação do mundo, era praticamente impossível acessar a Internet de um cibercafé, tal a lentidão do sistema.

Para subirmos ao topo da montanha onde ficava o Palácio das Monções, melhor lugar para apreciar a magnífica vista de Udaipur, contamos novamente com nosso bom amigo do auto-riquixá. A subida era íngreme, uma pequena trilha ziguezagueando pela borda do precipício, construída exatamente para dificultar o acesso, mesmo a cavalo, ao palácio onde o marajá se refugiava durante a estação das chuvas. O motorista apareceu no hotel para saber quanto eu tinha pagado pela tela, queria buscar sua comissão junto à Escola de Artes. Em troca da informação, aceitou nos levar ao alto do morro, embora não acreditássemos que seu triciclo conseguisse chegar lá em cima. Antes de sairmos em direção às montanhas ele abasteceu o veículo, colocou uma lata extra de óleo de freio e conferiu a pressão dos pneus.

— Fui lá em cima uma vez — ele nos disse, no caminho —, mas não gosto. Meu coração parece que vai sair pela boca, tenho muito medo.

— Do que você tem medo? — perguntei.

— Podemos derrapar no cascalho e despencar penhasco abaixo — respondeu. — Ou então o *auto* empinar, já que a subida é muito íngreme, e cairmos numa curva.

Achei que estava tentando valorizar a gorjeta. Mas, de qualquer forma, fomos com um pé dentro da geringonça e outro no estribo, prontos para pular fora a qualquer momento.

O carrinho bufou, soltou fumaça azulada e tremeu do começo ao fim, tanto quanto os nervos do seu agitado dono. A estrada era mesmo perigosa e o motor quase morria nas partes mais acentuadas da subida, dando-nos a impressão de que apagaria e voltaríamos de ré, despencando na primeira curva. Finalmente chegamos no topo do morro, um lugar realmente muito bonito. O palácio estava fechado, agora era administrado pelo Exército, e os macacos tomavam conta do pátio e dos seus torreões. Mas a beleza da vista valia a pena todos os riscos. Os palácios lá embaixo, refletindo o pôr-do-sol nas águas do lago, no final da seca tarde do tórrido verão, passavam-nos um pouco da magia dos velhos tempos, quando os príncipes guerreiros e as belas princesas faziam a história do glorioso Rajastão.

— Subir foi fácil — comentou Horst, quando olhamos para os peraus lá embaixo, ao embarcarmos novamente no autorriquixá, na hora de voltarmos para a cidade, sem o sol para iluminar o caminho. — Pior vai ser descer.

— Para baixo todos os deuses ajudam — comentei.

— Esse é o problema — ele falou, arregalando os olhos. — Não estou disposto a encontrar-me com Shiva tão cedo.

— Encontrar-se com Shiva não será tão ruim assim, ainda restará uma esperança. Se os hindus estiverem certos, você renascerá. Provavelmente na Índia, mas renascerá. Mas acho bem mais provável que você vá encontrar-se com Ravana — brinquei.

O alemão não achou a menor graça.

Expresso Rodoviário Ramawat, para Jodhpur

285 km

7h

Na passagem estava escrito que deveríamos estar na estação rodoviária às oito horas para sairmos às 8h30min. Chegamos às 8h10min e o ônibus já havia partido. Nosso hábil motorista acelerou o auto-riquixá e saímos atrás do coletivo, atalhando por estreitos becos, raspando nas paredes das casas, desviando das vacas ainda dormindo nas calçadas. Alcançamos o ônibus parado numa esquina, onde aflitos aldeões tentavam embarcar um pequeno carneiro.

Seguimos para o norte, uma viagem muito cansativa. Devido ao atraso não foi possível colocarmos as mochilas no bagageiro externo, sobre o teto. Ficaram atulhando o estreito corredor, obrigando quem descia ou subia a pular por cima delas, levando Horst à loucura, preocupado com os prováveis estragos. Eu há muito havia desistido de cuidar da minha. O constante sobe e desce dos trens, e agora dos ônibus, além dos autorriquixás, nas chegadas e saídas das cidades, estava acabando com ela. Além da maneira pouco cuidadosa como os funcionários dos hotéis a tratavam. Ao contrário do Horst, eu dava graças a Deus quando o hoteleiro subia para o quarto com minha bagagem. Depois de uma temporada no Alasca e outra na Índia, pretendia aposentá-la.

Quando compramos o bilhete, na véspera da viagem, nos mostraram um carro novo, bem razoável, pelo menos para os padrões indianos. A viagem com o ônibus público de Chittorgarh até Udaipur havia sido um desastre, então resolvemos optar pelo ônibus privado. Era bem mais caro e um pouco melhor, mas ainda estava longe de oferecer qualquer tipo de dignidade aos usuários. Como quase todos os serviços na Índia, eles eram robustos e chegavam ao destino prometido, mas segurança e conforto não faziam parte das preocupações dos empresários indianos com seus clientes. A única vantagem com relação aos ônibus públicos, amplamente alardeada, eram os dois bancos individuais em cada lado do corredor, cujas poltronas podiam ser reclinadas. Quer dizer: estavam sempre reclinadas, pois o meu banco havia quebrado em algum lugar e ficara caído para trás, obrigando-me a viajar numa incômoda posição.

— O capitalismo na Índia ainda está na sua fase primitiva — falei para Horst, tentando me ajeitar no desajeitado banco. — O importante para o empresário é satisfazer sua necessidade de vender sua mercadoria, ou seu serviço. Feito isso, ele cai fora e o problema passa a ser exclusivamente do cliente.

— O comércio aqui é apenas uma forma de passar o outro para trás — respondeu o alemão, ao mesmo tempo irritado com o passageiro do banco da frente. Com a janela aberta, ele deixava entrar um vento insuportavelmente quente.

— Pelo menos o comércio praticado pelas pessoas comuns, no dia-a-dia das ruas — comentei.

— Imagino que seja o mesmo em todos os níveis — ele disse, enquanto mandava o passageiro da frente fechar a janela.

Como o sujeito não entendeu, ele mesmo fechou-a, esticando-se por sobre a cabeça do pobre indiano. Com a mão na massa, o alemão virou-se para trás e fechou também a janela às nossas costas.

Não existiam ônibus diretos no país. Todos pegavam passageiros ao longo da estrada, uma parada a cada meio quilômetro, como se estivéssemos na zona urbana. As estradas não tinham acostamento, obrigando-os a parar sobre a pista de rolamento, aumentando o caos do já conturbado trânsito. Tratores, caminhões e carretas puxadas por lerdos camelos disputavam espaço com os carros de passeios, veículos militares e os ônibus superlotados.

Ao longo do percurso presenciamos três acidentes: no último, as vítimas ainda estavam sendo retiradas das ferragens de dois carros, batidos de frente numa ultrapassagem arriscada. Eu havia realizado poucas viagens pelas estradas do país, mas não me surpreendiam mais os desastres devido à forma tresloucada como os motoristas dirigiam, especialmente os dos nossos ônibus. Parecia que atraímos os mais malucos para o nosso lado.

— Os estatísticos classificam a Índia como predominantemente rural, com 70% da população morando no interior — expliquei para Horst. — Acho exatamente o contrário: este é um país urbano, como se fosse uma grande cidade. Nunca ficamos sem avistar casas ao nosso redor, independentemente da área por onde estejamos viajando.

— Isto que estamos entrando cada vez mais no deserto — concordou o alemão, fechando novamente a janela do passageiro da frente, que acabara de abri-la.

Pegamos um atalho, entrando numa estrada secundária, e seguimos por uma estreita faixa de asfalto, larga o suficiente apenas para um único veículo. As aldeias proliferavam em meio ao solo desértico, cortadas pela minúscula estradinha, obrigando o ônibus a cruzar quase raspando nas casas feitas de pedra, precisando ainda desviar das sonolentas vacas repentinamente surgidas das ruelas transversais. Quando parávamos para alguém subir, normalmente famílias inteiras com seus trajes coloridos e pés descalços, podíamos ver, pelas janelas abertas das moradias, a intimidade dos seus habitantes. O ônibus, mais que o trem, nos aproximava do povo mais pobre.

Voltamos para a estrada principal e logo paramos ao lado de uma grande fonte de água, para os passageiros descerem e matarem a sede. Seguindo o exemplo deles, peguei uma caneca de alumínio, repassada por um deles, enfiei numa enorme ânfora de argila e a enchi com uma água maravilhosamente fresca. Bebi com o precioso líquido escorrendo pelo canto da boca, descendo pelo queixo, chegando ao pescoço e empapando a camiseta amarelecida pela poeira, há muito colada ao corpo suado. Apenas mantive o cuidado de não encostar a caneca nos lábios, mantendo limpo o espírito. Horst preferiu ficar no ônibus, estava cansado demais para descer. Pela primeira vez vi cansaço no rosto do impávido alemão.

Nas proximidades de Jodhpur começou uma ventania terrivelmente quente, levantando uma fina camada de poeira, um inferno semilíquido açoitando o ônibus, vencendo as janelas e penetrando por nossas narinas, olhos e bocas, primeiro aviso da nossa aproximação da borda do deserto. Os passageiros imediatamente fecharam as janelas e a temperatura interna bateu na casa dos cinqüenta graus. Antes de chegarmos na rodoviária, numa parada mais demorada, onde quase todos desceram, um rapaz subiu e se prontificou a mostrar-nos as pousadas na área ao redor do antigo forte, no centro histórico.

— Melhor descer aqui, mais perto do forte. O centro da cidade fica mais longe — ele explicou.

A poeira levantada pelo vento invadia as lojas, esparramando uma fina camada de areia sobre os tecidos e demais produtos expostos no lado de fora dos pequenos quiosques. Calor e poeira, pensei, o pior de dois mundos. Ia comentar com Horst, mas não deu tempo, o ônibus estava esvaziando rapidamente. O garoto insistiu tanto que resolvemos aceitar sua oferta, impelidos mais por dúvidas do que por certezas. Estávamos desanimados demais para opor qualquer resistência. A Índia estava nos vencendo, dobrando nossos espíritos rebeldes como se fossem folhas secas no deserto.

Imediatamente surgiu um grupo de pessoas dispostas a nos ajudar. Por um preço razoável, claro. Retiraram as mochilas do ônibus, jogaram dentro de um enfeitado auto-riquixá — Jodhpur tinha os auto-riquixás mais coloridos e bonitos da Índia — e partimos, atabalhoadamente, ainda meio zonzos, em direção ao endereço fornecido: Haveli Guest House, indicação de um viajante francês que encontramos em Udaipur.

A pousada era ótima, uma antiga mansão de pedra de quatro andares construída em torno de um bem-cuidado jardim. Uma enorme e pesada porta de madeira dava acesso a um formidável *hall*, cuja escada em espiral subia até o terraço, onde à noite funcionava um restaurante vegetariano. Lá de cima podíamos olhar algo inusitado: uma nuvem de poeira soprando sobre o deserto e nos impedindo de ver a linha do horizonte. Fiquei com a impressão de que uma cápsula de pó encobria a cidade. Comentei com Horst e ele explicou não ser impressão, não, era realidade. Estávamos na entrada do grande deserto Thar, uma faixa de areia se estendendo até a fronteira e entrando no Paquistão, nosso destino nos dias seguintes.

O melhor foi a surpresa encontrada no interior do nosso quarto, um luxo até então desconhecido nesta viagem: uma enorme banheira! Antes mesmo de desmanchar a mochila eu a enchi de água e mergulhei no banho mais maravilhoso da minha vida. Fiquei mais feliz ainda em notar que meu calo havia cicatrizado e já estava diminuindo de tamanho. Meus pés também se adaptavam ao solo indiano. Enquanto descansava, Horst foi percorrer a cidade, estava com fome e queria encontrar logo um restaurante.

Jodhpur foi fundada em 1459 por Rao Jodha, chefe de um clã raipute conhecido como Rathores. Seus descendentes governaram não apenas Jodhpur, também outros principados raiputes. O reino rathore entrou para a história como a Terra da Morte. Diversas cenas do filme *O livro da selva*, estrelado por Sam Neill e John Cleese, baseado na obra homônima de Rudyard Kipling, foram filmadas na Cidade Azul, como Jodhpur ficou conhecida por suas casas serem externamente pintadas dessa cor.

— Antigamente o azul servia para identificar a casa de um brâmane — explicou-me Misri Khan, gerente da pousada, um simpático rapaz de 23 anos. — Mas hoje a cor serve mesmo é para espantar os mosquitos. A melhor forma de apreciar o belo efeito visual causado pelas casas azuis em meio ao deserto é subindo no forte — ele me aconselhou.

Nosso quarto era, literalmente, uma caixa de cimento adicionada ao terraço do prédio. Aquecida durante o dia pelo sol do impiedoso deserto, nem o barulhento aparelho de ar-condicionado era suficiente para refrescá-la um pouco pela noite. Só consegui dormir quando retirei o colchão da cama e o coloquei na rua, em meio ao terraço.

Após o café da manhã Horst decidiu ir ao centro, trocar dinheiro, enquanto fui conhecer a fortaleza. Seguindo as explicações do gerente, rabiscadas num pedaço de papel, subi arquejando, no calor insuportável, sob o sol escaldante, a viela de acesso ao portão de entrada do forte. Construído em ziguezague, por entre as casas dos moradores, o caminho dava voltas e mais voltas até o topo do morro.

Erguido no alto de uma abrupta colina rochosa, com 125 metros de altura, o forte Meherangarh ainda era administrado pelo marajá de Jodhpur, sendo o mais bem-conservado do Rajastão. Entre os sete portões de acesso ao seu interior, destacavam-se Fatehpol, construído pelo marajá Ajit Singh, para comemorar sua vitória sobre os mogóis, e Lohapol, onde a viúva do marajá Man Singh imolou-se após a morte do marido, em 1843. O local, considerado sagrado pelos hindus, estava marcado com guirlandas de flores e diversas pessoas faziam suas *pujas* embaixo da marca de quinze dedos encravada na pedra, determinando o exato lugar onde fora erguida a pira para a prática do *sati*, cerimônia em que, ao atear fogo ao próprio corpo, a mulher se transformava numa das esposas de Shiva.

A princesa Sati morreu de vergonha pelo tratamento indigno que seu pai deu ao genro, o deus Shiva. Desolado, ele carregou o corpo inerte da sua amada por toda a Índia. Para curar a obsessão de Shiva, Vishnu cortou o corpo de Sati e espalhou seus pedaços pela Terra, tornando sagrados os lugares onde eles caíram. Da mesma forma, sagrados são os lugares onde as esposas se imolavam para continuar fiéis aos seus maridos. Esse antigo ritual, um meio de obter mérito e purificação, homenageando a deusa Sati, vista como esposa ideal, chegou a ser proibido pelos britânicos. Mesmo assim, a crença continuou sendo praticada durante muito tempo.

Os diversos palácios foram convertidos em museus, onde pude apreciar detalhes importantes do dia-a-dia dos príncipes raiputes, especialmente suas armas e as curiosas selas colocadas sobre os elefantes e camelos nas muitas batalhas travadas durante os mais de mil anos em que dominaram a região. A Sala de Audiências do marajá, coberta de tapetes, pinturas e esculturas em ouro, utilizada para recepcionar nobres e visitantes estrangeiros, foi classificada por Jacqueline Kennedy, ao visitar Jodhpur, como a Oitava Maravilha do Mundo. O Palácio das Concubinas, onde viviam — amigavelmente! — as diversas mulheres do marajá, era um dos mais esplêndidos do complexo, perdendo em beleza apenas para o Palácio Real, ao lado, residência da marani. Ela própria era responsável para que as concubinas do marido tivessem uma vida agradável.

Ao fundo, ainda dentro das muralhas do forte, ficava o templo dedicado à deusa Durga, uma das consortes de Shiva. Suas diversas esposas expressam os diferentes elementos de seu caráter, as facetas múltiplas de sua natureza e, por associação, a feminilidade. As consortes femininas dos deuses hindus derivam do antigo culto à deusa-mãe, absorvida pelo hinduísmo nos casamentos com Shiva, Vishnu e Brahma. Um casamento simbólico chega, às vezes, a ser celebrado em templos onde o santuário original da deusa foi usurpado por uma divindade posterior. Durga é uma poderosa deusa criada pelas forças combinadas da fúria de inúmeros deuses. Ela segura a azagaia de Agni, o tridente de Shiva e o disco de Vishnu. Monta um tigre e é freqüentemente representada triunfando sobre um búfalo-demônio que ameaça a estabilidade do mundo.

Ao pé da fortaleza e perto da Torre do Relógio, em meio ao enorme pátio do mercado Sardar, nossa pousada estava num lugar privilegiado. No mercado podíamos comprar um sem-número de bugigangas, beber sucos de manga, laranja, abacaxi e caldo de cana, e comer deliciosos docinhos da tradicional cozinha raipute. Experimentei uma guloseima chamada *chat bazar*, uma casquinha caramelada muito doce, no tamanho de meia casca de ovo de galinha, recheada com pequenos pedaços de batata, molho branco, tempero verde e páprica picante. Tudo coberto com uma massa bem fininha, frita, feita de farinha de ervilha.

— Que tal? — perguntou Horst.

— Gostoso, mas não sei o que é mais forte, se o sabor doce ou apimentado.

Na mesa ao nosso lado havia uma família, um casal com um filho pequeno, identificados por Horst como sendo alemães. Perguntei se não iria puxar conversa — afinal era alguém com quem praticar a língua germânica, uma pausa no seu espanhol.

— Por que iria querer conversar com eles? — perguntou, surpreso com minha indagação. — Não os conheço.

Para mim, que faço a maior festa quando encontro algum brasileiro nas minhas viagens, a pouca emoção do alemão com seus patrícios chocou-me. Atravessamos a rua para comer um sorvete, Horst vira uma sorveteria anunciando sabores de frutas naturais. Pediu um de manga, deu uma lambida e jogou a casquinha no lixo.

— Artificial — disse ele, indignado.

A partir do mercado, diversas travessas levavam ao bazar, formado por incontáveis vielas abarrotadas de quiosques onde era possível comprar verduras, roupas, calçados, comida pronta, tecidos, temperos e tudo mais que alguém precisasse numa cidade de quase um milhão de habitantes. Um pouco mais distante ficava a antiga muralha, marcando os contornos externos da cidade velha. Além das muralhas, uma tradicional metrópole indiana: poluição, lixo, fábricas, esgoto a céu aberto, favelas e muita miséria.

Expresso Rodoviário Inda, para Jaisalmer

285 km

5h

Havia um trem comum para Jaisalmer, mas fazia apenas o horário noturno. A possibilidade de passarmos uma noite num vagão sem ar-condicionado, cruzando o deserto, acompanhados apenas pelas baratas, nos fez optar pelo ônibus. A sugestão de Misri Khan para viajarmos no horário das seis horas nos livrou do calor excessivo, embora a partir da metade do caminho o sol já estivesse escaldante.

A viagem foi a mais agradável até agora, embora o ônibus fosse igualmente velho e desconfortável. Por andarmos em meio ao deserto, pouco habitado, onde as comunidades tribais, não integradas ao sistema das castas, utilizavam camelos em vez de ônibus, paramos pouquíssimas vezes. As casas desapareceram, substituídas aqui e acolá por tendas camufladas da Força de Segurança da Fronteira. Os jornais e as revistas só falavam na guerra com o Paquistão, os noticiários da tevê diziam que o confronto era iminente. Os funcionários das embaixadas americanas e européias estavam prontos para deixar a

Índia, mas apenas agora, ao nos aproximarmos da fronteira, notávamos movimentação militar.

Seguimos para o noroeste até Pokaran, pouco além da metade do caminho, onde paramos para tomar café. A pequena vila virou manchete em todos os grandes jornais do planeta em maio de 1998, quando a Índia detonou cinco artefatos nucleares nas areias escaldantes do seu deserto, entrando, oficialmente, no pequeno clube das nações possuidoras de bombas atômicas, uma aberração num país onde durante boa parte do dia a população não tinha energia elétrica para acender uma lâmpada. A Índia possuía alguns dos maiores matemáticos do mundo, formados a partir da tradição brâmane do conhecimento abstrato. No entanto, em vez de ajudarem as pessoas necessitadas, estavam lecionando nas grandes universidades do Ocidente ou trabalhando no programa nuclear do governo.

Viramos para o oeste e rumamos para Jaisalmer, a cidade perdida. A primeira visão da fortaleza levantada em meio ao deserto, sua silhueta dourada recortada contra a abóbada celestial, foi extraordinária. Misri Khan desembarcou com nossas mochilas, colocou-nos num auto-riquixá e nos levou para a pousada da sua família, no coração da cidade encantada. Pela primeira vez estávamos hospedados dentro da fortaleza, uma das mais bonitas do Rajastão. Ao contrário dos outros lugares visitados, onde os fortes haviam se transformado em ruínas ou em museus, em Jaisalmer a cidadela continuava cercada por muralhas, um conglomerado de palácios, palacetes, mansões, templos, mercados, bazares, quiosques, pousadas e casas comuns ligadas por um labirinto infindável de minúsculas aléias, ruelas e becos, no topo de uma colina rochosa, no centro do deserto, moradia de mais de dez mil indianos.

Jaisalmer era um daqueles lugares que pensamos existir apenas na nossa imaginação, completamente diferente de tudo visto anteriormente. Conhecida como Cidade Dourada, devido à cor de mel das pedras utilizadas na construção das muralhas e de todas as suas habitações, parecia saída das páginas dos livros de fábulas árabes. Sua história estava intimamente ligada à posição geográfica. Situada na rota das grandes caravanas de camelos que durante séculos uniram a península indiana à

Ásia Central, corredor de passagem para mercadores e exércitos, ela se tornou uma das mais ricas do sul do continente. Seus comerciantes construíram magníficas *havelis*, mansões ricamente entalhadas em arenito dourado e madeiras de lei. Quando a região foi dividida em dois países, Jaisalmer ficou na fronteira entre a Índia e o Paquistão. As estradas foram fechadas e a cidade empobreceu. Ironicamente, quando os dois países entraram em guerra, por causa da mesma divisão, Jaisalmer ganhou importância estratégica e renasceu, agora como centro militar indiano no deserto Thar.

Construído em 1156, pelo príncipe raipute Jaisala, o forte estava no topo do monte Trikuta, oitenta metros acima da planície desértica, jamais conquistada pelos governantes muçulmanos de Délhi. Uma rampa circular levava ao seu interior, desembocando na praça central, em frente ao palácio do marajá, onde na época áurea do principado os guerreiros raiputes se reuniam antes de partir para alguma batalha contra outra fortaleza da região.

Ficamos hospedados numa casa totalmente feita de pedras, junto a uma das muralhas do forte, com uma vista maravilhosa para a vastidão desolada coberta de areia e dunas lá embaixo. Nosso quarto tinha um banheiro anexo e uma sacada com uma grande janela em forma de arco, por onde entrava uma aragem fresca durante a noite, vinda do deserto. Havia dois catres de ferro cobertos com velhos colchões, um ventilador de teto e alguns ganchos para pendurar as roupas. Na parede da frente, uma pequena janela dava para o estreito beco, permitindo-nos ver o interior da casa vizinha. Nossas acomodações eram as mais espartanas possíveis. Mas levando-se em conta estarmos dentro de uma fortaleza medieval, no topo duma colina rochosa, em meio ao deserto, não dava para reclamar. Mesmo assim, não podíamos deixar passar a mentira de Misri.

— Você nos havia dito, em Jodhpur, que a pousada tinha ar-condicionado — reclamei com Misri Khan, quando nos mostrou o quarto.

— Existe apenas um quarto com ar e já está ocupado — ele explicou, coçando a cabeça. — Quando eles saírem, amanhã pela manhã, vocês trocam de quarto.

No dia seguinte, bisbilhotando pelas ruelas dentro do forte, descobrimos que nenhuma casa podia ter ar-condicionado dentro das muralhas, o governo não permitia. Éramos os únicos hóspedes na pousada e Misri viera de Jodhpur apenas para abrir as portas da casa, fechada devido à baixa temporada.

— Ele não precisava mentir para nós — comentei com Horst, pois já havia me afeiçoado ao rapaz.

— Para pegar nosso dinheiro os indianos fazem qualquer coisa — respondeu o alemão.

Perto da pousada havia um belo conjunto com sete templos jainistas e um hinduísta, mas o grande destaque eram as *havelis*, impressionantes mansões da época dourada da cidade. Feitas de arenito, muitas ainda estavam em perfeitas condições. A mais bonita, construída há trezentos anos, serviu de moradia para Salim Singh, primeiro-ministro na época em que Jaisalmer era a capital do principado. A sala de audiências do político, também utilizada para ele apreciar as dançarinas da corte, foi construída no teto da mansão, suspensa por pilotis. A varanda ao redor da sala era decorada com enormes janelas em forma de arcos, adornadas por esculturas de pavões entalhadas diretamente no arenito, parecendo uma renda dourada. No interior funcionava um pequeno museu com diversos pertences pessoais da época. Para minha surpresa, o atual proprietário da casa tentou, sorrateiramente, vender-me alguns objetos expostos. Recusei e ele não insistiu, um hábito nada indiano, prova da ilegalidade do seu ato.

No lado de fora do forte havia um grande lago artificial, o reservatório de água da cidade. Em torno do lago, uma série de templos hindus. Os belíssimos arcos de acesso ao lago haviam sido construídos por uma famosa prostituta local.

— Quando ela se ofereceu para mandar construir o arco — contou-me Misri Khan —, o marajá não autorizou. Ele precisaria passar aqui para banhar-se no tanque sagrado e isso ofenderia sua dignidade. Um dia ele se ausentou e a dama mandou construir o arco, colocando em seu topo um pequeno templo dedicado a Krishna, de forma que o soberano não pudesse mandar destruí-lo. Há muito eu vinha me admirando com a popularidade de Krishna, um dos deuses mais presentes nos lugares por onde havíamos passado. Só não imaginava que sua fama chegasse a tanto.

Pela manhã tínhamos um clima maravilhoso em Jaisalmer, meus melhores momentos na Índia. Uma leve brisa fresca soprava do deserto durante a madrugada, resfriava as casas de pedra, tornando seus interiores quase frios. À medida que o dia ia avançando, no entanto, o vento esquentava. Às quatro da tarde tínhamos 43 graus de calor na sombra e o ar queimava a pele desnuda. No começo da noite a temperatura estabilizava e lá pelas dez horas o vento começava a esfriar. À meia-noite tínhamos nosso quarto bem fresco e pela madrugada algumas vezes cheguei a sentir frio, quando uma rajada mais forte entrava assobiando pela janela, mantida aberta apesar das reclamações do Horst.

Aos poucos fui me adaptando ao ritmo da temperatura, dormindo entre duas da madrugada e nove da manhã. Os indianos faziam a mesma coisa: o comércio ficava aberto até tarde da noite e eles aproveitavam a manhã para relaxar em casa, quando ouviam rádio a todo volume, conversavam com os vizinhos e cantarolavam suas músicas tristes. Duas vacas que faziam ponto em frente à porta da pousada também desapareciam cedinho, voltando por volta do meio-dia, pondo-se a ruminar até a manhã seguinte. A presença das vacas era nosso maior problema em Jaisalmer. A cidade possuía um grande rebanho morando nas estreitas ruas, estercando por todos os lugares, dificultando nossas caminhadas dentro do forte.

Certa manhã, incomodado com o som estridente de um rádio, Horst abriu a janela do nosso quarto e pediu para uma senhora, na sala da casa em frente, no outro lado da rua, baixar o volume. Ela entendeu mal os gritos e os gestos agitados do alemão e desligou o aparelho, acintosamente contrariada.

— Não sei por que ela desligou, era apenas para baixar o volume — exclamou o alemão. — A mesma coisa acontece na América do Sul: a gente pede para eles baixarem o volume e acabam desligando o rádio. E ainda ficam brabos!

Eu tomava banho bem cedo, quando a temperatura da água estava agradável. Às quatro da tarde ela saía tão quente que era impossível ficar sob o chuveiro. Almoçávamos por volta das onze horas e voltávamos para a pousada. Fechávamos todas as janelas, prorrogando um pouco o frescor do quarto. Lá pelo meio da tarde precisávamos cair fora, a casa de pedra havia se transformado num forno terrível.

Existia um quiosque perto da pousada, na ruazinha levando para fora do forte, onde serviam um suco de manga maravilhoso. Norpat, um garoto de dez anos, de tanto nos atender, afeiçoou-se a nós e sempre colocava bastante gelo dentro dos nossos copos. Bastava sentar na mesinha em frente ao quiosque, sob a sombra de uma frondosa árvore, para ele vir com dois copos transbordando de suco gelado, a melhor bebida tomada na Índia, um dos momentos mais agradáveis da viagem.

— Pelo amor que você tem a Krishna — eu brincava com ele —, ponha mais gelo nesse copo, meu rapaz.

— Por Krishna — ele dizia, quando trazia o copo com gelo.

— Por Krishna — eu respondia, dando-lhe uma moeda.

Minha sandália rompeu-se novamente, a cola utilizada em Bombaim não era das melhores. Ao contrário do Horst, desconfiei da solução química e pedi para o sapateiro, um simpático senhor acocorado numa das vielas do forte, costurá-la manualmente. Ele fez um trabalho impecável, desencorajando-me de jogá-las fora tão logo terminasse a viagem.

Uma bela noite fui atraído por uma grande festa na praça central da cidade nova, fora do forte, em frente ao restaurante onde costumávamos jantar. Ela havia sido cercada por uma parede de madeira. Na frente, um alto pórtico, simulando a entrada de um palácio, dava acesso ao seu interior; nos fundos, a falsa parede equivalia a um prédio de três andares, onde fora pintada a fachada de um palacete. Tudo muito iluminado, com luzes coloridas piscando por todos os lados.

Aproximei-me, curioso, e os porteiros me convidaram para entrar. O chão havia sido coberto com lona e, sobre ela, colocaram tapetes vermelhos. No lado interno, junto às paredes laterais, havia uma infinidade de tendas coloridas abrigando pequenas cozinhas, onde faziam e serviam os mais variados tipos de comida, salgada e doce, sorvetes, picolés e sucos. Um rio artificial fora criado cortando a praça de um lado a outro. Sobre ele, construíram duas pontes de madeira, em forma de arco, simulando o pátio interno de um palácio. Entre as pontes, uma fonte jorrava água em meio a um belo jardim artificial.

— Por todos os *Vedas* — comentei com Horst. — Nunca vi algo tão brega e ao mesmo tempo tão bonito.

Era uma grande festa de casamento. Fui apresentado aos familiares do novo casal e gentilmente convidado a participar da comilança. Horst não quis ficar, voltou direto para a pousada.

Em frente ao falso rio ficavam os convidados. As mulheres desfilavam seus belos sáris multicoloridos, com as cabeças cobertas por charmosos lenços de seda. Os bordados prateados e dourados das roupas, os enormes brincos, os braços cobertos de pulseiras e os dedos das mãos e dos pés cheios de anéis aumentavam o brilho provocado pelas luzes coloridas. Os cabelos desciam em tranças até a cintura e seus belos e grandes olhos negros pontilhavam a noite com uma beleza quase agressiva. As crianças vestiam calças curtas e tinham o cabelo lustrosamente penteado. Os homens trajavam roupas comuns, como os via nas ruas: sandálias, calças e camisas por fora das calças.

No outro lado do rio, em meio à parede imitando a frente do palácio, abriram um nicho, à guisa de porta, e colocaram dois tronos, onde os noivos permaneceram sentados o tempo todo. Num dos cantos, junto à parede dos fundos, havia uma mesa com um enorme bolo; no outro canto, um grande palco onde um conjunto musical se apresentava, ora acompanhado por uma cantora, ora marcando o ritmo para belas bailarinas vestindo trajes típicos dançarem a sensual música folclórica do Rajastão, expondo seus ventres delineados.

Em frente ao palco, os homens, sentados em cadeiras, apreciavam o show. No outro lado, em frente à mesa com o bolo da noiva, as mulheres, em pé, conversavam animadamente enquanto comiam os quitutes oferecidos, dispensando o uso de talheres. Ao final, as tigelas de alumínio com os restos de comida eram colocadas em grandes bacias estrategicamente distribuídas pelo pátio. Quando estavam cheias, alguém vinha e as substituía por outras vazias.

Acocorei-me desajeitadamente em frente aos músicos, queria fotografar as bailarinas. Um rapaz chamou-me e me ofereceu sua cadeira, facilitando o meu trabalho. Depois fiquei circulando, fotografando as belas mulheres com suas roupas ainda mais belas. Alguns garotos vinham a toda hora oferecer-me doces, picolés e sorvetes. Outros traziam pratos de papelão com comida. Para não decepcioná-los, tamanha a gentileza das pessoas ao meu redor, acabei empanturrado de tanto comer. Apenas bebidas alcoólicas não foram servidas.

Impressionou-me a forma como os artistas se apresentavam. A cantora, uma senhora muito gorda, cantava parada — estaqueada, com cara de tédio — em frente ao microfone, lendo a letra da música num caderninho, sem a menor intenção de criar uma comunicação com o público, qualquer tipo de envolvimento. As bailarinas entravam em cena na metade da música, ou então saíam antes de ela terminar. Às vezes subiam no palco e começavam a dançar, mesmo que a música demorasse algum tempo para ser executada. As pessoas não reagiam, sequer aplaudiam, embora eu notasse que estavam gostando. Pareceu-me que todos, artistas e público, estavam apenas cumprindo um ritual, algo que, de uma forma ou de outra, precisavam executar, uma espécie de cerimônia religiosa. Davam a impressão de acumular méritos cumprindo um dever, e assim honrando-se a si mesmas. Não havia clima de festa. Pelo menos do que no Brasil chamamos de festa. Não havia espontaneidade, não havia charme. Era uma festa sem o menor glamour, apesar da beleza das mulheres.

Jaisalmer ficava no extremo oeste do Rajastão, o ponto mais próximo possível do Paquistão. Dali para a frente não existia transporte público, apenas a imensidão nua do deserto, coberto de dunas por onde ondulavam nossas férteis imaginações. Com a ajuda de Misri Khan, após horas e mais horas de negociações, detalhadamente marcadas num mapa local, onde definimos os roteiros, horários e custos, alugamos um jipe e seguimos em frente por uma estradinha aberta pelo Exército em meio à desolação do deserto.

Havíamos conhecido Miyuki Yokote, uma japonesa com 27 anos, há dois morando em Madras, onde estudava dança folclórica do sul da Índia. Ela havia se hospedado em nossa pousada, passara uma noite em claro e no dia seguinte, bem cedo, mudara-se para um hotel, na parte nova da cidade, por causa do quarto sem ar condicionado, apesar do desespero de Misri Khan. Desencantada com a mudança, contou-nos mais tarde que apesar de pagar dez vezes mais pelo novo quarto, passara tanto calor como na pousada dentro do forte. Além disso, o barulho infernal provocado por uma janela batendo com o vento não a deixou dormir um só minuto. Seu grande sonho era conhecer o deserto, de camelo. Juntou-se a nós e montamos uma pequena caravana.

Saímos para nossa inusitada jornada no início da tarde, de jipe. Misri Khan, obviamente, seguiu junto como nosso guia e tradutor, sempre sorridente na sua singeleza. Ao passarmos em frente a um armazém, sugeriu comprarmos alguns pacotes de balas para oferecer às crianças das pequenas aldeias por onde passaríamos, no meio do deserto. Comprei um enorme saco com dois quilos de caramelos e pedi para ele mesmo distribuir, à medida que fôssemos avançando, pois conhecia melhor os costumes locais. Depois me arrependi da sua singeleza de lobo do deserto.

Nossa primeira parada foi em Amar Sagar, uma aldeia semidesértica com um bonito templo jainista, uma obra extraordinariamente bela perdida em meio a duas ou três choupanas de barro. Seguimos para Loudrava, a antiga capital do principado, antes da construção do forte em Jaisalmer, agora uma vila em ruínas, onde sobreviveu apenas o templo jainista, dedicado a Parasnath, o 23º *tirthankara*. Na entrada, um cartaz avisava, em inglês, que mulheres menstruadas não poderiam ingressar no templo, não eram puras. Nem qualquer utensílio feito de couro de vaca.

— Uma mulher menstruada espalha impurezas numa distância entre três e cinco metros — explicou-me o guardião, olhando para a japonesa.

O momento mais esperado de nossa viagem de jipe, segundo Misri Khan, era a aldeia Chatrail, onde tomaríamos chá com os aldeões, na casa de uma líder tribal muito importante. Lá chegando, descobrimos tratar-se da mãe do nosso querido guia, e que ele próprio nascera ali. Isso desmentia sua versão de que as pousadas em Jodhpur e Jaisalmer pertenciam à sua família. Ele era, na verdade, um desocupado vivendo de biscates junto aos estrangeiros graças à sua fluência em inglês.

Havia meia dúzia de choupanas feitas de barro esturricado, algumas cobertas com capim seco; outras nem isso tinham para protegê-las. Estavam esparsas num raio de cem metros, rodeadas por camelos maneados e muitas crianças. A areia entre elas era fofa demais, atolamos o jipe e imediatamente fomos cercados por um mar de sorrisos, dentes profundamente brancos contrastando com suas peles negras, queimadas pelo sol. A aridez do local, a monocromia das casas e o ar de desolação da aldeia eram quebrados pelas roupas coloridas das mulheres, seus corpos cobertos de jóias, da cabeça ao dedão do pé — literalmente.

Fomos amavelmente recebidos pela gentil senhora, seu marido e demais irmãos de Misri Khan. Depois de conhecermos o interior da casa, feita de um único cômodo, e trocarmos sorrisos com seus inúmeros moradores, passamos para o lado de fora, um pouco mais fresco. Ficamos ouvindo suas histórias, enquanto ela nos preparava um chá fervendo, ao lado dos camelos, apesar dos cinqüenta graus de calor do deserto. Estávamos todos acocorados em torno do fogão de barro. Os homens vestiam turbantes de batique, camisas brancas longas, *dhoti* de algodão e tamancos de couro pontudos. Embora houvesse muitos na casa, era a mulher quem determinava o ritmo dos acontecimentos.

Ela usava uma grande argola de ouro numa das narinas, uma grossa gargantilha de prata em volta do pescoço e seus braços estavam coalhados de braceletes dourados. Suas feições eram duras, as maçãs proeminentes do rosto davam-lhe um ar masculinizado. Mas sua fala era mansa e seus gestos contidos, quase estudados. Percebia-se que seu corpo fora moldado pela rudeza do deserto, mas a alma resistira, mantendo-se intacta ante a violência dos elementos naturais. Abstraindo a miséria que a rodeava, podíamos classificá-la como uma rainha, tal a imponência do seu porte, a força da energia irradiando da sua elevada auto-estima. Podia não ter uma coroa cravejada de brilhantes — e nem creio que valorizasse tal objeto — mas naquela aldeia tinha mais poder que a mais coroada cabeça européia. Ao contrário dos demais lugares da Índia, entre os moradores do deserto eram os homens que precisavam pagar para casar-se com as belas mulheres, o que normalmente faziam em forma de muitas jóias. Diante do garbo daquela matrona, entendi perfeitamente o costume. Na saída, Misri Khan lhe deu algum dinheiro e o pacote de balas.

— Ela se encarregará da distribuição às crianças — ele me disse, quando reclamei.

Embarcamos no jipe e os aldeões voltaram aos seus afazeres, recuperando o tempo perdido com a presença dos estrangeiros curiosos, uma pausa insignificante na eterna monotonia das suas solidões. Ninguém corria, não tinham pressa, não iriam a lugar algum; apenas tocavam a vida como seus antepassados vinham fazendo desde tempos imemoriais. As meninas tiravam água de uma profunda cacimba aberta pelo governo, no centro da aldeia. Os homens reagrupavam as cabras e os camelos, afastados com o barulho do jipe. As mulheres moíam trigo em pesados pilões de pedra, carregavam nas cabeças enormes feixes de gravetos retorcidos, recolhidos nos espinheiros ressequidos pelo impiedoso sol. Lenha para cozer o *chapati* e preparar o chá do entardecer. Com o fim dos principados raiputes, não tendo mais seus camelos comprados pelos marajás, nem espaços para engordarem seus rebanhos de carneiros, os nômades do deserto Thar haviam empobrecido à miséria.

Muito perto da fronteira, já bem longe de Jaisalmer, num lugar chamado Kanoi, uma aldeia formada por uma única casa de barro, trocamos o jipe por três camelos, uma negociação árdua e demorada. Examinamos demoradamente cada detalhe dos divertidos animais, apontando para lugares indeterminados dos seus corpos e balançando a cabeça em forma de desaprovação, preâmbulo da pechincha que viria a seguir. Mesmo assim, foi necessário pagar uma taxa extra pelo aluguel dos animais, muito além dos valores prometidos por Misri Khan.

— Os camelos não são meus, vocês precisam negociar diretamente com seus donos — esquivou-se o vivaldino.

— Você nos tinha informado um preço bem mais baixo — reclamou Horst.

— As coisas mudam — ele respondeu. — Estamos em guerra com o Paquistão e a fronteira fica logo ali. Este é um trabalho muito arriscado, por isso aumentaram os preços.

Não convencidos, perdemos uma boa hora barganhando com o proprietário dos três camelos, e seguimos em nossas montarias até Sam, uma aldeia perdida em meio às enormes dunas do deserto Thar. Chegamos a um acordo somente após Miyuki Yokote se propor a pagar uma cota extra do rateio. Estava em férias, atravessara o país para participar de uma caravana pelo deserto, havia encontrado os parceiros adequados, e não queria perder tempo discutindo alguns ienes a mais.

— Por Buda — reclamei —, você está inflacionando o mercado.

A uma ordem do dono, meu camelo se ajoelhou e pulei para seu dorso, uma espécie de selim acomodado em cima de um grande acolchoado, tudo muito colorido. Diversas fitas de fina seda enfeitavam-lhe a cabeça, um contraste com seu pêlo puído. Horst e Miyuki fizeram o mesmo, o guia amarrou os três animais em fila indiana e lá fomos nós, seguindo o camelo líder, montado pelo proprietário. A um grito, os camelos trotavam; a outro grito, corriam, e a uma terceira ordem, voltavam a caminhar lentamente. Desde nossa chegada a Jodhpur, pela primeira vez estávamos livres de Misri Khan.

— Graças a Alá — comentei com Horst.

Os passos do animal eram suaves, macios. Suas patas, esparramadas, para melhor pisar na areia sem afundar, mudavam de lugar num compasso ritmado e sereno, mais confortável que o trotar de um cavalo. Parecia que não ia... mas ia, um trote miúdo, preguiçoso, a não chegar, sem a menor pressa, no ritmo da vida no deserto. Seus longos pescoços permaneciam imóveis, alheios ao trotar. A cabeça era altiva, olhavam sempre em direção ao horizonte, em momento algum baixavam o focinho. Suas bocas não paravam um minuto de ruminar, estavam triturando o pasto comido anteriormente.

As dunas foram ficando mais irregulares, algumas tão altas que ficávamos escondidos entre elas, como um pequeno barco no cavado de duas grandes ondas. Fazia mais de cinqüenta graus, mas eu não sentia calor, uma proeza do clima extraordinariamente seco. Havia comprado, em Jaisalmer, um boné cujo pano de algodão se prolongava nas laterais e nas costas, cobrindo-me o pescoço, protegendo minha pele do escaldante sol. Vestia uma camisa escura e uma folgada calça preta. A camada de ar entre o tecido e minhas pernas fornecia o melhor isolante térmico conhecido no deserto. Nos pés, sandálias indianas. Apenas os óculos de sol e a ausência de uma caneta no bolso da camisa destoavam dos costumes locais.

Aos poucos, fomos sendo engolidos pelo deserto, envolvidos por uma solidão de dar dó. Pela primeira vez senti privacidade desde que chegara na Índia. Para evitar a melancolia ameaçando desabar sobre nossa pequena expedição, perguntei ao cameleiro sobre a origem da sua tribo e dos seus animais. Eu conhecia uma lenda segundo a qual o camelo havia sido criado por Parvati, e seu montador, o nômade do deserto, por Shiva. Mas nosso bom homem era muçulmano, tinha outra história sobre suas origens; não quis contar-nos. Estava aborrecido, talvez imaginando os estragos da guerra sobre seu pequeno negócio. Enquanto pechinchávamos, mostrou-se alegre e gentil, mesmo sendo forçado a dar-nos um bom desconto. Feito o pagamento, no entanto, recolheu-se em sua carranca, deixando-nos sozinhos com nossos pensamentos. O turbante havia sido enrolado de modo a dar uma forma levemente triangular ao seu rosto. Atravessado por um enorme bigode conferia-lhe um toque de ferocidade física, uma bravura indomável herdada dos seus antepassados. Sua aparência intimidava meu desejo de exigir-lhe melhor tratamento. Sua grande adaga, atravessada na cintura, punha fim a qualquer tentativa de rebeldia. Odiei Miyuki Yokote por nos ter induzido a pagá-lo antecipadamente pelo aluguel dos camelos.

O objetivo da bizarra caravana, composta por uma bailarina japonesa budista, um químico alemão herege e um escritor brasileiro católico não-praticante — liderada por um cameleiro indiano muçulmano — era apreciar o pôr-do-sol entre as altas dunas do deserto, nas proximidades da fronteira entre Índia e Paquistão. Era curioso imaginar que enquanto os políticos indianos e paquistaneses estavam em pé-de-guerra, trocando bravatas pela imprensa internacional, ameaçando lançar bombas atômicas sobre suas próprias cabeças, na fronteira entre os dois países hindus e muçulmanos preferiam unir-se para arrancar dinheiro dos estrangeiros — no caso dois cristãos pobres e uma budista rica.

— Se a guerra eclodir — gritei para Horst, do lombo do meu enorme camelo —, este será o lugar mais seguro do mundo.

— Lógico — concordou. — Não vale a pena desperdiçar bombas sobre o deserto desabitado.

Grande engano. Havíamos esquecido de que naquela região a lógica não fazia sentido. Inventada pelos gregos, nela nada tinha a ver com as práticas hindus e muçulmanas. Dias depois, quando estava em Nova Délhi, acompanhei pelos jornais a retirada dos nômades da fronteira. Aldeias inteiras estavam sendo evacuadas, seus moradores transferidos para o interior do Rajastão. Acostumados a ver o deserto apenas em fotografias, imaginamos tratar-se de um lugar completamente desabitado. Outro engano. O Thar era povoado por aldeias, pastores nômades levando carneiros de um lugar para outro, arbustos, salteadores, pedras, criadores de camelos e muitos desocupados. As caravanas sofriam nas mãos dos assaltantes, as aldeias precisavam guarnecer seus animais dos ladrões. A perspectiva da guerra, no momento, havia colocado em alerta os quartéis instalados ao longo da fronteira, diminuindo um pouco os perigos de quem perambulasse pela região.

Estávamos mergulhados numa civilização sustentada por camelos desde eras primordiais, uma cultura que em breve se dissolveria no tempo, lembrada como uma relíquia do passado histórico do sul da Ásia. A necessidade de estradas para os veículos militares, tanto indianos como paquistaneses, estava empurrando as fronteiras dos povos do deserto para terrenos incapazes de manter vivas suas tradições mais prezadas, substituindo suas migrações lendárias por passeios para turistas exóticos. Não era de admirar que nosso guia não estivesse para muita conversa.

Acostumado a maravilhar-me com o pôr-do-sol visto por entre os picos nevados das grandes cordilheiras, não imaginava que tamanha beleza também fosse encontrada no deserto. Visto do lombo dos camelos, a irregularidade do terreno formava extraordinários jogos de luz e sombra sobre a areia âmbar, preenchendo os cavados entre as dunas com semitons, tons e sobretons do mais dourado dos sóis já visto em minhas andanças. O amarelo faiscante do topo das altas dunas ia perdendo força enquanto sua luz descia suavemente pelas encostas de areia, cobrindo todas as variações do espectro solar. O ar refratado pelo imenso calor, salpicado com a areia fina levantada pelo vento, formava uma pequena camada de névoa ondulante sobre o deserto, estendendo-se até a linha do horizonte. Filtrada pelo sol, ela formava imagens fantasmagóricas, capazes de encher minha imaginação com miragens sobrenaturais, devolvendo-me os sonhos arquivados nos livros escolares da minha infância.

Expresso Rodoviário Khichi e ônibus comum 755, para Ajmer, via Jodhpur

490 km

10h

Mais uma vez fomos traídos por Misri Khan, o larápio aldeão dublê de gerente de hotel e de guia turístico. Queríamos um ônibus para Ajmer, nosso próximo destino, no centro do Estado. Ele nos informou que precisaríamos voltar a Jodhpur, onde faríamos uma baldeação para Ajmer, não havia uma linha direta entre as duas cidades.

— Vocês podem aproveitar e ficar mais alguns dias em Jodhpur, na pousada da minha família — ele descaradamente sugeriu.

Sem confiar no espertalhão visitamos, dentro e fora do forte, alguns quiosques que vendiam passagens. Todos confirmaram a informação: precisaríamos voltar a Jodhpur. Continuamos a investigação: eu queria descobrir um ônibus com ar-condicionado, mas em todos os lugares nos informaram não existir ônibus climatizado naquelas bandas.

— Custaria muito caro, as pessoas não poderiam pagar — explicavam-nos.

Pedimos para Misri Khan nos comprar uma passagem para o dia seguinte às seis da manhã, pois queríamos aproveitar o frescor das primeiras horas do deserto, fazer uma viagem mais agradável. No final da noite, ele nos apareceu com duas passagens para as 6h30min, alegando não haver ônibus às seis horas.

Na manhã seguinte, ao chegarmos num arremedo de estação rodoviária, onde os ônibus se reuniam para iniciar suas viagens, descobrimos um ótimo ônibus saindo às seis da manhã. Embora sem ar-condicionado, parecia bem melhor que a lata velha onde deveríamos viajar.

— Ele deve ter ganhado uma bela comissão para nos enfiar nesta sucata — esbravejou Horst.

— Espero que Ganesh esteja vendo isso — limitei-me a falar. Pensei em rogar-lhe uma praga, mas desisti, atrasaria o meu carma.

Voltamos para o leste.

A notícia boa foi nos livrarmos de Misri. No começo da manhã o clima se mostrou bem agradável, quase frio. O tráfego estava congestionadíssimo, ao contrário da nossa chegada em Jaisalmer. Uma quantidade enorme de veículos militares trafegava em direção à fronteira. Caminhões, jipes e tanques tinham o teto coberto por uma rede marrom, da cor das areias do deserto, disfarçando suas idas e vindas. As margens da estreita rodovia estavam coalhadas de acampamentos camuflados, canhões apontando para o Paquistão. Em nosso próprio ônibus a maioria dos passageiros estava fardada, alguns oficiais usando, em vez do tradicional quepe militar, turbantes para proteger suas vastas cabeleiras, um sinal de que pertenciam à religião sikh, algo impensável em quaisquer Forças Armadas do mundo. Mas os sikhs formavam um grupo religioso tão poderoso na Índia que mesmo o Exército Nacional abria exceções em suas fardas para não desagradá-los.

Chegamos em Jodhpur ao meio-dia. O ônibus parou na garagem da empresa e precisamos pegar um auto-riquixá para nos levar à estação rodoviária, de onde saíam os coletivos públicos para Ajmer. Entramos numa velha sucata e sacolejamos mais cinco horas, uma das minhas viagens mais cansativas na Índia. O calor era tanto que resolvi permanecer em pé, no corredor, para fugir do sol escaldante entrando pelas janelas. Muita gente viajava sobre o teto, uma confusão que mais de uma vez resultou em bate-boca e mesmo em briga física entre os dois cobradores e alguns passageiros. Ao contrário dos pacatos indianos do Sul, no Rajastão as desavenças pessoais eram resolvidas no tapa.

Surpreendia-me notar, cada vez com mais intensidade, meu caráter se moldando ao estilo indiano de enfrentar as dificuldades da vida. Antes desta viagem, devido à minha falta de conhecimento — ou do meu conhecimento distorcido, o que era bem pior —, encarava o conceito de carma com um certo ceticismo. Classificava-o como quase uma desculpa, uma forma de culpar o destino pelos nossos fracassos. Agora já o via com algum sentido. Não apenas no sentido estritamente religioso, mas nos aspectos práticos do dia-a-dia: realmente éramos conseqüência dos nossos atos anteriores. E, por analogia, nosso futuro dependeria das decisões que tomássemos hoje. A novidade era que se por um lado estávamos presos aos nossos atos, por outro poderíamos modificá-los a qualquer momento.

Isso me distanciava dos hindus mais ortodoxos, aqueles que buscavam a libertação pelas práticas ascetas. Eles não agiam para evitar desdobramentos futuros, acabando com a relação causa e efeito. A libertação, para eles, se daria pela renúncia, pela não-ação, uma forma de eliminar o carma. Essa era uma postura demasiadamente religiosa, e era preciso ser um crente hindu para aceitá-la. Mas não era a única, havia outra filosofia, defendida por Krishna, o oitavo avatar do deus Vishnu, o preservador do mundo, que agia para ele não ser destruído.

Eu preferia ficar com a concepção de Krishna, exposta no *Bhagavad Gita*. Ele também pregava a libertação através da ação, ensinando: "Há um duplo caminho para a libertação, a ioga do conhecimento e a ioga da ação. O homem não se liberta unicamente pela mera renúncia. A ação também liberta. O ignorante age por apego ao ato (e a si mesmo), o sábio age sem apego (como eu) e com o fim único de ajudar o mundo. Ainda que estejamos aprisionados por nossos atos e suas conseqüências, há certas ações que nos libertam, aquelas que executamos com absoluto desprendimento."

A doutrina de Krishna é a dos atos desinteressados, aqueles que não aprisionam quem os executa. Assim, eu poderia agir sem produzir um carma, algo que determinasse meu destino de forma imutável. Eu poderia, a qualquer momento, alterar a linha da minha vida, romper com o meu próprio passado. Poderia criar um novo presente, portanto um novo futuro. Assim, embora minha vida continuasse sendo conseqüência dos meus atos, ela poderia ser modificada a qualquer momento. A única exigência era que minhas ações fossem desinteressadas, isto é, éticas.

Ajmer era o maior centro de peregrinação islâmica na Índia, especialmente durante o Ramadã. No santuário de Dargah, a poucas quadras do hotel, estava a mesquita com o túmulo de um sufi, um santo muçulmano: Khwaja Muin-ud-din Chishti, vindo da Pérsia para Ajmer em 1192. Existiam ainda outras mesquitas dentro do complexo, como uma construída pelo xá Jahan, toda em mármore branco, e outra por Akbar. O grande imperador costumava visitar Dargah uma fez por ano, vindo em peregrinação de Agra, a então capital do Império Mogol.

O túmulo sagrado estava no centro do segundo pátio, coberto por um belíssimo domo feito de mármore branco. Em volta do sarcófago havia uma plataforma de prata. Logo no portão de acesso ao santuário precisamos tirar os calçados, deixá-los aos cuidados de um rapaz para quem fomos obrigados a dar dinheiro na saída. Para entrar na mesquita, foi necessário cobrir as pernas, eu estava usando bermudas. Por sorte estávamos de boné, caso contrário precisaríamos alugar um casquete para cobrirmos a cabeça. Obrigaram-nos a assinar um livro de presença e nos extorquiram dinheiro, na base do "dê quanto o senhor quiser", mas ficando de cara feia com o pequeno donativo.

Esse foi o único santuário na Índia onde nos pediram dinheiro na entrada. Pior: de forma constrangedoramente agressiva. Não me senti bem na cidade.

No dia seguinte, pegamos um ônibus público e fomos conhecer Pushkar, a onze quilômetros de Ajmer. A pequena vila, com pouco mais de dez mil habitantes, estava às margens do lago Pushkar, um tanque rodeado por templos e *ghats*, plataformas onde eram cremados os mortos, um lugar tão sagrado para os hindus que bebidas alcoólicas, qualquer tipo de carne e mesmo ovos estavam banidos dos cardápios de todas as casas e pousadas da cidadezinha. Banhar-se no Pushkar era um dos atos mais purificadores que um hindu poderia praticar, embora todo o esgoto da cidade fosse despejado diretamente em suas águas. Ainda no ônibus conheci Bal Mukund, um simpático rapaz de 24 anos que me acompanhou durante todo o passeio, mostrando-me e explicando o significado de cada templo. Foi uma das únicas pessoas na Índia que me ajudou de forma desinteressada. Quando lanchamos, tentei pagar-lhe o suco, mas ele não aceitou, fazendo-o com seu próprio dinheiro.

Meu maior interesse, principal motivo de visitar Pushkar, era conhecer o templo de Brahma, único santuário no mundo dedicado ao grande deus hindu, criador da morte e da reconstrução cíclica do universo. A especulação filosófica dos sacerdotes brâmanes, extremamente elaborada, fez com que ele fosse pouco cultuado pelas massas populares. Brahma representa a noção abstrata do Absoluto, o Uno original. Autogerado, além de garantir a ordem cósmica, viaja pelo céu e pela Terra, conciliando os outros deuses. Quando os homens começaram a cometer atos que classificaríamos como pecados, ele instituiu as normas e as leis que passaram a orientá-los.

Seu pequeno prédio estava na parte superior de uma baixa elevação, onde Bal Mukund e eu subimos com alguma dificuldade devido ao intenso calor. Horst preferiu nos esperar num pequeno restaurante, no centro da vila, tomando chá e comendo algo, estava com fome.

Logo na entrada do templo havia a imagem de um cisne, o símbolo do conhecimento, veículo de Brahma.

— Isto significa que o local foi escolhido pelo próprio deus para a construção do seu templo — explicou-me Bal Mukund.

O rapaz comprou um punhado de arroz, levou para os sacerdotes benzê-lo, deu-me uma parte e jogou o restante em direção à imagem de Brahma, dentro da capela central. Fiz o mesmo, seguindo sua orientação, era de bom augúrio.

Os hindus costumam adorar o veículo de cada deus com a mesma veneração dedicada à divindade, especialmente no caso de Brahma. Ele é a fonte de toda sabedoria. Sua consorte, Sarasvati, é a deusa do conhecimento. Originalmente, ele tinha cinco cabeças, adquiridas quando se apaixonou por Sarasvati. Por ser tímida e fugir do seu olhar, Brahma criou sua quinta cabeça, de modo a poder vê-la para onde quer que se movesse — esquerda, direita, atrás, para frente e acima. Mais tarde, essa quinta cabeça foi cortada por Shiva, porque Brahma o ofendeu. Shiva carregou a cabeça de Brahma até Varanasi, onde todos os pecados são lavados, e a destruiu.

Sarasvati é idolatrada pelos hindus, jainistas e budistas. Citada nos *Vedas*, ela foi certa vez venerada como um rio, hoje quase seco, em cujas margens sacrifícios védicos eram antigamente praticados. O lótus sobre o qual repousa é um lembrete dessa associação com o rio, enfatizando seu papel de mãe fértil e doadora da vida. Cada vez mais ela é associada com a palavra falada, conhecida como a deusa da fala e do aprendizado. Atualmente simboliza a poesia, a música e todas as aspirações intelectuais.

Brahma não é cultuado da mesma maneira que os outros deuses, pois realizou sua tarefa e não mais voltará para aquilo que lhe pertence até a próxima criação do mundo. Em suas oito mãos ele segura os quatro *Vedas*, um cetro, uma colher, um colar de contas, uma taça de água sagrada, símbolo da fertilidade, e uma flor-de-lótus, símbolo da criação.

Nos arredores da vila se realiza anualmente a maior feira de camelos do sul da Ásia, quando mais de duzentas mil pessoas se reúnem, trazendo consigo cinqüenta mil camelos, em muitos casos a principal fonte de renda das pequenas aldeias espalhadas pelo desértico território do interior do Rajastão. Peregrinos, *sadhus*, místicos, artistas populares, encantadores de serpentes, devotos e comerciantes de toda a Índia convergem para uma das mais animadas, coloridas e sagradas festividades da cultura popular indiana.

Não iríamos ficar para a feira, tínhamos planos mais imediatos para cumprir. Voltamos para Ajmer, eu queria experimentar uma outra modalidade de trem indiano.

Expresso Shatabdi, para Jaipur

135 km

1h50min

Finalmente nos foi possível viajar pelo Shatabdi, o moderno trem indiano, equivalente diurno ao Rajdhani: totalmente climatizado e com preferência na linha, percorria distâncias entre três e oito horas e possuía apenas poltronas, divididas em classe executiva e econômica. Também tinha pouquíssimos horários, a maioria partindo de Nova Délhi, Calcutá e Bombaim. Em Ajmer embarcamos num ligando Bombaim a Nova Délhi, passando por Jaipur, a capital do Rajastão. A exemplo do Rajdhani, por se tratar de um trem caríssimo, era pouco utilizado pelos indianos que pagavam a passagem do próprio bolso, servindo mais para transportar os funcionários do governo, turistas e os estrangeiros trabalhando nas empresas multinacionais sediadas no país.

Continuamos nossa viagem para o leste. Horst não gostou muito da minha opção pelo caríssimo Shatabdi, quando tínhamos uma alternativa bem mais barata num trem comum, onde a passagem custaria treze vezes menos. Mas pela primeira vez nossos roteiros e horários convergiram e eu não iria perder a oportunidade de conhecer mais essa opção de transporte ferroviário na Índia. Afinal, era o tema da minha viagem. Eu abrira mão de muitas coisas para satisfazer meu parceiro, agora era a vez de ele retribuir a gentileza.

O vagão estava longe de qualquer tipo de luxo, mas as poltronas eram individuais, duas em cada lado do corredor, e podiam ser reclinadas. O chão do vagão estava limpo, não havia ninguém nos atravancando a passagem. Ao contrário: mais da metade dos lugares estava vazio. Pela primeira vez na Índia eu não estava cercado por uma multidão de gente espalhafatosa. Senti-me até um pouco solitário. Ninguém me olhava, não havia curiosos ao meu redor, os vendedores tinham desaparecido. Repentinamente, deixei de ser importante, julguei-me abandonado. Tão logo partimos, um solícito garçom uniformizado nos serviu água mineral, Coca-Cola, um belo sanduíche de pão de fôrma com queijo e presunto, sem temperos. Quando voltou para recolher a bandeja, brindou-nos com uma fatia de bolo inglês e uma xícara de chá preto acompanhado por um tablete de adoçante, verdadeira heresia para a culinária indiana, onde o chá sempre nos foi servido com muito açúcar.

O trem deslizava suavemente num mesmo ritmo, quase monótono, sem sacolejar. Silencioso, nem parecíamos estar viajando sobre trilhos de ferro. Seguia impávido, sem parar, aproveitando a linha livre. Nos entroncamentos podíamos notar as outras composições estacionadas, esperando pela passagem do imponente Shatabdi. Infelizmente, os vidros das janelas eram fumês, impedindo-me de ver a ensolarada e colorida paisagem além da margem da ferrovia. O cheiro dos temperos emanando dos quitutes dos vendedores ambulantes havia sido trocado pelo cheiro de mofo dos tapetes dentro do vagão hermeticamente fechado. Os indianos também haviam ficado do lado de fora, não apenas o país. Não fosse a presença de alguns poucos turistas estrangeiros, o carro estaria vazio.

Estava pensando nesses contrastes quando me pareceu ouvir alguém falando português. Espichei o pescoço por sobre o encosto do banco à minha frente e vi um casal arrumando as malas, ela dizendo para ele retirá-las do bagageiro aéreo e colocá-las embaixo do banco.

— Por quê? — ele perguntou. — Por medida de segurança?

— Sim — ela disse.

Aproximei-me disfarçadamente, como quem não está nem aí, olhando para cima, mãos nos bolsos, assobiando... Ao cruzar por eles não tive mais dúvidas, estavam falando português. Melhor: português com sotaque brasileiro!

— Brasileiros? — perguntei, demonstrando surpresa.

— Sim — disse ela. — Somos de São Paulo. E você?

— Sou de Porto Alegre — respondi.

Pra quê!

Ricardo "Pio" de Lima, 39 anos, empresário, dono do Centro Paulista de Eventos, e Adriana "Adri" Mendes, 31 anos, publicitária, eram paulistanos. Haviam casado e, a pretexto de uma longa lua-de-mel, estavam dando a volta ao mundo, uma viagem para durar quinhentos dias. Feitas as devidas apresentações e trocadas as últimas experiências, especialmente sobre a Índia, país que não lhes havia caído no gosto, poucos minutos depois já estávamos brasileiramente íntimos, para desespero do Horst, que de português não entendia uma só palavra.

— Estamos nos hospedando nos hotéis mais baratos de cada cidade — eu lhes disse, quando nos aproximávamos de Jaipur. — Com uma única exigência: ter ar condicionado.

— Nós também — disse Pio.

— Então podemos nos hospedar num mesmo hotel — sugeri, antevendo alegres bate-papos.

Logo na saída da estação em Jaipur descobri algo que não imaginava possível: Pio era mais duro para negociar com os taxistas indianos do que o Horst. Dava gosto vê-lo, rodeado de motoristas de auto-riquixás, fazendo um leilão para saber quem nos levaria por menos a um hotel bom e barato.

Além dos motoristas, como era corriqueiro nesses casos, imediatamente uma pequena multidão de curiosos formou-se ao nosso redor, acompanhando atentamente as negociações. Costume comum na Índia, nessas ocasiões todas as pessoas presentes, envolvidas ou não no negócio, participam da discussão, cada qual dando um palpite. Lá pelas tantas, no auge da pechincha, alguém mais atrevido aproximou-se de Pio e o acusou de estar querendo explorar os pobres motoristas. Vendo que o intruso nada tinha a ver com a negociação, Pio ameaçou dar-lhe um soco. O rapaz, que não era bobo nem nada, olhou para o tamanho do brasileiro à sua frente e recuou alguns passos. Pio ensaiou sair correndo na direção dele, pondo-o a fugir desesperadamente. O paulista deu um grito e imediatamente o grupinho se desfez, cada um dos desocupados disparando numa direção.

Hospedamo-nos num bom hotel com piscina e restaurante próprio, dentro do nosso orçamento, e contratamos o mesmo motorista para nos mostrar a capital no dia seguinte, já que seu auto-riquixá tinha espaço para quatro passageiros. Antes de Pio e Horst combinarem o preço com o assustado rapaz, fiz uma relação dos pontos interessantes de Jaipur, alertando-lhe que seu triciclo ficaria à nossa disposição durante todo o dia, devendo nos levar aos locais indicados.

Horst foi dar um passeio pela cidade enquanto ficamos na piscina do hotel, pondo os assuntos brasileiros em dia. Depois de tanto tempo falando inglês com os indianos e espanhol com Horst, era gostoso voltar a me expressar na "última flor do Lácio", especialmente poder dizer alguns palavrões, e ser compreendido. Meus amigos paulistas, fazendo uma volta ao mundo, tinham poucas informações específicas sobre a Índia, no momento minha especialidade.

Em 1727, com o poder mogol em decadência, o marajá Jai Singh decidiu transferir a capital do Rajastão do forte Amber, construído no topo de uma íngreme colina, para a planície no sopé da montanha, mandando construir Jaipur. Um ano mais tarde o soberano hindu, apaixonado por astrologia, levantou o Jantar Mantar, um extraordinário observatório, o maior em toda a Índia, capaz de medir a posição dos astros, altitudes e azimutes, e calcular eclipses. Os diversos prédios, distribuídos em meio a um frondoso jardim, pareciam apenas peças de um grande quebra-cabeça, devido à forma singular das construções. No entanto, cada um tinha uma função específica. Apesar do sol escaldante, Adriana passou um bom tempo percorrendo as diversas torres até encontrar a que representava o signo do seu horóscopo.

Jaipur, a vibrante capital do Rajastão, ficou mundialmente conhecida como Cidade Rosa, devido à cor dos seus prédios. Em 1876, o marajá Ram Singh mandou pintá-la dessa cor, tradicionalmente associada à hospitalidade, como uma forma de dar as boas-vindas ao Príncipe de Gales, mais tarde coroado Eduardo VII. A tradição se manteve e a cidade velha, com seus delicados palácios, tornou-se um dos símbolos da Índia moderna. Especialmente o Palácio dos Ventos, com suas inúmeras janelas elaboradamente esculpidas em arenito, uma espécie de renda de pedra permitindo às damas da corte acompanharem o movimento das ruas sem que fossem vistas pelos homens no lado de fora do prédio.

Com quase dois milhões de habitantes, atualmente por suas avenidas podíamos ver carros, ônibus, caminhões, auto-riquixás, ciclo-riquixás, motos, bicicletas, camelos, elefantes, vacas e pedestres arduamente disputando cada espaço disponível num dos lugares mais poluídos do país. Nos bazares, quiosques, cinemas, praças e lojas de artigos típicos, homens vestindo terno e gravata misturavam-se com tradicionais senhores raiputes com seus enormes bigodes e ostentando coloridos turbantes. Mulheres vestindo impressionantes sáris de seda e belíssimos *churidares* se misturavam a jovens usando calças *jeans* e camisetas com *slogans* ecológicos em inglês.

Horst e os paulistas ficaram descansando, após a cansativa visita ao Jantar Mantar, enquanto fui conhecer o Palácio da Cidade. Pio e Adriana estavam desanimados sob o maldito sol, reclamando do calor intenso. Horst não tinha sido afetado pelo calor, mas achou muito caro o ingresso cobrado pelo governo para turistas estrangeiros visitarem o local mais importante da capital.

No centro da Jaipur antiga, o Palácio da Cidade ocupava uma grande área dividida em pátios, jardins e palacetes, todos cercados por uma muralha mandada construir pelo marajá Jai Singh, quando da construção da nova capital. O neto do último marajá de Jaipur ainda morava com sua família numa das partes do palácio, tendo as demais sido transformadas em museus, juntamente com os outros notáveis prédios do complexo, uma mistura da arquitetura raipute e mogol.

Num dos museus havia uma roupa do marajá Sawai Madho Singh I, um homem com dois metros de altura e 1,2 metro de largura, pesando 250 quilos. Seu filho, o marajá Sawai Madho Singh II, ao fazer uma viagem à Inglaterra, em 1902, resolveu levar água do Ganges para beber por duvidar da pureza da água londrina. O devoto hindu mandou construir dois vasos de prata, com capacidade para novecentos litros cada um, evitando o risco de se contaminar com a profana água britânica. Os jarros se tornaram a maior peça de prata do mundo, cada um pesando 345 quilos. Fabricados pelos artistas Govinda Narain e Mahadeva, levaram dois anos para ser concluídos.

Por receber muitos turistas, Jaipur se tornou o principal centro de comércio de produtos típicos da região, como tecidos, cerâmicas, pedras preciosas e calçados. Adriana queria comprar um par de *jootis*, um sapato com o bico empinado, parecido com aqueles usados pelo Aladim, mas Pio achou muito caro. Barganharam algum tempo, porém o negócio não foi realizado, para descontentamento da moça. Tentando reanimá-la, convidei-a para tomarmos um suco de manga, num quiosque em frente ao Palácio dos Ventos. Eles ainda não haviam tido coragem para comer ou beber qualquer coisa comprada nas ruas indianas, mas Adriana topou o desafio e provou a bebida. Gostou, mas preferiu beber apenas um copo. Pio não quis nem pensar na possibilidade de tomar um suco na rua, temia uma diarréia. Os dois vinham mantendo uma rigorosa dieta à base de água mineral e bolachas empacotadas. Horst e eu, já vacinados contra as impurezas do país, tomamos diversos copos de suco de manga e caldo de cana, acompanhados por alguns *samosas*, pequenos pastéis fortemente temperados.

Fomos visitar o forte Amber, a onze quilômetros de Jaipur, antiga capital do Rajastão. Ao chegarmos ao pé do morro, nosso motorista disse que o auto-riquixá não conseguiria subir a íngreme rampa de acesso à fortaleza, deveríamos alugar um jipe ou contratar um elefante. Horst ficou tão indignado que resolveu subir a pé. Eu preferia um elefante, mas o terrível sol e o calor insuportável tiraram o ânimo da Adriana, que optou pelo jipe. Voto vencido, só me restou acompanhá-los, só depois de muita pechincha entre Pio e o jipeiro.

Construído em 1592, pelo marajá Man Singh, um guerreiro raipute tão extraordinário que acabou se tornando chefe do Exército Mogol no reinado de Akbar, o complexo era um soberbo exemplo da bela arquitetura do Rajastão. Entre seus diversos palacetes havia um templo dedicado à deusa Kali.

Na mitologia hindu, a deusa-mãe manifesta-se tanto como consorte das principais divindades masculinas como representando milhares de deusas locais. Elas podem ser benignas ou destrutivas, como Kali. Por toda a Índia há santuários erguidos para um vasto número de deusas. Muitas têm origem tribal; estão baseadas na antiga idéia de uma deusa-mãe, ou terra, associadas à agricultura ou à fertilidade, e devem ser apaziguadas com oferendas de sangue sacrifical. A possessão xamanística por um espírito é um componente do ritual de adoração da deusa-mãe, ainda predominante entre as aldeias e tribos das áreas rurais. As questões são endereçadas à deusa, incorporada no xamã, quando ele entra em estado de transe. A incorporação em um ser humano pela deusa é uma manifestação da mobilidade e da natureza transitória da possessão de corpos pelos deuses hindus.

O culto da deusa como energia feminina, ou *shakti*, é particularmente importante nos antigos textos coletivamente conhecidos como Tantras. Em algumas tradições tântricas, *shakti* é vista como um poder criativo puramente abstrato do deus masculino Shiva; em outras, *shakti* é personificada em diversas formas divinas, gentis ou ferozes.

Os seguidores da corrente tântrica do hinduísmo se empenham em praticar o poder da deusa por meio de uma combinação de ações rituais não-ortodoxas e a recitação de textos. Os ritos tântricos incluem intercurso sexual fora da casta, objetivando dirigir a energia sexual para um fim espiritual, a oferenda de substâncias sexuais à deusa e a ingestão de álcool em locais espiritualmente polutos, como os lugares de cremação. Para os hindus ortodoxos o solo de cremação é um lugar impuro. No entanto, nos círculos tântricos ele se tornou parte da lenda de Kali. Para eles, o lugar da cremação é considerado um local de meditação, iniciação para um estágio de sabedoria, pois o fogo da cremação permite aos espíritos dos mortos mover-se livremente para um novo nascimento, isto é, para um outro corpo, dando seqüência à transmigração espiritual.

A deusa-mãe Kali é a mais terrificante das consortes de Shiva. Mesmo sendo representada de forma furiosa, violenta e às vezes hedionda, é objeto de intensa adoração. Destruidora do mal e ao mesmo tempo responsável pela criação da vida, Kali veste um cordão de braços em torno da cintura, arrancados dos demônios malignos vencidos por ela. A guirlanda de crânios e a serpente em volta do pescoço representam seus aspectos regenerativos, ou seja, reencarnação e energia cósmica e sexual. Sua língua pingando sangue representa *Rajas*, a força material no universo que dá origem à paixão e ao sofrimento. Ela adquiriu o gosto pelo sangue ao matar o demônio Raktavijra, que se reproduzia mil vezes sempre que uma gota do seu sangue caía na terra. Para evitar isso, a deusa cortou-o com sua espada e bebeu-lhe o sangue no local do ferimento, impedindo-o de tocar o solo.

Quando descemos do forte, nosso motorista havia desaparecido, com auto-riquixá e tudo. Procura daqui, procura dali, e nada do homem. Pio, indignado com a situação, saiu em busca de uma outra condução. Horst e eu ficamos bebendo suco de manga e comendo *aaloo ki tikki*, croquetes de batatas feitos na hora num pequeno quiosque na beira da estrada. Adriana, deprimida pelo calor, jogou-se sob a sombra de uma árvore, sem vontade de comer nada, querendo apenas tomar água mineral.

Pio apareceu com outro triciclo e fomos direto à ferroviária, comprar passagens para Agra. Na saída da estação, o motorista anterior estava nos esperando, com uma história lamuriosa que Pio não aceitou. O paulista descontou o que havíamos pago ao novo auto-riquixá e deu-lhe a diferença, além de passar-lhe uma carraspana por nos abandonar no meio do passeio.

Expresso Marudhar, para Agra

328 km

7h

Adriana e Pio haviam comprado previamente todas as suas passagens na Índia, no momento da chegada em Nova Délhi. Como mandam os manuais dos viajantes politicamente corretos, definiram antecipadamente o itinerário, escolheram os trens e reservaram os horários. Também pretendíamos continuar para leste, até Agra, e decidimos acompanhá-los no mesmo trem, um vagão-leito com ar-condicionado e apenas quatro passageiros em cada cabine, um verdadeiro luxo, a classe mais alta do expresso para Agra, modalidade na qual ainda não havíamos viajado.

Mais uma vez embarcamos, empurrados pelas forças das decisões anteriores. Horst imediatamente pôs-se a dormir, no banco acima das nossas cabeças. Não entendia nada do que falávamos, estava sempre pedindo para conversarmos em espanhol, queria acompanhar os animados papos. Nós tentávamos, mas quando nos dávamos conta estávamos envolvidos numa calorosa discussão em bom português, deixando meu parceiro um pouco chateado. Sua personalidade forte e autoritária bateu de frente com as afinidades culturais dos três brasileiros, muitas vezes deixando-me preocupado com as ácidas discussões entre ele e Adriana, a portadora das opiniões menos flexíveis do pequeno grupo. Horst estava contrariado por viajar num vagão com ar-condicionado, embora lá fora fizesse 45 graus de calor, agravado por estarmos entrando no úmido vale do rio Ganges. Também não lhe agradava ter pago bem mais caro pela passagem, uma verdadeira fortuna se comparada com os preços dos bilhetes dos trens comuns. Eu entendia suas preferências, mas queria viajar naquele expresso, pretendia conhecer todas as categorias de trens.

Mas a chacrinha brasileira não excluiu apenas o alemão. Pio e Adriana transferiram-se para a minha cabine tão logo o trem se pôs em movimento. Vínhamos travando uma longa discussão sobre futebol e ninguém queria ficar de fora. Numa atitude brasileiramente indiana, sentamos os três no lugar reservado para dois, para espanto de um casal inglês viajando na mesma cabine. Mesmo assim, tomamos o cuidado de deixar-lhes a maior parte do banco, além de mantermos uma boa distância deles.

— Quando compramos essa cabine — reclamou a mulher, horrorizada — queríamos ter espaço. Por isso pagamos mais caro.

Adriana gentilmente explicou que éramos uma família viajando em férias pela Índia. Ela estava com o marido e os dois cunhados e preferia que ficássemos juntos, assim sentia-se mais segura. Educadamente se ofereceu para trocarem de cabine, a sua havia ficado vazia. A dama britânica não aceitou, queria continuar onde estava. Seu marido viajava com um moderníssimo GPS ligado. O pequeno instrumento, recebendo informações de um conjunto de satélites circulando a Terra, controlava a distância e marcava quantos quilômetros faltavam para chegarmos à Agra. O inglês usava boné, vestia um conjunto safári verde-oliva e calçava grossas botas de *trekking*. Parecia uma figura egressa dos livros de Rudyard Kipling, uma aberração fora de época. Fiquei pensando se ele imaginava que na Índia ainda se caçava tigres de dentro dos trens.

— Faltam trezentos quilômetros — ele disse, com um largo sorriso, mostrando-me o visor do aparelho.

Paramos numa estação e desci para comprar suco, água mineral, bolacha e alguns quitutes indianos, umas deliciosas rosquinhas apimentadas. Horst levantou-se e comprou um copo de chá. Fazia tanto calor na rua que imediatamente voltamos para dentro do vagão, onde fizemos um piquenique diante dos olhos da horrorizada inglesa.

Quem é melhor, Corinthians, São Paulo ou Grêmio? Não conseguíamos chegar a uma conclusão, embora cada vez falássemos mais alto e mais rápido, na maioria das vezes os três ao mesmo tempo. A senhora inglesa reclamou e Adriana cerimoniosamente voltou a sugerir-lhe trocarem de cabine. Ela finalmente se dispôs a olhar o outro compartimento, mas voltou horrorizada. Não iria para lá, havia um casal indiano no banco em frente. Pior: tinham um filho pequeno.

— Faltam duzentos quilômetros.

Ficamos tão indignados com a grosseria da mulher para com nossos amigos indianos que resolvemos armar de vez o barraco: acrescentamos ao futebol uma interminável discussão sobre carnaval. Horst roncava no beliche acima das nossas cabeças, impedindo a pobre mulher de concentrar-se na leitura de um grosso livro.

— De que país vocês são? — perguntou a empertigada senhora, com o nariz torcido, muito mais uma crítica do que uma curiosidade.

— Somos franceses — respondeu Pio, prontamente.

— Franceses? — perguntou o senhor, até então alheio ao descontentamento da esposa.

— Sim, somos franceses — confirmou Adriana.

— Faltam apenas cem quilômetros — ele se limitou a responder.

Cruzamos a fronteira estadual e entramos no Uttar Pradesh, politicamente o mais importante estado da Federação Indiana desde a independência, com uma população equivalente à brasileira, embora com apenas 2,7% do território do Brasil. Fazendo fronteira com o Tibete e o Nepal, conhecido como Cinturão Hindi, centro do hinduísmo no país, tinha grande parte do seu território margeando o vale do rio Ganges. Além disso, possuía o mais famoso dos monumentos indianos, o Taj Mahal.

Controlando a quilometragem pelo GPS, o nobre cavalheiro britânico chegou à conclusão de que deveriam desembarcar na próxima estação. Pegou sua enorme mala, acorrentada embaixo do assento, pediu licença e saiu em direção à porta, com a inglesa atrás, felizes por se verem livres dos mal-educados *franceses*. Alguns minutos depois, voltaram. Estavam descendo na estação errada. Precisaram nos suportar por mais uma hora. A pobre mulher, que já havia perdido a paciência conosco, agora bufava com a gafe do marido.

Desembarcamos em Agra no final da tarde, escurecendo. Horst e Pio acertaram o preço da corrida com os motoristas de dois autorriquixás e saímos em busca de alojamento. A primeira opção não agradou. A segunda não tinha quartos disponíveis. Acabamos num belo hotel, com piscina, nas cercanias do Taj Mahal. Estava vazio e Horst conseguiu regatear o preço até ficar dentro do nosso orçamento. Pio e eu contratamos um carro particular para nos mostrar a cidade no dia seguinte. Embora custasse um pouco além do que vínhamos gastando com os auto-riquixás, não sairia muito caro, pois éramos quatro pessoas.

— Precisa ser um carro novo e com ar-condicionado — exigiu Pio, para desespero do Horst, que preferia um autorriquixá.

— A que horas sai o sol? — perguntei ao motorista.

— Às seis horas — ele respondeu.

— Então você precisa estar aqui trinta minutos antes — solicitei.

A idéia era visitarmos o Taj Mahal ao amanhecer, quando o mármore branco do mausoléu refletia as cores rosa do ardente sol do verão indiano, e a cidadela fantasma de Fatehpur Sikri ao entardecer, pelo motivo oposto. Durante o dia visitaríamos os outros pontos de interesse em Agra, uma cidade industrial e muito poluída, com poucas opções interessantes além da extraordinária arquitetura mogol.

Agra fora construída às margens do rio Yamuna, na planície do Ganges, onde anteriormente ficava a sede de um pequeno reino hindu. Em 1022, ela foi saqueada e destruída pelo rei afegão Mahmud, de Ghazni, que transportou para sua bela cidade toda a prata, ouro, marfim e pedras preciosas encontradas na região. Em 1501, o sultão Sikander Lodi estabeleceu ali sua capital, que foi conquistada pelo imperador mogol Babur, em 1526. A sede do novo império conheceu seu apogeu no século seguinte, quando os imperadores Akbar, Jehangir e Jahan levantaram os mais importantes prédios da dinastia mogol na Índia, incluindo o Taj Mahal. Em 1638, o xá Jahan construiu uma nova cidade em Délhi, duzentos quilômetros ao norte, para onde seu filho Aurangzeb transferiu a capital do império dez anos mais tarde.

Horst estava contrariado. Tinha achado o preço do táxi muito caro e o ar condicionado do carro, exigência de Pio e Adriana, não lhe agradava. Além do mais, ele entendia que os indianos não andavam de táxi e se queríamos conhecer o país como os nativos o viam, precisávamos alugar um auto-riquixá, como vínhamos fazendo.

— Vamos fazer de conta que somos indianos ricos — eu disse. — Imagino que os ricaços daqui andem de táxi.

Meu argumento não o convenceu e ao deitar-se resmungou, não iria conosco no dia seguinte. Fiz-me de surdo e deitei-me. Na hora de sair ele não ficaria para trás, eu sabia. Até porque notei haver colocado seu relógio para despertar às cinco horas. Situação idêntica havia acontecido em Jaisalmer, quando não queria acompanhar-me na caravana pelo deserto Thar, achava tudo muito turístico, e na madrugada seguinte pulou da cama antes de mim. O alemão estava querendo fazer um pouco de charme, pensei. Ia dizer-lhe isso, mas preferi ficar calado. No fundo, eu sabia, o problema atormentando sua alma era não poder tomar seu farto e demorado café antes de sairmos para o passeio.

A idéia de madrugar em frente ao Taj Mahal foi brilhante. No lusco-fusco que antecede as quentes auroras do tórrido verão indiano eu havia percebido apenas os contornos da sua enorme cúpula e seus delgados minaretes rompendo a espessa atmosfera poluída de Agra. À medida que a robusta esfera do fogo solar incandescente se descortinava na linha do horizonte, seus raios luminosos se infiltrando por entre as preguiçosas brumas do amanhecer, as tímidas alterações das suas nuances coloridas eram ampliadas pelo mármore translúcido do mausoléu, refletindo um sutil passeio de cores surrealistas à frente dos meus olhos, coitados, já viciados com a coloração desbotada dos monumentos ocidentais.

Aos poucos, fui notando as tonalidades das luzes emanando do prédio se alterarem conforme o sol subia no céu. Como num passe de mágica, sem poder notar qualquer alteração brusca, percebi a viagem das suas cores suavemente partindo do prata, deslizando por diversos matizes de rosa, mergulhando no púrpura, e, por fim, em plena luz do dia, tinha meus olhos ofuscados pelo branco celestial do delicado bloco de mármore minuciosamente esculpido à minha frente. Por mais que abrisse os meus olhos, e eles estavam bem abertos, não me foi possível distinguir os momentos em que uma cor se transformava em outra, subvertendo completamente meus aguçados sentidos.

Conhecido como o mais extravagante de todos os monumentos dedicados ao amor, o Taj Mahal foi construído pelo xá Jahan como mausoléu para Mumtaz Mahal, sua segunda esposa, morta ao dar à luz, em 1631. O trágico falecimento da imperatriz deixou o soberano mogol tão abatido que seus cabelos se tornaram grisalhos da noite para o dia. Seu corpo pode ter sentido a perda irreparável, sua obra não. Nada naquele local lembrava a morte. Pelo contrário: a vida filtrava por todos os poros do mausoléu, como se ele próprio tivesse adquirido alma, uma aura emprestada pela princesa, imortalizando sua lembrança.

Havíamos entrado por um enorme portal vermelho, construído em arenito, e saído no amplo pátio interno do complexo, ornamentado com belos e bem-cuidados jardins em estilo persa, recortados por espelhos d'água refletindo a imagem do Taj Mahal. Embasbacados com as belezas arquitetônicas do local, acabamos nos perdendo. Volta e meia eu via Pio filmando lá na frente, Adriana tirando alguma foto ou Horst passeando pelos jardins, mas logo os perdia de vista novamente. A vantagem de termos chegado cedo não existia mais, agora uma multidão de pessoas, na maioria indianos em férias, perambulava para lá e para cá. A presença de estrangeiros era mínima, estávamos na baixa temporada. Mas a Índia tinha gente suficiente para movimentar qualquer lugar, independentemente da época do ano.

O Taj Mahal havia sido construído sobre uma alta plataforma do terreno, delimitada por quatro minaretes decorativos, nos fundos do pátio, na margem do rio Yamuna. Estava ladeado por duas enormes mesquitas vermelhas construídas em arenito. A do lado oeste tinha uma grande importância para os muçulmanos de Agra, mas a do lado leste, idêntica à primeira, não funcionava, sua localização não estava voltada para Meca. Havia sido construída apenas para não quebrar a simetria dos jardins em torno do mausoléu.

Durante 22 anos vinte mil operários trabalharam incansavelmente nas obras do pequeno palácio, sendo que alguns deles, os principais artistas, tiveram seus polegares e até suas mãos amputados para não poderem voltar a construir algo tão magnífico. Seu principal arquiteto, o persa Isa Khan, foi auxiliado por uma equipe de especialistas garimpados em todas as partes do mundo, empregados principalmente na produção das extraordinárias fachadas de mármore branco decoradas com entalhes de flores incrustadas com milhares de pedras semipreciosas coloridas. Seu interior estava iluminado pela luz filtrada através de pequenos orifícios nas paredes externas. Elas eram duplas, permitindo uma camada de ar entre uma estrutura e outra, isolando a câmara mortuária do extremo calor indiano. Essa característica, comum na arquitetura persa, provocava um curioso efeito visual: os prédios pareciam enormes quando vistos de fora e pequenos quando vistos por dentro.

Sua perfeita simetria apresentava as quatro faces idênticas recortadas por amplos arcos embelezados com arabescos em *petra dura* e citações do Alcorão. O prédio estava coberto por quatro pequenos domos em volta do magnífico domo central em forma de bulbo. Abaixo dele ficava a câmara mortuária, onde repousava o elaborado sarcófago de Mumtaz Mahal, rodeado por um biombo de mármore rendado incrustado com 43 tipos de pedras preciosas. Ao lado, quebrando a simetria do interior do mausoléu, foi tardiamente incluído o sarcófago do imperador Jahan, discretamente transferido para o Taj Mahal pelo filho Aurangzeb, em 1666. Curiosamente, os sarcófagos estavam vazios, dispostos ali por razões arquitetônicas. Os verdadeiros sarcófagos, com os corpos do casal, foram colocados numa câmara no subsolo do prédio, onde a entrada não era permitida.

No meio da manhã, encontrei Horst sentado num banco nos jardins, perto da saída do complexo. Sentei-me ao seu lado e ficamos algum tempo calados, admirando a beleza do prédio à nossa frente.

— Extraordinário, não acha? — perguntei-lhe.

— Estou precisando de um bom café — respondeu.

— Café? Por Vishnu, homem! Estamos diante do prédio mais bonito já construído pelo engenho humano e você está preocupado com seu café!

— O edifício é muito bonito, mas agora preciso é de um café. Você vem junto?

— Não, fico aqui mais um pouco.

Nos despedimos. Ele saiu para tomar seu café enquanto fiquei sentado em frente ao Taj Mahal, imaginando que homem algum no mundo seria capaz de competir com o xá Jahan para homenagear a mulher amada. Se o casal estava no céu, creio que andava com saudades da Terra. Um rapaz indiano, sentado no banco ao meu lado, também admirando o prédio, contou-me que o imperador pretendia construir outro mausoléu, de mármore preto, ao lado do Taj Mahal, para ser enterrado quando morresse.

— Os prédios seriam ligados por uma ponte — disse, apontando com a mão para o lugar onde seria construído o outro edifício —, de forma que as almas dos dois amantes pudessem visitar-se livremente.

Infelizmente, para os apreciadores das coisas belas, ele não pôde concluir seu projeto. Poucos anos mais tarde, foi deposto pelo próprio filho, Aurangzeb, e aprisionado no forte Agra, construído por seu avô, o grande imperador Akbar, no lado oposto do rio Yamuna. Suprema ironia, o xá Jahan viveu durante oito anos vendo o Taj Mahal através das grades da sua prisão. Morreu de tristeza. Agora repousava ao lado de Mumtaz, sua bela imperatriz.

Mais tarde visitei o forte Agra, especialmente Musamman Burj, a Torre Octogonal, voltada para o rio Yamuna, com a vista lateral do Taj Mahal ao fundo, a prisão onde morreu o xá Jahan. Olhando através das janelas gradeadas do pequeno palácio, um dos inúmeros prédios suntuosos dentro do forte, pude imaginar a amargura que deve ter habitado o coração do poderoso imperador naqueles anos infames de solidão. Não deve ter-lhe servido de consolo, até porque morreu antes, mas a forma desastrada e intolerante, especialmente com relação aos hindus, como seu filho Aurangzeb administrou o império foi o principal motivo da decadência da dinastia mogol, derrotada pelos invasores persas no norte, pelos maratas no centro e pelos britânicos no leste, abrindo caminho para o completo domínio dos europeus no subcontinente indiano.

Na saída do forte parei para beber um copo de suco de manga, enquanto os demais foram abrigar-se do sol escaldante numa tenda próxima. O calor estava tão insano que esqueci de perguntar o preço antecipadamente, uma atitude desastrosa na Índia. Na hora de pagar, o vendedor cobrou-me quarenta rupias. Como eu vinha pagando entre cinco e dez rupias pelo suco, fiquei indignado, mas ele não aceitou minhas reclamações. Como protesto, saí com o copo de vidro na mão. O sujeito ficou gritando, mas segui em frente. Num quiosque próximo tentei trocá-lo por um suco, diminuir meu prejuízo. Mas o atendente não aceitou, disse-me que aquele copo valia apenas duas rupias. Não me restou outra alternativa senão trazê-lo para o Brasil.

Paramos em frente a um caixa eletrônico para Horst retirar dinheiro. Minutos depois, ele se deu conta de não haver recolhido o cartão de crédito, deixando-o na boca da máquina. Voltamos ao local, mas já era tarde, nada do cartão. Segundo o banco, ele deveria registrar o ocorrido na matriz, no centro da cidade. Rodamos um bom tempo até encontrar o local indicado, mas nada foi resolvido. Ele tinha dificuldades com o inglês, mas não aceitou a ajuda de Adriana. Tendo morado um bom tempo em Londres, era ela quem melhor dominava o idioma, a quem recorríamos quando tínhamos dificuldades em nos comunicar com o estranho sotaque dos nossos amigos indianos.

— Ele está muito estressado — diagnosticou Pio, enquanto esperávamos no carro. — Ele é sempre assim, Ortiz?

— Mais ou menos — respondi, evitando falar mal do meu amigo alemão, cujo estresse vinha me irritando há tempos. — Ele está um pouco nervoso porque gastamos muito dinheiro hoje.

— Ele não ganha bem? — perguntou Adriana.

— Ganha — respondi. — Ele ganha muito dinheiro, não tem mulher nem filhos, é somente ele, deve possuir uma fortuna na poupança.

— Por que está agindo assim, então?

— Ele mora sozinho e está acostumado a viajar sozinho — respondi. — Sempre me diz que sou a única pessoa com quem viaja, normalmente não se acerta com seus outros amigos.

— Mas vocês também não se acertam muito bem, pelo que tenho observado.

— Para o tipo de viagem que costumamos fazer, precisamos um da experiência do outro — expliquei. — Vamos nos tolerando. Além do mais, não conheço ninguém perfeito.

— Acho-o muito ranzinza.

— É verdade, mas temos um ponto em comum que considero muito importante, definitivo. Eu lhe digo tudo o que penso e ele faz o mesmo. Ficamos brabos, esbravejamos, nos xingamos, mas, passado o incidente, voltamos ao normal, sem o menor sinal de rancor, como se nada tivesse acontecido. Como diz um antigo provérbio indiano, somos "dois caolhos que não se entendem, mas que não podem separar-se".

No final do dia fizemos uma pequena viagem a Fatehpur Sikri, uma cidadela fortificada construída por Akbar, em 1571, para ser a nova capital do Império Mogol e reunir sábios e estudiosos do mundo todo, especialmente pensadores religiosos, uma das paixões do imperador. Conhecido por sua generosidade com as demais tradições religiosas, ele próprio fundou uma seita onde misturava o que achava construtivo em cada uma das religiões conhecidas. Nunca desejou tornar-se chefe de uma nova religião, apenas submeter a todos, homens e crenças, à vontade do soberano.

Apenas quatorze anos após sua fundação, a fortaleza foi abandonada em conseqüência de uma forte estiagem na região. Embora maravilhosa do ponto de vista arquitetônico, Fatehpur Sikri não sobreviveu à morte do imperador e à grande seca, transformando-se numa cidade-fantasma. Magnificamente restaurada, era um dos locais mais bonitos e interessantes de todo o país. Seus prédios davam-nos a impressão de recémconstruídos, tamanha a perfeição da recuperação. Entre os diversos palácios restaurados pudemos apreciar o da esposa cristã de Akbar, Maryam, nascida em Goa, e o de Raja Birbal, a favorita entre suas esposas hindus, outra prova de que o imperador não se restringia apenas às recompensas celestiais oferecidas pelo islamismo.

A grande mesquita, uma cópia da mesquita de Meca, possuía em seu interior o mausoléu com o corpo do santo muçulmano Shaikh Salim Chishti, um dos gurus do imperador, nos dias de hoje amplamente visitado por mulheres que não conseguiam engravidar. Ilustrando a grande tolerância religiosa de Akbar, na entrada principal da mesquita, um majestoso pórtico com 54 metros de altura, podíamos ler uma frase atribuída a Jesus Cristo: "O mundo é uma ponte. Serve para passar, não para construir casas sobre ela. Aqueles que esperam por uma hora podem esperar a eternidade."

Ao sair da mesquita paguei cinco *paise* (centavos) ao rapaz que cuidou dos meus calçados. Ele ficou furioso, queria cinco rupias. Mostrei-lhe o pequeno quadro-negro com uma tabela de preços escrita com giz, afixado na portaria, onde informava o valor para guardar minhas sandálias: cinco *paise*. Vendo que eu entendia as divisões da moeda indiana, conformou-se, resmungando. Logo adiante um vendedor ofereceu-me um tabuleiro de xadrez. Eles eram tão insistentes a ponto de colocar nas nossas mãos suas mercadorias, por mais que tentássemos recusar. Após tanto tempo na Índia, não me estressava mais: pegava o que ofereciam e largava no chão, meio desajeitado. Eles se abaixavam excomungando, tempo suficiente para eu ir embora. Não se tratava de sovinice, apenas mantinha-me a salvo de um velho ditado indiano: "Um tolo e seu *paise* logo se separam."

Ao voltarmos para Agra, nosso motorista pediu-nos para visitarmos uma loja, queria ganhar alguns litros de gasolina. Como ele gentilmente nos carregou o dia todo no seu confortável automóvel, sem ter reclamado em momento algum nem tentado nos extorquir mais dinheiro do que o combinado, como seria normal na Índia, atendemos ao seu pedido. Ele nos levou à melhor loja da cidade. Ou, pelo menos, na mais careira. Horst e eu estávamos muito cansados, nosso ritmo era bem mais lento que o de Pio e Adriana. Ficamos de lado, apenas olhando. Meus novos amigos paulistas negociaram demoradamente, especialmente Pio. Adriana escolhia o que desejava comprar e ele estabelecia uma prolongada negociação, normalmente oferecendo menos da metade do preço inicial proposto pelo vendedor. No final, ninguém comprou nada, mas deixamos nosso fiel motorista feliz.

À noite fomos surpreendidos por uma grande festa de casamento no pátio do hotel, perto da piscina. As datas eram marcadas por um guru levando em consideração os horóscopos dos noivos. Por isso, qualquer dia era dia de casar. A cerimônia religiosa, celebrada por um brâmane, levava muitas horas, quando cânticos e mantras eram recitados ininterruptamente pelo sacerdote. Depois, vinham dois dias de festas. O noivo desfilava pela cidade, normalmente montado num cavalo todo paramentado, alguns enfeitados com luzinhas coloridas piscando, seguido por uma banda e um séquito de dançarinos. A noiva desfilava a pé, acompanhada por suas amigas.

Os noivos, um casal muito jovem, permaneceram todo o tempo desconfortavelmente sentados em suas poltronas, uma ao lado da outra, numa das pontas do auditório do hotel. Recebiam presentes e tiravam fotos, observados pelas moças e rapazes sentados nas primeiras cadeiras, por certo imaginando o seu dia de glória. Podíamos ver, pela forma tímida como se portava o futuro casal, um certo constrangimento entre os dois. Permaneci longo tempo olhando para eles enquanto Pio filmava e Adriana tirava fotos. Em momento algum os vi trocarem qualquer olhar. Pareciam embaraçados, por certo haviam se conhecido há muito pouco tempo, talvez na cerimônia iniciada naquela semana. Além de passar a dormir com um homem estranho, a partir daquele dia ela se mudaria para a casa dele e passaria a viver como empregada da nova família. Sua esperança era ter muitos filhos homens, muitas noras — e muitas empregadas.

Gandhi disse certa vez que na Índia o amor começava com o casamento, enquanto no Ocidente o amor terminava com o casamento. Muitos jovens universitários com quem falei durante a viagem pareciam concordar com ele, pois me disseram que os casamentos "por amor" dificilmente davam certo. Seus conhecidos que tentaram construir um lar dessa forma acabaram separando-se em pouco tempo. Assim, melhor deixar as famílias e os gurus, baseados nos horóscopos e outros sinais divinos, formarem os pares.

— Nossos casamentos são a união entre duas famílias e não apenas entre duas pessoas, como os de vocês — explicou-me um deles.

No lado de fora, a festança era regada com muita comida, especialmente doces e frutas, e nenhuma bebida alcoólica. A classe média gastava em torno de dois anos de salário do chefe da família para casar uma filha, sendo esse o principal motivo dos indianos para fazer poupança. Além de pagar a festa e a lua-de-mel, o pai da noiva precisava comprar o enxoval do noivo, dar-lhe um bom dote e presentear o novo casal durante o primeiro ano de vida em comum. Como os casamentos eram escolhidos pelos pais, naturalmente eles concordavam com o investimento no marido da filha. Até porque não era segredo para ninguém que algumas noivas acabavam queimadas até a morte pelas famílias do noivo quando o dote não estava à altura do que esperavam em troca de terem instruído seus filhos. As famílias gastavam com a educação dos rapazes, portanto era natural que tivessem alguma recompensa; daquele dia em diante ele sustentaria a moça com quem casasse, livrando o pai dela dessa despesa.

A antiga tradição estava levando os indianos a cometer um crime extraordinário: matar suas filhas recém-nascidas. Em algumas aldeias do interior elas eram envenenadas com a seiva de um cacto, outras famílias seguiam o ritual de afogar o bebê numa banheira cheia de leite. Nas grandes cidades, com o advento da ultra-sonografia, identificando o sexo do feto antes do nascimento, abortos eram cometidos quando a mãe estava grávida de uma menina. O resultado desse infanticídio em massa já se fazia sentir na composição da população. Segundo o Banco Mundial, o número de mulheres entre 18 e 22 anos era 6% cento menor que há duas décadas. Pior: até a idade de seis anos, existiam apenas 927 meninas para cada 1.000 meninos. Se levarmos em consideração que a probabilidade de nascimentos é equânime entre meninos e meninas, esse percentual, transformado em números absolutos, numa população de um bilhão de habitantes, nos leva a uma constatação aterradora.

Outro flagelo indiano era o grande número de viúvas. Sem conseguir emprego, habilidade para a qual não haviam sido treinadas, e com muitos filhos para sustentar, acabavam sendo levadas à prostituição, submetendo-se a um verdadeiro martírio para conseguir algum dinheiro. A promiscuidade sexual, aliada à tradicional falta de higiene do país, colocava a Índia entre as nações mais atingidas pela AIDS em todo o mundo. Mesmo assim, a vida das mulheres já havia sido pior. Até 1956, um homem poderia casar-se com quantas quisesse. Atualmente, a poligamia era permitida apenas aos muçulmanos indianos: poderiam casar-se com até quatro mulheres, desde que pudessem sustentá-las. Assim, quando um marido morria, deixava quatro viúvas. E muitos filhos.

Um dia, perguntei a uma jovem viúva se voltaria a casar-se. Seu marido havia sido morto num acidente de carro e ela tinha três filhos para criar.

— Por que casaria novamente? — ela indagou-me, surpresa. — Já tenho filhos. Se não os tivesse, voltaria a casar-me.

Essa ênfase cultural na procriação, aliada à falta de informações, estava dificultando o controle de doenças praticamente erradicadas em outros países. Somente o estado de Uttar Pradesh era responsável por 68% dos casos de poliomielite registrados em todo o mundo. A razão para isso, segundo autoridades sanitárias da Organização Mundial da Saúde, se devia a um rumor de que as campanhas de vacinação faziam parte de um plano do governo para o controle da natalidade. Com medo de ter os filhos esterilizados, os pais não lhes davam as gotinhas contra a paralisia infantil.

Braj Bhoomi, a Terra do Amor Eterno, existia apenas na imaginação coletiva dos hindus, até ser descoberta no mundo físico, a 58 quilômetros de Agra, nos arredores de Mathura, onde Krishna nasceu. Pretendia visitar a cidade, mas o calor sufocante me venceu. Não apenas o calor.

Os jornais traziam manchetes alarmantes. As notícias da guerra com o Paquistão estavam cada vez mais freqüentes. Guerrilheiros separatistas muçulmanos haviam atacado uma aldeia na Caxemira e matado muitos indianos. Nova Délhi acusava Islamabad de protegê-los e o bate-boca diplomático estava formado, embora a comunidade internacional estivesse se movimentando para evitar o pior. Os estrangeiros estavam deixando a Índia. Para acalmar a opinião pública européia, a imprensa internacional falava em guerra nuclear regional, isto é, um conflito restrito aos territórios indiano e paquistanês. Mesmo que isso fosse possível, não nos servia de consolo: era bem ali que estávamos.

Horst não temia a guerra, achava-a improvável. Mesmo assim, decidiu voltar para a Alemanha, antecipando em alguns dias seu regresso para a Europa. Nos despedimos calorosamente na manhã do dia seguinte. Ele pegaria um trem para Nova Délhi e de lá seguiria para Bangcoc, via Katmandu. Queria descansar uma semana nas belas praias tailandesas antes de tomar seu avião para Frankfurt.

Eu pretendia conhecer Varanasi, para onde seguiria no final da tarde, juntamente com Pio e Adriana. Também desejava visitar Nova Délhi, o centro político do país. Ainda tinha duas semanas na região e, se desse tempo, gostaria de passar alguns dias em Katmandu, minha cidade preferida no subcontinente, antes de voltar ao Brasil. Eu não possuía visto nepalês, não sabia se conseguiria entrar pela fronteira terrestre. Na Alemanha, haviam informado ao Horst que o governo do Nepal estava concedendo visto apenas aos estrangeiros que chegassem pelo aeroporto internacional, em Katmandu. A fronteira do Nepal com a Índia, em Darjeeling, estava fechada. Guerrilheiros separatistas indianos atacavam e se refugiavam no Nepal. Em Sunauli, perto de Varanasi, acontecia o inverso, guerrilheiros maoístas nepaleses atacavam e se refugiavam na Índia, mas a fronteira continuava aberta. Era uma possibilidade.

De qualquer forma, meu avião para São Paulo, via Joanesburgo, sairia de Bombaim, centro naval indiano, o mais provável alvo de algum ataque nuclear paquistanês. Independentemente do local para onde me dirigisse, estaria no centro da guerra.

Expresso Lichchavi, para Varanasi

551 km

10h

Há muitos anos não dormia num trem. A primeira vez foi entre Madri e Lisboa, acompanhado pela Ana Paula, minha esposa portuguesa. A última havia sido entre Barcelona e Paris, ambas sem muitos sobressaltos. A mais divertida foi entre Frankfurt e Munique, na Alemanha. Juntamente com meu irmão Nilo e um amigo comum, Rubem "Cepê" Kury, passamos a noite confortavelmente instalados numa ampla cabine. Ao aproximarmo-nos de Munique o trem começou a ficar cheio de estudantes. Três garotas universitárias entraram bruscamente no nosso compartimento, acordaram-nos com a costumeira "cordialidade" alemã e nos obrigaram a sentar. Indignado com a invasão da nossa privacidade, troquei de roupa ali mesmo, na frente delas, com a bunda virada para suas caras. Quando me sentei novamente, feliz por tê-las agredido com minha rápida nudez, descobri que sequer haviam notado meu gesto desaforado. A mais velha voltou-se para mim e perguntou, candidamente, qual dialeto estávamos falando.

— Português — eu disse, com a cara amarrada. — Falamos português no Brasil. Por quê?

— Ah, bom! — ela respondeu, desapontada. — Estava imaginando que vocês falavam algum dialeto desconhecido do interior da Alemanha.

Mas os trens na Índia eram bem diferentes dos europeus. Havia escurecido há bastante tempo e o ar condicionado estava ligado bem acima do razoável. O vagão, completamente fechado, exalava um forte cheiro de mofo, especialmente as grossas cortinas separando as cabines. O camareiro havia distribuído os lençóis para serem colocados sobre a cobertura plástica do encosto do banco, agora levantado e transformado em cama. Adriana e Pio estavam numa cabine com mais dois indianos, eu estava numa outra, para três pessoas, junto com dois funcionários da ferrovia.

O ideal seria eles se mudarem para meu compartimento, onde ficaríamos apenas os três, um pouco de segurança e alguma privacidade durante a longa viagem noturna até Varanasi. Adriana pegou meu bilhete, chamou o chefe-de-trem e disse estar sozinha, enquanto seu marido e irmão viajavam noutra cabine. Queria que ele os trocasse com os dois senhores ao seu lado. Por azar, eles eram inspetores da ferrovia, já estavam deitados, e jamais passaria pela cabeça do funcionário incomodá-los durante o sono. Adriana se lamentou, chorou — de verdade! —, fez uma cara tão desamparada que até fiquei com pena, mesmo sabendo do cambalacho. O chefe-de-trem, generoso como todo indiano, comoveu-se às lágrimas: mexeu em quatro cabines, trocou meio mundo de lugar e finalmente acomodou a desamparada moça junto conosco.

Passei boa parte da minha infância ao lado dos trens. Quando fui morar com minha tia e madrinha, Edite Machado, em Cachoeira do Sul, para estudar na cidade, já que meus pais continuavam morando numa fazenda, minha cama ficava a dois metros dos trilhos. Meu tio era funcionário da Viação Férrea do Rio Grande do Sul e tinha direito a uma casa no perímetro da ferrovia. Nosso pátio estava separado das pedras, dos dormentes e, especialmente, das rodas dos trens por uma simples tela de arame. Muitas vezes a bola escapava por cima da cerca e precisávamos atravessar os trilhos para pegá-la no outro lado.

Minhas primeiras noites foram terríveis. Nossa casa ficava no ponto em que o trem apitava, avisando estar entrando na estação. Passei as primeiras noites acordado esperando a passagem do Noturno rasgando a escuridão com seus apitos furiosos, arrebentando meus tímpanos embaixo das cobertas. Para um menino vindo do interior, acostumado a ser acordado com o canto dos pássaros na janela do quarto, foi uma brusca mudança.

Aos poucos fui me acostumando, já conseguia dormir, despertava apenas quando os trens passavam, barulhentos. Algumas semanas mais tarde não acordava mais, apenas tinha desastrosos pesadelos provocados pelo ranger das rodas de ferro sobre os trilhos e o estrondoso apito da máquina diesel. Meses depois sequer notava a presença dos trens nas redondezas. Creio que foi por esse treinamento intensivo que precisei ser subitamente acordado pelos outros passageiros quando o Expresso Lichchavi entrou, apitando estrondosamente, na estação ferroviária de Varanasi, às 5h15min da manhã.

Pio e Adriana estavam tão cansados que desta vez coube a mim negociar com os motoristas dos auto-riquixás, percorrer os hotéis, examiná-los detalhadamente e escolher o que me pareceu menos ruim. Queríamos ficar perto do rio, numa área densamente ocupada pelas pousadas destinadas aos peregrinos, pessoas com poucas necessidades de conforto, o que dificultou meu trabalho. Combinei com o motorista que ele deveria voltar ao meio-dia, levar-nos para almoçar e depois mostrar-nos a cidade.

Como havia acontecido em todas as localidades anteriores, com exceção de Madras e Bombaim, o recepcionista do hotel explicou que faltaria luz durante boa parte do dia, não funcionando o aparelho de ar condicionado. Normalmente passávamos o dia na rua, não sentíamos muito o problema com a energia elétrica pelo qual a Índia vinha passando, o que não diminuía minha decepção com as autoridades políticas do país, competentes para desenvolver bombas atômicas, mas incapazes de evitar o racionamento de luz para seus cidadãos.

Desta vez, no entanto, devido à desconfortável viagem noturna de trem, resolvemos passar a manhã dormindo no hotel, uma decisão pouco feliz. Às 7h30min já não tínhamos energia. O ventilador de teto, único aparelho capaz de ser movido com o pequeno gerador do hotel, parecia espalhar mais calor do que vento. Os quase cinqüenta graus, agravados pela umidade do Ganges, estavam matando os próprios indianos. Nas vezes em que Adriana telefonava para casa, era informada de que a televisão brasileira vinha noticiando elevado número de mortes na Índia, especialmente entre os peregrinos, devido à violenta onda de calor assolando o país.

As pessoas peregrinavam para ver e ser vistas pelos deuses. Elas acreditavam que algumas divindades viviam em locais sagrados específicos, como Varanasi, o mais importante de todos os centros religiosos da Índia. Morada de Shiva, foi onde a flamejante *linga* de luz do poderoso deus irrompeu através da terra e rompeu os céus. A cidade toda, num raio de dezesseis quilômetros, era vista como uma enorme *linga*, a encarnação de Shiva, símbolo da sua fertilidade. Era um local tão sagrado que muitas pessoas chegavam como peregrinas e acabavam vivendo lá até o dia da sua morte, quando partiam diretamente ao encontro do deus.

Os vaus dos grandes rios são vistos como a representação da travessia de um mundo a outro, do *samsara* (ciclo de renascimentos) ao *moksha* (libertação da alma da necessidade de encarnar novamente). A libertação hindu não é como a salvação, no sentido cristão. Não consiste em renascer no reino dos céus, mas em destruir a dupla fatalidade que nos ata ao mundo material e ao seu insensato girar. A libertação livra o espírito do peso do carma (o efeito de cada ato sobre aquele que o realiza), a roda que movimenta o ciclo dos renascimentos. O libertado rompe com o existir no tempo e penetra no incondicionado. Assim, conhece a imortalidade. A libertação extingue a diferença entre ontem, hoje e amanhã, entre o aqui e o além. O libertado vive num eterno presente e habita o nirvana, um lugar que é simultaneamente todas as partes e nenhuma. O libertado possui um poder ilimitado sobre si mesmo e sobre a realidade que o rodeia: conquistou um estado sobre-humano. Vive para além da paixão e da compaixão, do bem e do mal. É impassível e indiferente como os elementos naturais. Enfim, o *átma*, livre da matéria, funde-se a Brahma, volta a ser uno com deus.

Assim, não é por acaso a localização geográfica de Varanasi, situada às margens do Ganges, o mais sagrado da Índia. Venerado como a deusa Ganga, o rio originalmente fluía somente nos céus. Um velho sábio, cujo excelente carma o habilitou a pedir um favor aos deuses, solicitou-lhes que o Ganges corresse para a Terra. Shiva, incumbido de atender-lhe o pedido, o fez desviando a cachoeira de Ganga para o Himalaia, amparando-a em seu cabelo endurecido e fazendo suas águas fluírem pelo solo sagrado do país. A façanha, um grande presente aos seus devotos, acabou trazendo-lhe enorme problema doméstico: a benigna Parvati, sua esposa mais fiel, ficou com ciúmes de Ganga, o rio, visto como uma das novas consortes do deus.

E não era para menos. Parvati, conhecida por sua delicadeza, mostrou uma determinação extraordinária em seduzir e se casar com Shiva, após ser inicialmente rejeitada por ele devido à sua cor escura. Para conquistá-lo, ela realizou práticas ascéticas que fizeram seu corpo brilhar. Filha do Himalaia, a deusa conseguiu seu intento, tendo com ele o filho Ganesh, protetor dos comerciantes.

Fizemos um belo passeio pelas *ghats*, as plataformas de cremação, feitas de pedras, nas barrancas do Ganges, no final da tarde. Todos os corpos precisam ser cremados até o pôr-do-sol do dia em que desencarnam. Após a morte, o crânio é partido para liberar o espírito. Os cadáveres iam chegando e sendo deixados no chão, sobre a terra lamacenta, enquanto os sacerdotes preparavam a pira funerária.

— Não há a menor cerimônia com os corpos — observou Pio.

— Após a morte — expliquei-lhe — os corpos não têm mais valor algum para eles. São como a terra, a poeira, o lodo do rio. O *átma*, nome dado ao espírito, não está mais presente.

Os mais ricos cremavam seus mortos sobre as *ghats*, utilizando como lenha toras de sândalo. Os mais pobres, sem dinheiro para comprar madeira nobre nem pagar pelos serviços funerários, cremavam seus defuntos em pequenas fogueiras sobre as margens lamacentas do rio. Quem não tinha crença religiosa podia levar seus mortos para um crematório elétrico, um pouco acima da barranca do rio, a forma mais barata para se livrar de um corpo na Índia. Como as mulheres grávidas, as crianças e os leprosos não podiam ser cremados, seus corpos eram envoltos em panos brancos e jogados diretamente nas águas do rio. Os cadáveres passavam boiando, ao lado das crianças tomando banho e das mulheres lavando roupas.

Na manhã seguinte, Adriana ficou dormindo, estava cansada demais. Pio e eu levantamos às cinco da madrugada para dar nosso passeio de barco pelo Ganges, apreciar o nascer do sol nas suas águas, momento em que os hindus tomavam seus banhos sagrados, celebravam suas orações e praticavam suas oferendas. Todas as manhãs eles ofereciam água do rio, uma saudação ao sol nascente. Varanasi reivindicava o título de cidade mais antiga do mundo, com mais de dois mil anos de atividades ininterruptas, originada onde uma tribo primitiva adorava o deus-sol.

Eles foram absorvidos pelas tribos arianas, e mais tarde integraram um grande Império Hindu. No século VIII, quando uma reestruturação religiosa transformou Shiva na principal divindade hindu, a cidade conheceu seu apogeu. Séculos mais tarde foi invadida pelos muçulmanos, sendo praticamente destruída pelo imperador mogol Aurangzeb. Atualmente sua parte velha era formada por uma intrincada rede de ruelas, becos e passagens largas apenas o suficiente para pedestres. Seus prédios tinham menos de trezentos anos, mas um clima de cidade muito antiga emanava dos seus passeios ao longo do rio.

No vale do Ganges viviam quatrocentos milhões de indianos, tornando-o o rio mais sujo do mundo, três mil vezes mais poluído que o máximo permitido pela Organização Mundial da Saúde. Mesmo assim, somente em Varanasi sessenta mil pessoas banhavam-se diariamente em suas águas, ironicamente um ato realizado em busca da purificação. As castas mais altas usavam a montante do rio; as mais baixas, a jusante.

Enquanto nossa pequena canoa a remo deslizava suavemente pela correnteza barrenta, sem oxigênio suficiente para purificá-la, fiquei imaginando as doenças que pegaria se a embarcação virasse naquele momento e a água contaminada me entrasse pelos poros. Apesar disso, fiéis de todas as idades se banhavam junto à escadaria na barranca do rio. Mais:

escovavam os dentes, lavavam roupa, enchiam pequenas ânforas com água para levar para casa, rezavam, faziam suas oferendas, cremavam seus mortos...

Os raios dourados do sol banhando-se nas águas chegavam até suas margens, iluminando as pessoas com suas coloridas roupas. Pareciam-me felizes. Um pouco acima, junto às *ghats*, mesmo aqueles queimando seus mortos estavam tranqüilos. Em breve sentiriam saudades dos seus entes queridos, mas acreditavam que mais uma etapa da existência havia sido vencida e a libertação final estava mais próxima. Os templos, na barranca do Ganges, começavam a receber seus devotos. A cidade despertava, o ciclo da vida continuava.

O mundo continuará assim, por muitos e muitos anos, preservado por Vishnu, até se completar o período estabelecido por Brahma. Então Shiva o destruirá por completo. Brahma voltará para reconstruí-lo, com todos mais perto do dia em que, para salvarem suas almas, libertarem definitivamente seu *átma*, fundirem-se com o deus supremo, não mais precisarão banhar-se num rio tão poluído.

Fugindo da Guerra IV

Quando os primeiros raios de sol refletiram na fuselagem prateada do grande avião estacionado no pátio do aeroporto de Bombaim, cegando-me os olhos cansados, suas turbinas foram acionadas. As luzes internas diminuíram de intensidade e o aparelho começou a taxiar no asfalto, movendo-se lentamente em direção à cabeceira da pista. O comandante mandou a tripulação preparar-se para decolar, as turbinas roncaram, senti a força da gravidade apertando meu estômago vazio junto ao encosto da poltrona, e lá fomos nós em direção ao oceano Índico. O trem de pouso deu um sonoro baque quando os pneus deixaram o chão, a trepidação abriu uma porta do bagageiro sobre a cabeça do passageiro à minha frente, de onde caiu uma sacola comprada na *free shop*. Ao estatelar-se no chão, uma bela imagem de Shiva, feita em rica porcelana, espatifou-se em mil pedaços.

Apertando os olhos pude ver, pela pequena janela ovalada, uma fila de grandes jatos partindo em fila indiana, deixando para trás a conturbada Índia e suas angústias existenciais, morada de deuses tão orgulhosos e humanos tão humildes.

Este livro foi composto na tipologia Goudy
Old Style, em corpo 11,5/15,5 e impresso em
papel Off set 90g/m² no Sistema Cameron
da Divisão Gráfica da Distribuidora Record.